MAX KÖNIG

HOSEN RUNTER

Was Frauen schon
immer über Männer
wissen wollten

blanvalet

Der Verlag weist ausdrücklich darauf hin, dass im Text enthaltene externe Links vom Verlag nur bis zum Zeitpunkt der Buchveröffentlichung eingesehen werden konnten. Auf spätere Veränderungen hat der Verlag keinerlei Einfluss. Eine Haftung des Verlags ist daher ausgeschlossen.

MIX
Papier aus verantwortungsvollen Quellen
FSC® C083411
FSC www.fsc.org

Verlagsgruppe Random House FSC® N001967

1. Auflage

Redaktion: René Stein
Umschlaggestaltung: semper smile, München
WR · Herstellung: sam
Satz: Buch-Werkstatt GmbH, Bad Aibling
Druck und Bindung: CPI books GmbH, Leck
Printed in Germany
ISBN 978-3-7645-0578-3

www.blanvalet-verlag.de

Vorwort

Leute, die sich beruflich mit Sex beschäftigen, also Wissenschaftler, Therapeuten oder Prostituierte, nehmen Sex oft sehr ernst. Ich nicht. Die Kolumne »Hosen runter – Die Wahrheit über Männer« erscheint in der deutschen Ausgabe der *Cosmopolitan,* was mich daher zu einer Art männliche Carrie Bradshaw macht (die aus *Sex and the City*). Der Name »Max König« klingt allerdings, als bedeutete er: »Der den Längsten hat und der Geilste ist«, aber er soll ja auch abschreckend wirken. Ich schreibe unter diesem Pseudonym, weil ich Töchter habe. Meine Frau kommt mit all den doppeldeutigen Witzen und Anspielungen klar, sie weiß ja, wen sie da geheiratet hat. Aber meine Töchter sind noch nicht mal in der Pubertät, und etwas Peinlicheres, als einen Sexkolumnisten als Vater zu haben, kann ich mir kaum vorstellen. Sex ist halt immer noch eine ziemlich heikle Angelegenheit.

Ich bin Exjournalist, habe viel für Frauenmagazine geschrieben, und immer wieder wollten die Kolleginnen von mir wissen, was wir Männer wirklich denken. Neue Frauen – alte Fragen. In den meisten Büchern und Ratgebern zum Thema Sex analysieren, studieren und reflektieren die Autoren, ihr Wissen basiert auf Fakten, jahrelangem Studium und einem akademisch-theoretischen Ansatz. Die meisten Männer sind aber eher Praktiker. Wir machen uns nicht so viele Gedanken. Außerdem schadet es beim Sex nicht, die Sache etwas lockerer zu sehen. Nicht, dass ich mir dabei ständig blökend auf die Schenkel haue, aber oft beginnt Zuneigung doch mit einem Lächeln.

Sollte eine der Aussagen in diesem Buch daher nicht auf euren Mann zutreffen (was mich echt wundern würde, weil wir Kerle ja alle gleich sind), dann könnt ihr ihn gern umtauschen. So wahr ich Max König heiße.

Wann ist eine Frau gut oder schlecht im Bett?

Hier die zu erwartenden Antworten, sucht euch eine aus: Eine Frau ist gut im Bett, wenn sie wie Serena Williams beim Aufschlag stöhnt, das Licht lieber anlässt und sich überall waxt. Sie ist schlecht im Bett, wenn sie beim Sex unablässig redet, das Wort »blasen« wörtlich nimmt oder unter der Decke pupst. So viel zum Klischee, nun zur Wahrheit: Auch wenn wir dezente Hinweise sonst erst verstehen, wenn ihr sie uns per Einschreiben schickt – ob eine Frau gut im Bett ist, spüren wir sofort. Die Antwort auf diese Frage kennt ausgerechnet Altplayboy und Viagra-Junkie Hugh Hefner. In einer Verschnaufpause zwischen dem milliardsten Mal Sex und dem Mal danach hat er in einem Ratgeber geschrieben: Beim Sex gehe es »um einen Austausch auf Gefühlsebene«. Und obwohl Hefner nicht unbedingt für seine Empfindsamkeit bekannt ist, hat er in diesem Fall recht. Wir fühlen einfach, ob wir im Bett (und auf der Motorhaube oder dem Küchentisch) zueinanderpassen. Bitte verwechselt das nicht mit dem Topf und dem Deckel, hier geht es nicht ums Heiraten. Guter Sex ist animalisch. Da ist es uns wurscht, ob ihr monatelang mit Bananen Fellatio geübt habt, frisch rasiert seid oder ungeschminkt. Denn auch wenn das jetzt wie ein Kalauer klingt: Sex geht tiefer. Wir wittern die Aussicht darauf, haben ihn immer im Hinterkopf und spüren sofort, wenn ihr die Richtige für uns seid – dazu müsst ihr nicht mal super aussehen. Ein guter Freund zum Beispiel weiß genau, dass er mit der Frau aus dem Supermarkt wahnwitzig guten Sex haben könnte. Und sie weiß das auch. Die beiden drucksen immer ein bisschen herum und reden über das Sortiment. Am Ende geht es aber doch nur darum, dass die Pflaumen reif und die Eier im Angebot sind.

2

Was machen Pornos aus jungen Männern?

Gehören Pornos nicht mittlerweile, ob das gut ist oder nicht, zum Erwachsenwerden? In der Tat verändert es einen, wenn man zum ersten Mal andere Leute vögeln sieht – und das dann noch so wirkt, als würde es ihnen Spaß machen. Eine Umfrage zum Thema »Haben Pornos Ihr Sexleben beeinflusst?« beantworteten 39 Prozent der Befragten mit »ja«, 53 Prozent mit »nein« und acht Prozent mit »Weiß nicht«. Genauso gut hätten auch alle mit »Weiß nicht« antworten können, denn das Fazit macht einen nicht schlauer, genau wie die meisten Sexstatistiken. Bevor das Internet Pornos und Statistiken immer und überall verfügbar machte, musste man sich erst Magazine kaufen oder Pornos (bzw. Statistiken) von Freunden leihen. Klingt komisch, oder? Bis dahin jedenfalls herrschte im testosterongeschwängerten Hirn keine ausgeprägte Vorstellung davon, wie denn Sex nun im Detail aussieht. Deshalb musste man sich munter auf Bilder von halb nackten Hollywood-Diven einen runterholen, die in Kinozeitschriften abgedruckt waren. So richtig manuell, äh, analog. Heute sehen Jungs oft Pornos im Netz, bevor sie überhaupt »geschlechtsreif« gegoogelt haben. Wahrscheinlich vermittelt ihnen das erst mal einen schrägen Eindruck der ganzen Sache. Da sie aber heute generell an jeder Ecke mit Sexualität konfrontiert werden, in den Nachrichten von Völkermord, Flucht und Vergewaltigung erfahren und sich beim Egoshooter wundern, wenn in der »ab 16«-Variante das Gehirn des Erschossenen nicht ordentlich auf den Schützen spritzt, macht ein bisschen

Porno hoffentlich nicht sehr viel mit ihnen. Am Ende sind sie insgeheim wahrscheinlich froh, dass sich da endlich mal zwei Menschen so richtig lieb haben.

Könnt ihr uns nicht einfach mal im Bett vor dem Schlafen umarmen?

3

Doch klar, machen wir doch auch. Aber wenn wir jetzt nicht gerade zur seltenen Gattung der total verkuschelten Männer gehören, lassen wir euch nach dem Umarmen auch wieder los. Denn so schläft es sich besser. Oft sind wir aber auch so müde, dass wir gleich einschlafen und die Umarmung einfach weglassen. Denn so eine vermeintlich harmlose Umarmung im Bett kann unterbewusst animalische Triebe auslösen, wir kriegen eine Erektion und versuchen, mit euch zu vögeln, ihr wollt aber gerade lieber liebevolle Zuneigung als Sex, und dann streiten wir uns wieder, weshalb am Ende niemand schlafen kann. Ist ein Teufelskreis. Auch deshalb sind wir da oft eher vorsichtig.

Merkt ihr es wirklich nicht, wenn wir euch einen Orgasmus vorspielen?

4

Wie, ihr spielt uns einen Orgasmus vor? Also das kommt jetzt etwas überraschend. All das laute Gestöhne, dann das erleichterte Zurücklehnen und schließlich das »Du warst so gut!« – all das ist gelogen? An was sollen wir denn jetzt noch glauben? An den Weihnachtsmann? Oder gibt es den am Ende auch nicht? Wir kaufen euch nämlich alles ab: dass es nicht auf die Größe ankommt, dass es für euch nicht zählt, ob wir Geld haben, dass ihr unsere Mütter echt mögt und die neue Designer-Handtasche gar nicht wirklich haben müsst. Ihr

Frauen seid doch total rational und deshalb auch in Sachen Orgasmus immer ehrlich zu uns. Daran glauben wir so fest, dass wir es gar nicht merken, wenn ihr uns etwas vorspielt. Ganz in echt jetzt. Aber mal 'ne Gegenfrage: Merkt ihr es eigentlich, wenn wir *euch* einen Orgasmus vorspielen? Wenn wir einen dieser Tage erwischt haben, an dem wir können und können und können und ihr euch nach zwei Stunden fühlt wie Bud Spencers Filmpferd am letzten Drehtag? Wenn wir diesen Punkt erreicht haben, halten wir im größten Gerammel kurz überrascht inne, zucken dreimal vor und zurück, sehen euch in die Augen und rollen erleichtert zur Seite. Das leere Kondom lassen wir verschwinden, schnell wischen wir mit Taschentüchern herum und entsorgen sie gleich, damit ihr fehlende Körperflüssigkeiten nicht bemerkt. Dann kuscheln wir uns an euch, und ihr schlaft zufrieden ein. Weil wir endlich doch gekommen sind und ihr euch nicht fragen müsst, ob mit euch etwas nicht stimmt. Wie, ist euch noch nicht passiert? Oder habt ihr es bloß nicht gemerkt?

5 Schadet Romantik der Männlichkeit?

Dieser klassischen Hau-drauf-und-Schluss-Männlichkeit schadet sie schon. Wenn ein Hooligan, der in seiner Freizeit am liebsten Polizisten vom Pferd reißt, versehentlich einmal Rilke zitiert, verkloppen ihn seine Kumpels, bevor er bei der zweiten Strophe angekommen ist. Wenn allerdings ein paar von euch Frauen am Straßenrand diese Szene beobachten, besuchen sie den verprügelten Poeten bestimmt im Knast. Denn viele Frauen lieben es, wilde Kerle zu zähmen. Scheint so ein Dressur-Gen zu sein. Was hättet ihr auch davon, einen vor Testosteron strotzenden Hansdampf zu Hause zu haben, der vor lauter Kraft beim Kochen ständig die beschichteten Pfannenböden zerkratzt? Also versucht ihr, unserer weichen Seite auf die Spur zu kommen und uns, wenn die Schale zu hart ist, an diese Seite zu erinnern. Das ist auch gut so, ein echter Gewinn der Emanzipation, aber gerade übertreibt ihr es damit ein bisschen: Ihr habt gemerkt, dass ihr stärker sein könnt als wir – und wir haben Gefallen an unseren weichen Seiten gefunden. Damit wäre der Punkt eigentlich geklärt und es vielleicht an der Zeit, mal darüber nachzudenken, einen anderen Weg einzuschlagen und uns nicht zu totalen Weicheiern zu machen. Denn sonst verliert ihr am Ende wieder – nämlich das Interesse an uns. Wir könnten ja auch weiche Kerle mit einer harten Seite sein? Wenn das okay ist. Bitte.

Wieso wollt ihr bei einem Dreier keinen zweiten Kerl dabeihaben?

6

Weil die meisten von uns kein sehr liebevolles Verhältnis zu Penissen haben (außer beim Onanieren). Schon gar nicht zu fremden Penissen. Bei einem Dreier mit einer Frau und zwei Kerlen könnte ja im Getümmel schnell mal einer abrutschen, und – zack! – hat man so ein Ding im Po! Also wir haben nichts gegen Homosexuelle, versteht uns da nicht falsch! Wir freuen uns sehr über das bunte Treiben beim Christopher Street Day, ärgern uns darüber, dass Fußballer nicht gleichgeschlechtlich lieben dürfen, und finden es total fancy, was unsere Großstadtbürgermeister so treiben. Aber ein zweiter Pimmel in unserem Bett? Wir sind doch nicht schwul!

Vor unserer eigenen homoerotischen Seite haben wir furchtlosen vorurteilsfreien Kerle nämlich eine Heidenangst. Klar, es gibt Ausnahmen: die wenigen Lockeren, Aufgeklärten unter uns Männern. Diejenigen, die nicht panisch die Pobacken zusammenkneifen, wenn eure Hand an unserem Rücken herunterstreichelt. Diejenigen, die sich ihrer eigenen Sexualität sicher und deshalb Neuem gegenüber aufgeschlossen sind. Doch die meisten Männer sind viel zu verklemmt, um sich auf Sex mit einer Frau und einem Mann einzulassen. Wenn ihr also Lust auf diese Dreiervariante habt, gibt es nur zwei Wege: Erstens, tauscht die Konstellation MMF (male, male, female) gegen einen Dreier FFM. Das wird klappen, denn um vor den Kumpels damit prahlen zu können, dass wir mit zwei Frauen gleichzeitig im Bett waren, würden wir alles tun. Oder zweitens: Macht uns betrunken. Denn was unterscheidet einen heterosexuellen Mann von einem Homosexuellen? Richtig: zwei Bier. Aber passt auf, dass er dann nicht beim nächsten Mal die Variante MMM vorschlägt!

7 Würdet ihr in einem Porno mitspielen?

Mit fünfzehn vielleicht, weil es uns da wichtiger war, mit einer schönen Frau zu schlafen, als uns Gedanken darüber zu machen, wer uns dabei zusieht. Jetzt, mit sechzehneinhalb, ist Sex zwar immer noch wichtig, aber Porno hat seinen Reiz verloren (abgesehen davon ist unser Penis nicht so groß wie ein Baguette und unser Sixpack, ach ja, unser Sixpack ...). Wir haben auch schon zu viele interessante Arthouse-Porno-Dokus geschaut und wissen, dass rund um das erotische »römische Lustvilla-Szenario« im Film in Wahrheit eine abgerockte Fabrikhalle mit nicht minder abgerockten Filmleuten steht, die sich ihr Regiestudium mit Tonassistentenjobs in der Erotikbranche finanzieren. Es ist uns klar, dass die Vögelei den Darstellerinnen meist nicht so viel Spaß macht, wie sie vorgeben, dass sie kranke Eltern und hungrige Kinder mit dem Job ernähren müssen und dass man beim Pornodreh erst kommen darf, nachdem einem die scharfkantige Holzklappe, die den Drehstart ankündigt, fast den Pimmel abgehakt hat.

Dazu hat Porno, seit er überall im Internet zu finden ist, auch nicht mehr diesen leicht verruchten Beigeschmack. Pornos zu schauen ist heute, wie bei Amazon zu bestellen: okay und praktisch, aber moralisch irgendwie nicht so geil.

Warum legt ihr euch eigentlich in der Midlife-Crisis eine Geliebte zu?

8

Also das ist jetzt wirklich unfair. Wir würden uns auch eine Geliebte zulegen, wenn wir nicht in der Midlife-Crisis sind – und auch noch danach (wenn wir eine finden, die auf alte Säcke steht). Die Midlife-Crisis bietet halt besonders viel Potenzial für Seitensprünge und ähnlichen Blödsinn, weil uns in dieser Phase so unglaublich langweilig wird. Die ersten 20 Jahre sind von Spaß und Unbeschwertheit geprägt. Von zwanzig bis vierzig arbeiten wir. Dann kommen die dritten Zwanziger, wir schauen zurück und fanden die Teenagerjahre am besten. Also führen wir uns dann auch noch mal so auf. Wir kaufen einen Sportwagen (weil wir es jetzt können), fangen mit Karate an (weil wir fit sein wollen) und legen uns eine jüngere Geliebte zu (weil wir uns durch sie selbst jünger fühlen). Dabei blenden wir unsere Ehefrau, die Kinder, den Job und all das, was uns offiziell zum Erwachsenen macht, einfach aus – so wie es sonst nur Teenager können. Das klingt jetzt nicht sonderlich erwachsen, aber es hat ja auch niemand behauptet, dass wir uns in dieser Phase wie Erwachsene benehmen, denn in der Midlife-Crisis leiden wir unter radikaler Realitätsverleugnung. Also offen gestanden leiden wir da nicht wirklich drunter, wir genießen sie sogar ein bisschen. Niemand kann uns diese Illusion nehmen. Außer der Realität.

Denn wenn wir ein halbes Jahr nach unserem Aufbruch in die vermeintliche Freiheit die Kinder, die wir jetzt nur noch am Wochenende sehen, abholen wollen, passt der Buggy nicht in den Kofferraum des Sportwagens. Außerdem sind wir mit blauen Flecken vom Karate übersät, und die jüngere Geliebte hat uns abgesägt, weil wir nicht jede Nacht vögeln und feiern wollen. Denn selbst wenn wir das versuchen, sehen wir auf den Selfies der Partys so kacke aus, dass uns die jüngere Geliebte irgendwann aus ihrem Leben wegretuschiert. Also kriechen wir vor euch zu Kreuze, geben ein jämmerliches Bild ab und fühlen uns noch viel schlechter. Jetzt seid ihr dran. Wenn ihr mit dem Mist, den wir gebaut haben, nicht leben könnt, knallt einfach die Tür zu. Wenn doch, behandelt uns noch ein letztes Mal wie den Teenager, der wir gern gewesen wären: Lasst uns rein, haltet uns eine Standpauke und gebt uns Stubenarrest. Für die nächsten 20 Jahre.

9 Machen euch Sexszenen in Filmen scharf?

Ja. Das ist auch der wahre Grund dafür, dass wir keine Liebesfilme schauen. Da überwältigen uns einfach immer die Gefühle.

10 Warum muss sich die Frau immer um Verhütung kümmern?

Muss sie gar nicht. Dafür haben wir schon zu viele Geschichten von ausgefuchsten Frauen gehört, die uns Kinder anhängen wollen. Von Damen, die wie osteuropäische Bettlerbanden durch Bars tingeln, sich mit Fußball und Autos auskennen, aufs Vorspiel verzichten und uns in Besenkammern erst den Samen und später die Ersparnisse rauben. Boris Beckers »Ich bin drin!«-Schicksal hat uns Männer traumatisiert. Seitdem überprüfen wir im Bad, ob der Wochentag bei eurer herausgedrückten Pille mit dem tatsächlichen Datum übereinstimmt, wir quetschen die benutzten Kondome im Durchlässigkeitstest aus wie Mayo-Päckchen und tasten beim Vorspiel nach eurer Spirale statt nach dem G-Punkt.

Allerdings: Bei vielen Männern setzt im präkoitalen Zustand das Denken einfach aus. Die Natur will so verhindern, dass sich Männer in letzter Sekunde gegen die Fortpflanzung und für Fußball entscheiden. Zwar kennen diese Triebgesteuerten alle Sexpraktiken, die gar nicht zu Babys führen können, und bieten euch großzügig an, ihn kurz vor dem Orgasmus rauszuziehen – am Ende ist es ihnen aber dann doch meist wurscht. Seid ihr erst mal nackt, denken sie an gar nichts mehr, schon gar nicht an Verhütung. Sie sind dann nicht mal mehr in der Lage, »Danke« oder »Bitte« zu sagen. Sie würden ihr Geld im Automaten, die Schlüssel in der Tür und auf dem Platz die Schuhe vergessen. Bei solchen Kerlen hilft nur eines: Schickt ihnen am nächsten Tag eine SMS mit der Frage, ob sie lieber einen Jungen oder ein Mädchen hätten. Und sprecht vor dem nächsten Sex mit ihnen über Babynamen. Von da an werden sie sich um Verhütung kümmern, das ist mal so sicher wie der Eisprung.

Verliebt ihr euch eigentlich auch in Fuck-Buddys?

11

Wir verlieben uns ja schon in Frauen, die zufällig in unsere Richtung schauen. Also in Verkäuferinnen oder Kolleginnen oder Zeuginnen Jehovas. Da sollte man meinen, dass Fuck-Buddys ganz oben auf der Liste stehen, oder? Fehlanzeige. Wir verlieben uns nicht so häufig in Frauen, mit denen wir schon Sex hatten – und die wir nur zu diesem Zweck getroffen haben. Klar kommt es mal vor, wir teilen ja Intimität, geben uns hin, verlieren uns gemeinsam, umarmen und küssen uns. Für den Moment des Aktes lieben wir uns. Und manchmal auch ein bisschen vorher und hinterher. Aber das hält nicht so lange, wie Verliebtheit sonst anhält (also noch kürzer als drei Monate). Wir haben einfach von Anfang an schon zu viel von den Fuck-Buddys bekommen. Vielleicht noch nicht alles, weil dafür eben die Zeit nicht ganz gereicht hat – aber immerhin schon Sex. Und dann ist die Spannung raus, die Perspektive futsch und die Nummer vorbei. In äußerst seltenen Fällen aber verlieben wir uns so dermaßen in Fuck-Buddys, dass wir gar nicht mehr klar denken können. Also noch weniger als sonst, quasi Hirntod. Und wenn ihr euch dann nicht zufällig zurückverliebt, wird es nur noch schlimmer. Weil wir ja schon Sex hatten und gern mehr von euch möchten, aber nicht bekommen. In dem Fall sind wir dann nur der Fuck-Buddy.

12 Was haltet ihr von Schamhaarfrisuren?

Also ihr solltet euch da nicht verkünsteln. Das ist wie mit der bunten Schrift auf dem Kuchen: Auf den ersten Blick ganz putzig, aber bringt die Torte geschmacklich nicht weiter; ist der Kuchen angeschnitten, geht es um das Wesentliche. Mit euren Schamhaaren halten wir es daher wie mit unseren Haaren auf dem Kopf: Entweder gar keine, einen flotten Kurzhaarschnitt mit Undercut – oder wir mögen die Haare in Ausnahmefällen auch mal lang, wobei das aber nicht wirklich massentauglich ist. Wenn ihr anfangt, euch im Intimbereich zu färben, Löckchen zu drehen oder Schamhaare mit dem Glätteisen zu plätten, sind sie definitiv zu lang. Und wenn ihr euch im Intimbereich richtige Frisuren macht oder euch Zacken reinrasiert wie einst Vanilla Ice, verwirrt uns das eher – wir rasieren uns schließlich auch keine Kornkreise in den Brustpelz. Der einzige Grund für eine Schamhaarfrisur wäre, dass ihr uns irritieren wollt. Das geht mit blondierten oder pink gefärbten Schamhaaren ziemlich gut oder mit Schamhaarperücken, wie sie die gewaxten Hollywoodstars bei Drehs tragen. Wobei sich auch hier die Frage nach dem »Warum?« stellt. Denn auch wenn in der Beauty-Szene regelmäßig darüber debattiert wird, ob gerade Wildwuchs, Brazilian-Waxing oder nur das sogenannte »Muschi-Bärtchen« angesagt ist –die Schamhaarfrisur ist letzten Endes unwichtig. Da können auch die Kontroversen darüber, ob es okay ist, sich zu waxen, oder ob das trotz weiblicher Figur und Frau irgendwie kindlich wirken könnte, nichts dran ändern. Wenn die Frisur des Schamhaars eine Rolle spielt, dann sind es am Ende nicht die Haare, die stören. Sie dienen nur als Projektionsfläche für andere Probleme. Denn wir nehmen euch, wie ihr kommt – selbst wenn ihr untenrum Vokuhila tragt.

13 Was findet ihr an MILFs?

Nur auf den Südphilippinen steht diese Abkürzung noch für Moro Islamic Liberation Front, eine Gruppe radikaler Islamisten, die dort für Autonomie kämpfte. Überall sonst bedeutet sie »Mother I'd Like to Fuck«. Schon klar, was ihr jetzt denkt: Wir Männer leiden unter einem Ödipuskomplex. Falsch. Es geht nicht um unsere Mutter, die wir flachlegen möchten, sondern generell um den mütterlichen Typ. Eine Frau, die schon Kinder bekommen, deshalb also mindestens einmal Sex hatte und daher eher erfahren als unschuldig ist. Für uns sind Milfs Frauen, von denen wir glauben, dass sie auch gern Sex mit uns hätten – und nicht nur wir mit ihnen, wie sonst immer. Milfs sind keine superhübschen Topmodels, die uns nicht mit ihren durchtrainierten Hintern ansehen. Sie haben Windeln gewechselt, sich mit Kindern rumgeschlagen und durch ihren normalen Alltag gelangweilt. Jetzt möchten sie, so glauben wir, einfach mal ordentlich flachgelegt werden, damit die Wangen wieder glühen und die Laune steigt. So wie wir. In unserer Fantasie sind Milfs offen für Sauereien, möchten nicht mit Samthandschuhen angefasst werden und erwarten keine zehn Vorspielvarianten, fünf Stellungen und zwei Orgasmen. Beim Sex mit ihnen müssen wir keine Speckringe verstecken oder Geheimratsecken kaschieren. Im besten Fall müssen wir Milfs nicht mal lange hofieren, denn: Mütter haben nicht viel Zeit. Die Kinder können jede Minute nach Hause kommen. Auf der anderen Seite ist unsere Vorliebe für Milfs ein Beweis dafür, dass es uns beim Sex nicht um die perfekte Figur, das aufwendige Make-up oder glatte Haut am Oberschenkel geht. Sex ist eine Sache der Hingabe. Und wer sonst kümmert sich so gut um einen wie … Oje – hat mal jemand die Nummer von Sigmund Freud?

14 Ekeln euch Sexgeräusche an?

Nein, gar nicht. Sie sind, auch wenn das jetzt wie der Titel einer Aufklärungsbroschüre klingt, Zeichen der Lust. Wir freuen uns nicht nur über die Geräusche, die ihr beim Sex mit dem Mund macht, sondern auch über die Geräusche, die wir gemeinsam mit unseren Geschlechtsteilen machen. Okay, das ist vielleicht auch ein kleines bisschen Schadenfreude, und da gibt es ja dieses böse Wort »Scheidenfurz«. Das klingt übel, ist es aber nicht, denn das besagte Geräusch entsteht ja nur, wenn vor lauter Gerammel eben auch ein bisschen Luft mit reingerutscht ist. Das kann immer mal passieren (außer im Weltraum). Wäre da nicht dieses Furzgeräusch. Das ist leider der älteste humoristische Prägelaut, auf den Männer reagieren: Wenn jemand furzt, müssen wir lachen (Pawlow lässt grüßen). Da das Geräusch meist nach dem Geschlechtsakt entsteht, der ja per se schon Dreh- und Angelpunkt unserer Witzchen ist, haben wir gleich doppelten Anlass, einen Spruch zu klopfen wie »Alles raus, was keine Miete zahlt!« oder »Sind da Frösche unter dem Bett?« So eine Steilvorlage muss genutzt werden. Deshalb müsst ihr schneller sein, in die Offensive gehen. Sagt direkt nach dem Furz etwas wie »Ich glaub, ich krieg ein Fax«, oder schaut uns einfach vorwurfsvoll an, schüttelt den Kopf und rümpft die Nase. Wir werden euch dafür nur noch mehr lieben.

Sollen wir euch Männer wirklich zappeln lassen? 15

Wir mögen das nicht, aber es funktioniert. Seltsamerweise zappeln wir ja gern für euch: vom Paarungstanz im Club über das Gestikulieren, wenn wir euch beeindrucken wollen, bis zum Hin- und Hergescheuche, wenn wir ein Paar sind. Aber das Ganze beginnt natürlich mit dem ersten Zappeln, dem Zappelnlassen, dem Warten auf euren Anruf, der Unsicherheit, ob wir euch erobert haben, und dem ganzen Leid, das die Ungewissheit so mit sich bringt. Wir mögen es, wenn ihr nicht leicht zu haben seid. Aber passt bitte auf, dass ihr uns nicht zu lange zappeln lasst, sonst werden wir bockig. Wie bei der Hundedressur: Ihr müsst uns immer wieder etwas hinwerfen – hier ein »vielleicht«, da einen Kuss auf die Wange, dort ein Stöckchen, dann geben wir auch immer brav Pfötchen und gehen artig bei Fuß – bis wir die nächste Spur aufnehmen. Bis dahin solltet ihr uns besser angeleint haben.

Hättet ihr als junge Männer gern Sex mit älteren Frauen gehabt? 16

Ja, hätten wir gern. Auf jeden Fall lieber als mit gleichaltrigen Frauen. Jüngere kamen nicht infrage, weil die gleich viel zu jung waren. Wobei der Begriff »ältere Frauen« sich hier auch eher auf Mädchen bezieht, die eine Klasse über uns besuchten – und die wir hemmungslos anhimmelten. Schon damals ahnten wir, dass ihr Frauen viel schlauer seid als wir und uns evolutionär mehrere Entwicklungsschritte voraus. Ein älteres Mädchen zu erobern bedeutete auch, dass wir unserer Evolution offenbar ebenfalls voraus waren – da ihr euch sonst natürlich nicht mit uns eingelassen hättet. Ihr älteren Frauen oder Mädchen wart also damals, Entschuldigung, immer auch ein bisschen Trophäe. Für euch war das wahrscheinlich so, wie mit dem Fußballkapitän zusammen zu sein. Wir weichen aus? Ihr wollt wissen, ob wir damals einfach gern Sex gehabt hätten – und zwar mit richtig älteren Frauen? Wie Dustin Hoffman im Klassiker *Die Reifeprüfung*? Nun ja, Lust darauf hätten wir schon gehabt, aber eher aus der Distanz. Um uns mit einer älteren Frau einzulassen, fehlten uns Erfahrung, Mut und Selbstbewusstsein. Im Leben eines jungen Mannes kommen Frauen, die vom Alter her seine Mutter sein könnten, auch eben nur als seine Mutter vor. Oder als Tanten respektive Nachbarinnen – aber immer als Frauen, die schon sehr groß waren, als wir noch sehr klein waren. Und mit solchen Frauen hat man keinen Sex. Die Avancen von schönen fremden älteren Frauen dagegen hätten wir schon erhört – allerdings nur, wenn es uns diese Frauen unmissverständlich klargemacht hätten. Sonst hätten wir ihnen einfach nicht geglaubt, dass sie sich für uns interessieren.

17 Merkt ihr eigentlich, ob wir uns für euch schön gemacht haben (rasiert, eingecremt etc.)?

Also, ob ihr euch für uns rasiert habt, merken wir auf jeden Fall (ausgenommen die Achselrasur, da fällt es uns eher auf, wenn ihr euch mal nicht rasiert habt). Im Unterton dieser Frage schwingt ja ein kleiner Vorwurf mit. Denn ihr kennt die Antwort längst. Sie ist Grund für die meisten Streitereien zwischen Mann und Frau. Schon geht's los mit den Vorwürfen: »Du schaust mich gar nicht mehr richtig an«, gleich gefolgt von: »Den Weibern auf der Straße schaust du ständig hinterher!« Und zuletzt das Unvermeidliche: »Liebst du mich überhaupt noch?« Wir steigen jedes Mal voll darauf ein und werden viel bissiger als nötig, wie immer, wenn wir uns ertappt fühlen. Um die Frage zu beantworten: Wir merken es oft nicht, dass ihr euch für uns schön gemacht habt. Wir sind viel zu sehr mit dem Job, den Freunden oder uns selbst beschäftigt. Euch nehmen wir viel zu oft als selbstverständlich hin. Und auch, dass ihr uns das immer wieder sagt, ändert leider nichts. Manche Männer haben es auch nie gelernt, Komplimente zu machen, oder denken, es sei weibisch, etwas schön zu finden und das auch laut zu sagen. Dass ihr euch schön gemacht habt, merken wir erst an eurem erwartungs- und später vorwurfsvollen Blick. Ja, das ist furchtbar doof. Natürlich gibt es auch diesen Typ Mann, der sich jeden Tag die Zeit nimmt, euch anzuschauen, zu würdigen und zu lieben. Aber solche Typen interessieren euch nicht, weil sie euch zu unmännlich sind. Generell steht ihr eher auf den wortkargen Cagefighter, und der hat in Sachen Beziehungspflege ein eher schlechtes Timing. Dabei gibt es sehr viele Momente, in denen wir euch anschauen und denken: Mann, ich bin echt ein Glückspilz, dass ich diese Frau abgekriegt habe. Dafür müsst ihr euch gar nicht aufbrezeln, ihr könnt morgens ungeschminkt und verpennt einfach nur so daliegen und leise schnaufschnarchen, uns beim Essen mit Freunden anlächeln oder euch im Kino an uns schmiegen. Dann merken wir sofort, wie schön ihr seid – egal ob eingecremt oder rasiert.

18 Warum ist euch das Vorspiel so unwichtig?

Ehrlich gesagt vernachlässigen wir das Vorspiel nur euch zuliebe. Sieht man Sex als Sport, ist die männliche Sexualität im Vergleich zur weiblichen eher ein Kurz- als ein Langstreckenlauf. Und im Gegensatz zu den meisten Athleten erreichen wir Männer das Ziel schneller, als uns lieb ist. Deshalb haben wir gelernt, mit unseren Ressourcen sparsam umzugehen. »Nachhaltigkeit« ist das Stichwort, nicht nur in der Landwirtschaft, sondern auch beim Koitus. Je mehr ihr beim Vorspiel an uns herumfummelt, desto schneller kommen wir. Das geben wir natürlich nicht offen zu, denn beim Sex wie beim Sport ist Psychologie die halbe Miete. Außerdem können wir beim Vorspiel schlecht »Finger weg!« schreien, wenn wir merken, dass Unaufhaltsames in uns hochsteigt. Da gebärden wir uns lieber omnipotent wie Teenager, die mit hormonell bedingten Scheuklappen so zielstrebig auf den Akt zusteuern wie ein Stier auf einen Torero im roten Abendkleid. Aber keine Sorge: Je älter wir werden, umso mehr Zeit widmen wir dem Vorspiel – bis wir irgendwann gar nicht mehr aufs Vögeln aus sind. Und dann werdet ihr mit Sehnsucht an jene Tage denken, in denen wir so versessen auf euch waren, dass uns nicht mal die Zeit fürs Vorspiel blieb.

19 Warum schaut ihr uns eigentlich immer noch auf den Busen?

Ja, das ist echt eine schlechte Angewohnheit. Klar, ließe sich jetzt gleich der Schwarze Peter zurückschieben und behaupten: Ihr betont den ja durch eure Kleidung immer so, dass wir hinsehen müssen – aber damit würden wir uns ja selbst als triebgesteuert und undiszipliniert bloßstellen. Und das sind wir natürlich nicht. Also eins steht fest: Busengaffer sind ekelhaft. Warum? Weil sie euch auf euren Körper reduzieren. Und auch, wenn einige von euch jeden Tag stundenlang im Fitnessstudio daran arbeiten, endlich mal auf ihre Körper reduziert zu werden, sollten wir euch dieses Privileg nicht so einfach einräumen, wie es manche Busengaffer machen. Abgesehen davon ist es irrsinnig unhöflich, anderer Leute Körperteile pausenlos anzustarren. Und was ist mit Flirten und Blickkontakt? Der setzt voraus, dass man zwischendurch auch mal wegschaut und den anderen nicht minutenlang geistlos anglotzt wie ein Zombie, der einen fressen will. In dieser – wortwörtlich – Hinsicht können wir ausnahmsweise mal etwas von euch lernen. Denn ihr schaut uns auch manchmal zwischen die Beine, rein interessehalber. Warum sich darüber noch nie ein Mann beschwert hat? Weil wir es fast nie merken. Ihr taxiert, schaut hin, wieder weg und vielleicht noch mal hin – wenn es etwas zu sehen gibt. Vielleicht ist es auch ganz gut, dass wir euch nicht dabei erwischen, denn sonst würden wir wahrscheinlich in die Offensive gehen. Das solltet ihr bei hartnäckigen Gaffern am besten auch machen. Denn dann fühlen sie sich ganz schnell ertappt. Sagt am besten, die Einzigen, die euch ungestraft so gierig auf den Busen starren dürfen, sind Babys in der Stillzeit.

20 Was ist so geil am Blowjob?

Das ist eine Frage, die ein Mann nie stellen würde. Wie ihr Frauen schon lange wisst, beginnt guter Sex im Kopf. Und das Beste am Blowjob ist seine Metaebene: Er stellt die Urform der guten Tat dar. Ihr schenkt ihn uns, ohne etwas dafür zu nehmen. Und genau darum geht es. Der Blowjob ist eine der wenigen Sexarten, nach denen wir nicht fragen: »Und wie war es für dich?« Denn es dreht sich beim Blowjob nur um unser Vergnügen, und das mögen wir. Vor allem wir domestizierten Männer mit Hornbrille verbringen viel Zeit damit, euch Frauen alles recht zu machen: Wir gehen nicht nur mit euch einkaufen, sondern zahlen auch und tragen die Tüten. Aber beim Blowjob sind endlich mal nur wir an der Reihe. Wir müssen nicht über den klitoralen oder vaginalen Orgasmus nachdenken, nicht nach dem G-Punkt suchen und uns nicht fragen, ob unsere Zunge und euer Kitzler in Sachen Tempo, Druck oder Streichrichtung harmonieren. Darüber hinaus ist der Blowjob ein Vertrauensbeweis. Wie der Dompteur seinen Kopf in den Rachen des Löwen legt, so legen wir unser wertvollstes Gut in euren Mund. Obwohl wir wissen, dass da Zähne sind, vor denen unser bestes Stück eine Heidenangst hat. Denn wir alle kennen diese Geschichten aus Amerika, in denen betrogene Frauen ihren Männern beim Oralverkehr den Penis abgebissen haben. Aber da waren eben die wichtigsten Voraussetzungen für einen Blowjob nicht mehr vorhanden: Vertrauen und Selbstlosigkeit. Wir vertrauen euch, und ihr seid so selbstlos, uns einfach mal glücklich zu machen. Dabei dürfen wir euch oft auch noch zuschauen, was unserem Machismo ungemein schmeichelt. Im besten Fall sehen wir dabei, wie gern ihr das macht, sehen, wie es euch erregt, dass ihr uns erregt. Wir nehmen, ohne geben zu müssen. Ihr gebt, ohne nehmen zu wollen. Würde die Welt nach dem Prinzip Blowjob funktionieren, gäbe es keine Kriege mehr.

21 Steht ihr auf Sex an der frischen Luft?

»An der frischen Luft« muss ja nicht gleichbedeutend mit guter Luft sein, also Sex im Kurpark, auf der Waldlichtung oder dem Berggipfel. Vielmehr ist frischer Wind gemeint, der durch unser Sexleben wehen soll. Wir können es ja auch mal im Hinterhof, auf der Autobahnraststätte oder hinter dem Bauzaun treiben, wo eh gerade ein Rohr verlegt wird. Wir wollen nur eben nicht ins Bett. Was uns zum Sex da draußen antreibt, ist die Suche nach Neuem. Denn das heimische Bett ist ein Synonym für den Dornröschenschlaf unserer erotischen Fantasien. Außerdem kennen wir unsere Wohnung zur Genüge, haben den Lattenrost aus der Verankerung getreten, bewegen die Hüften routiniert zum Rhythmus der Waschmaschine, kennen die Höhe des Küchentischs, wissen, wie wir am besten hinter euch auf der Couch knien, ohne dabei abzurutschen, und haben auch den Rest des Mobiliars längst aus jeder Perspektive gesehen. Jetzt möchten wir mal raus, neue Welten entdecken, riskieren, erwischt zu werden, uns Grasflecke an den Knien holen so wie früher als Jungs. Nur dass wir jetzt auch mit Mädchen spielen.

Wie viel Sex erwartet ihr in einer festen Beziehung?

22

Sehr, sehr, sehr viel Sex. Denn Sex ist doch der Hauptgrund für eine feste Beziehung. Also neben Vertrauen, gemeinsamen Interessen, Hausbau, Kindern und solchen Sachen. Auf jeden Fall erwarten wir mehr Sex als ihr, weil bei euch die Gründe für eine feste Beziehung zwar dieselben sind, aber in umgekehrter Reihenfolge. Das Beste am Sex in einer festen Beziehung ist ja, dass die Erwartungen nicht mehr so hoch sind. Man könnte auch mit schlechter Laune zu einer Party gehen, von der man zu wissen glaubt, wie sie läuft – und zwölf Stunden später im Hasenkostüm in Bangkok aufwachen. Will sagen: Man wird immer positiv überrascht. Denn der Sex wird immer besser. Sobald klar ist, das hier wird eine längere Angelegenheit (also die Beziehung, nicht der Sex), traut ihr Frauen euch endlich, uns zu zeigen, worauf ihr steht. Weil ihr denkt:

Wenn ich ihm jetzt nicht helfe, rubbelt der mir noch die nächsten 20 Jahre neben dem Kitzler herum. Wie viel Sex wir genau erwarten, hängt immer von dem Stadium ab, in dem die feste Beziehung gerade steckt. Im ersten Jahr haben wir ständig Sex. Im zweiten auch. Danach ist es eine Frage der Altersgruppe: Sind beide in den Zwanzigern, rammeln sie wahrscheinlich wie die Tiere, bis sie in die Dreißiger kommen. Danach müssen sie plötzlich tagsüber so viel arbeiten, dass sie die Nächte nicht mehr durchvögeln können. Oder die beiden haben vom vielen Sex Kinder bekommen und irgendwo zwischen Windeln und Babygeschrei schlichtweg die Lust verloren. Ehrlich gesagt hätten wir Männer selbst in dieser Zeit noch gern Sex, kriegen das aber sozusagen auch allein in den Griff. Nur im siebten Jahr erwarten wir keinen Sex, denn da wollen wir uns meist trennen. Ab vierzig wird es angeblich weniger mit dem Sex, es sei denn, man findet einen neuen Weg zueinander. Dann geht es wieder bei zwanzig los.

23 Warum schickt ihr uns Penisbilder auf Dating-Portalen?

Weil wir unser Gesicht nicht so hübsch finden. Beim Penis können wir nicht viel falsch machen, denken wir. Der ist eh nicht so schön, aber eben notwendig. Vielleicht haben wir ihn auch gemessen, Vergleichswerte gegoogelt und dabei ganz gut abgeschnitten. Und da wir beim Dating gern gleich mit irgendetwas beeindrucken möchten, schicken wir halt ein Pimmelfoto. Viele von uns wissen eben nicht, dass Sex bei euch Kopfsache ist. Sonst würden wir ja ein MRT von unserem Gehirn schicken. Stattdessen denken wir: Sex = Pimmel. Also fotografieren wir das Ding und schicken euch die Bilder. Das Gute an Dating-Seiten ist ja, dass ihr nicht antworten müsst, wenn ihr euch mit keinem der Penisse treffen wollt. Ihr könnt ganz entspannt warten, bis ihr ein MRT von einem freundlichen Männerkopf bekommt. Der weiß dann entweder, dass Sex vor allem im Kopf stattfindet – oder aber er hat einen sehr kurzen Penis.

Wie habt ihr im Sommer am liebsten Sex? 24

Ist das jetzt eine Sommerlochfrage? Natürlich haben wir im Sommer genauso Sex wie sonst auch. Oder ist das bei euch etwa anders? Was möchtet ihr denn hören? Vielleicht das hier: Wir haben im Sommer am liebsten Sex auf einer Sonnenliege, mit einem eisgekühlten Drink in der Hand, und bewegen uns dabei so wenig wie möglich. Also müsst ihr oben sitzen – alles andere geht gar nicht, da wird uns dann heiß. Und das wollen wir ja nicht. Bitte kein Schweiß beim Sex, jedenfalls nicht in der Sommerhitze. Kamasutra ist also nicht drin, sorry. Sex im Stehen auch nicht. Erfrischend dagegen ist Sex vor dem offenen Kühlschrank. Oder gleich Sex im Kühlschrank. Auch zu empfehlen: Ihr kniet in der Hündchenstellung auf allen vieren und habt einen Ventilator auf den Rücken geschnallt, wodurch wir beim Vögeln auch noch einen geblasen kriegen. Im Sommer stehen wir auch total darauf, statt Gleitgel einfach mal Sonnencreme zu benutzen – natürlich Lichtschutzfaktor 50. Oder wir stecken Eiswürfel in die Kondome und machen SM-Spielchen mit Kälteschmerz. Ach, ihr habt die Ironie schon verstanden? Schade, wir sind gerade erst heiß gelaufen.

Lieber hübsch und doof als umgekehrt? 25

Ehrlich jetzt? Eher hübsch und doof. Und das hat nichts mit dem Spruch »Dumm fickt gut!« zu tun. Es ist nur so: Wenn ihr hässlich seid *und* schlauer als wir, ist das der Anfang vom

Ende. Natürlich haben wir Männer lange Zeit behauptet, dass wir keine doofen Partnerinnen wollen. Dass wir den intellektuellen Austausch suchen, die kluge Frau an unserer Seite. Das haben wir gesagt, damit wir bei Akademikerinnen überhaupt landen können. In Wahrheit ist nicht jeder Mann stark genug für eine klügere Frau, die vielleicht viel hinterfragt, zweifelt, optimiert und korrigiert. Selig sind die schlicht Strukturierten. Großer Intellekt will bewundert werden und fordert den Partner ständig. Das kann ziemlich anstrengend sein. Wie ist es denn bei euch mit klugen Männern? Wollt ihr, wenn ihr nach einem anstrengenden Tag nach Hause kommt, noch mal mit uns das Konzept der Willensfreiheit durchdiskutieren? Oder habt ihr einfach Lust, euch aufs Sofa zu setzen, von einem gut gebauten Fitnesstrainer ein Glas Weißwein und eine leichte Schultermassage zu bekommen, während ihr ein bisschen von eurem Tag erzählt, wobei er einfach stillschweigend nickt? Alles klar, wir verstehen uns.

26 An wen denkt ihr, wenn ihr euch einen runterholt?

Dabei ist vor allem Kreativität gefragt. Durch den Kopf gehen uns fast alle Frauen, die wir so erlebt haben: von der Mathelehrerin bis zur Kollegin. Irgendwann bleibt eine hängen, bei der die Selbstbefriedigung ganz gut funktioniert, wobei das schon ein ziemlich verrückter Gedanke ist: sich einen runterzuholen, ohne einen Porno zu gucken – aber warum nicht? Manchmal ist man ja crazy drauf oder gerade bei Freunden zu Gast oder in einer Berghütte ohne WLAN. An was wir dann genau beim Onanieren denken? Das ist eher so eine Art Brainstorming. Die Frau wird dann in eine Situation gerückt, die sexuellen Hintergrund hat: Wir stellen uns vor, wie sie mit offenem Mund vor unserer Erektion kniet, oder wie wir … Ach, das wäre jetzt echt nicht jugendfrei. Kurzum: Wir denken an unerfüllte Fantasien, an Sachen, die wir uns nicht getraut haben und vielleicht nie trauen werden. Die große Schwierigkeit dabei ist nur, kreativ zu bleiben, während immer weniger Blut durch unseren Kopf fließt. Denn das strömt ja alles in die Lendengegend. Darunter leiden natürlich die Fantasien. Kaum haben wir eine Frau gefunden, die uns anregt, und so ein richtig ansprechendes Szenario vor Augen, denken wir »Oh, super« und – zack!, haben wir das Ganze vergessen. Ist ein Teufelskreis. Deshalb schauen wir am Ende dann doch wieder Pornos.

Sollen wir euch Fremdgehen beichten?

27

Nein, bloß nicht. Warum denn? Damit es euch besser geht? Damit ihr diesen »Makel« loswerdet? Blödsinn. Manchmal muss man nicht alles erzählen. Wozu denn dieser totale Seelenstriptease? In einer Partnerschaft können doch auch zwei eigenständige Menschen glücklich miteinander leben. Es sei denn, ihr wollt diese »Wir teilen alles«-Nummer, verabredet euch nur zu zweit, tragt die gleichen Goretex-Jacken und seid total überfordert, wenn ihr plötzlich verlassen werdet, weil der andere Luft zum Atmen braucht. Beim Seitensprung ergibt die Redewendung »Reden ist Silber, Schweigen ist Gold« mal wieder einen Sinn. Es sei denn, ihr seid Sadistin und wollt uns wehtun, dann berichtet uns davon, in allen Einzelheiten bitte. Aber was passiert danach? Wenn wir jetzt nicht die hellsten Sterne am Himmel sind, fühlen wir uns wahrscheinlich in unserem Ego gekränkt, hadern, schmollen und verstoßen euch am Ende, weil ein anderer Junge mit unserer Puppe gespielt hat.

Dabei kann Fremdgehen doch tausend Gründe haben: Wir haben euch schlecht behandelt, nicht gevögelt oder emotional vernachlässigt. Dann geht ihr raus und holt euch ein bisschen Kitzel und Körperlichkeit woanders. Ist doch völlig in Ordnung. Wir sind keine Maschinen und ihr auch nicht. Vielleicht ist es für euch leichter fremdzugehen, als uns zu erzählen, was euch stört. Oder ihr wisst, dass ihr uns in dieser Hinsicht nicht ändern könnt, schätzt aber dafür vielleicht andere Seiten an uns. Aber wenn ihr euch dieses Privileg des Seitensprungs herausnehmt, müsst ihr auch die Eierstöcke haben, die moralischen Konsequenzen nur mit euch auszumachen.

Denn selbst wenn wir zu den klügeren Männern gehören, kommen wir nicht gut damit klar. Was uns wehtut, ist nicht der Akt mit einem anderen – der kränkt höchstens unser Ego und das überholte Besitzdenken. Am meisten schmerzen die eigenen Fehler und dass ihr genau deshalb fremdgegangen seid. Ihr habt Fakten geschaffen. Wenn ihr uns davon erzählt, stehen sie im Raum, mit allen Konsequenzen. Ihr müsst euch fragen, ob ihr das wollt. Wenn ihr uns vom Seitensprung erzählt, müssen wir uns wohl oder übel eingestehen, dass wir daran eine Teilschuld tragen. Und das ist noch schmerzhafter als eure Beichte. Daher ein Kompromissvorschlag: Sagt uns direkt, dass wir euch mehr Zeit, Aufmerksamkeit, Sex und Liebe schenken sollen, weil ihr sonst fremdgeht. Klingt hart, aber damit kommen wir schon klar.

28 Was ist sexier: Bikini oder Badeanzug?

Wenn ihr nicht viel Wert auf euren Körper legt, kann euch auch ein Bikini nicht retten. Das Gegenteil funktioniert aber prima. Maßstab für Sexiness von Schwimmsachen ist die Swimsuit-Ausgabe von *Sports Illustrated,* die auch Heidi Klum berühmt gemacht hat – zuerst 1998 im Badeanzug, dann 2002 im Bikini. Besser gefiel uns die erste Ausgabe. Denn ein Badeanzug verhüllt, aber er reizt die Fantasie mehr – solange darin eine attraktive Frau steckt. Wir sehen schon, was unter dem Stoff ist, finden es aber subtiler, wenn ihr sexy seid, ohne sexy Klamotten zu tragen. Das ist wie bei dem Rapper *The Game*. Der trägt zwar Unterhosen, die nicht gerade durch einen knappen Schnitt bestechen, aber unter dem Stoff zeichnet sich ein guter halber Meter Penis ab. Ähnliches gilt für Badeanzüge. Die Rettungsschwimmerinnen von *Baywatch* mussten keine Bikinis tragen, damit ihnen zwei Generationen von Männern verfielen. Erika Eleniak und Pamela Anderson weckten damals Fantasien, indem sie weniger zeigten. Das war reizvoller als spätere Nacktbilder von ihnen. Okay, Ursula Andress, die Oma aller Bondgirls, trug einen Bikini, aber die hätte 007 auch in einem Burkini rumgekriegt. Also zieht einfach an, worauf ihr Bock habt – und wenn ihr unsicher seid, schwimmt einfach nackt, das kommt immer gut an.

29 Sollten wir beim ersten Date mit euch ins Bett gehen?

Auf jeden Fall! Wir würden es, ohne zu zögern, machen. Und es ist herrlich altmodisch, dass ihr noch darüber nachdenkt. Allerdings zeigt es leider auch, dass ihr noch einem überholten Rollenverständnis hinterherlauft. Macht euch locker, verhaltet euch, wie ihr Lust habt! Es gibt keinen Sittenpapst mehr, vor dem ihr euch rechtfertigen müsst. Wenn ein Typ euch reizt, springt mit ihm in die Kiste, wenn nicht, dann lasst es.

Klar ließe sich nun argumentieren, dass es die Spannung erhöht, wenn ihr uns beim ersten Date nicht alles gebt, was wir wollen. Aber auch dieses Argument entstammt der Bronzezeit. Wer sagt denn, dass wir überhaupt ein zweites Date wollen, wenn beim ersten Mal nichts läuft? Vielleicht passiert dann ja beim zweiten Mal wieder nichts? Wenn wir allerdings beim ersten Mal den wildesten unglaublichsten Sex haben, kommen wir garantiert wieder. Bestenfalls wollen wir natürlich ein zweites Date mit euch, weil wir euch interessant finden, und nicht, weil wir glauben, dass wir euch ins Bett kriegen. Das gilt übrigens nicht für pubertierende Jungs zwischen 15 und 18. Die, die wollen meist eh nur vögeln. Und zwar bei und nach jedem Date. Aber auch in allen anderen Altersklassen ist Sex beim ersten Date die bessere Wahl. Für alle.

30 Steht ihr manchmal unter Sexstress?

Seltsamerweise: Ja. Aber nicht wegen euch. Das soll jetzt auch nicht heißen, dass wir eine andere hätten. Es ist vielmehr unser Problem. Nachdem der sanfte, postmoderne Mann aus der Mode geraten ist, stehen jetzt alle wieder auf Testosteronterroristen (wer das aussprechen kann, ist keiner), Potenzprotze und Bartburschen: Gut aussehend, männlich, bestenfalls auch noch witzig, charmant und nicht zu unterwürfig. Der Body muss stimmen und der Mind eh. Das verlangt nicht ihr von uns, sondern die Werbung, die Konventionen und die Gesellschaft. Und wenn wir dann nicht noch ständig vögeln wollen, stimmt etwas nicht. Also gönnen wir uns keine Pause. Wir können nicht mehr normal duschen, ohne uns einen runterzuholen, und wenn wir mit euch im Bett kuscheln, fangen wir automatisch an zu fummeln. Nicht, weil wir Deutschen in den Ländervergleichen zum Thema »In welchem Land hat man am meisten Sex?« immer im unteren Drittel liegen – sondern weil wir uns per Penis am schnellsten unser Idealbild von uns selbst zurechtvögeln können. Wenn wir gerade Sex hatten, kann es ja nicht so schlimm um uns stehen. Der Sex ist unser Allheilmittel und gleichzeitig Messlatte für unser Allgemeinbefinden. Denn wenn es uns dreckig geht, kriegen wir ebenjene Messlatte nicht mehr hoch. Wir stehen also ganz schön unter Zugzwang – oder eben unter Sexstress. Das beste Rezept dagegen ist lustigerweise Sex. Im Prinzip wie bei Menschen mit Angststörungen, die sich zum Beispiel vor Streitereien mit Rockern fürchten und als Therapie im Village-People-Kostüm vor dem Hauptquartier der Hells Angels flanieren müssen.

Der richtig große Sexstress beginnt übrigens erst so mit vierzig, wenn man nicht mehr dreimal hintereinander vögeln kann. Oder zweimal. Wenn wir zu früh gekommen sind und merken, dass ihr noch weitermachen möchtet. Dann seid ihr es plötzlich, die unter Sexstress stehen. Denn mal ehrlich: Wer leidet denn wirklich, wenn wir zu früh kommen?

Traut ihr euch betrunken mehr als nüchtern?

31

Ja, leider. Alkohol enthemmt, und all die Hürden, die uns davon abhalten, euch schmutzige Namen zu geben, beim Analsex an eurem Pferdeschwanz zu ziehen oder euch mal richtig auf den Po zu dreschen, sinken mit jedem neuen Drink weiter. Das Doofe dabei ist nicht, dass wir im Suff die Stabilität unserer Erektion oder die des Lattenrosts falsch einschätzen (bis eines von beiden zu Bruch geht); auch nicht, dass wir plötzlich drauflosrammeln wie ein überladener Duracell-Hase, sondern dass wir vor lauter neuem Mut plötzlich vergessen, an euch zu denken. Denn Alkohol kann den aufmerksamsten Liebhaber in einen völlig enthemmten Egomanen verwandeln. Und erst wenn wir wieder nüchtern sind, schämen wir uns dafür, dass wir plötzlich einen Fetisch-Porno angemacht, euch überall mit Gleitgel eingeschmiert und dann stundenlang an eurem großen Zeh genuckelt haben. Ein bisschen Alkohol ist ja ganz gut. Euch hilft er ja auch, beim Sex nicht immer noch an die Arbeit oder den Stress mit der Freundin zu denken. Doch selbst auf die Gefahr hin, jetzt wie ein besorgter Vater zu klingen: Wenn ihr merkt, dass wir nur an uns denken, haut einfach ab. Das macht uns am schnellsten wieder nüchtern.

32 Steht ihr beim Sex auf Kommandos?

Wenn wir ein bisschen unterwürfiger veranlagt sind (oder mal den Sub-Part ausprobieren möchten) vielleicht. Dann ist es aber auch wichtig, was ihr sagt. Wenn jetzt die Akademikerin, die auf ihrem Literaturprofessor reitet, aus einer Laune heraus Haftbefehl zitiert (»Besser ist es, du duckst dich jetzt, zeig deine Eier, du Pussycat«), könnte das auf den Herrn irritierend wirken. Ebenso seltsam kann es allerdings sein, wenn ihr in einer Beziehung, in der immer alles ausdiskutiert wird, plötzlich das Kommando übernehmt und uns befehlt, es euch ordentlich zu besorgen (obwohl wir das wahrscheinlich auch so versucht hätten). Generell haben wir gern das Sagen und mögen eher keine Kommandos. Da ist es egal, ob ihr »Fick mich!« ruft oder »Räum die Spülmaschine aus!«. Wir bestimmen am liebsten selbst – egal, ob an der Spüle oder im Bett.

33 Gibt es wirklich Dauererektionen?

Ja – und das ist nicht nur die gefürchtete Morgenlatte. Es gibt einfach Momente, da können wir stundenlang vögeln. Meist, wenn wir ein wenig betrunken oder ein bisschen mit den Gedanken woanders sind. Oder wenn wir merken, dass wir jetzt mal allmählich kommen sollten. Dann funktioniert es ganz bestimmt nicht. Klingt super, oder? Aber es fühlt sich leider nicht ganz so super an. Denn irgendwann tut uns das ganze Ding mitsamt den Testikeln weh, aber den Schmerz werden wir nur durch einen Orgasmus los. Dann müsst ihr es irgendwie schaffen, nicht nur unseren Penis in euch aufzunehmen, sondern auch unseren Kopf. Also im übertragenen Sinn. Wenn ihr noch einmal alle Leidenschaft zusammennehmt und dadurch noch einmal unsere weckt, dann klappt es doch noch. Wie, ihr findet es gar nicht so schlimm, wenn wir auch mal nicht kommen? Aha. Wir haben immer geahnt, dass die Gleichberechtigung auch eine Schattenseite hat.

Ist der Sex nach dem ersten Kind schlechter? 34

Nein, ganz und gar nicht. Oft ist der Sex wegen der Zwangspause nach der Geburt sogar noch besser. Oder sorgt ihr euch, dass ihr nach einer natürlichen, vaginalen Geburt durch den Kinderkopf gedehnt und vielleicht weiter geworden seid? Das ist Blödsinn, denn ihr werdet ja auch wieder genäht. Wenn überhaupt, liegt das Problem eher bei uns. Wir modernen Männer sind ja standardmäßig bei der Geburt dabei, um eigentlich Mut, aber dann doch eher Panik zu machen (zumindest beim ersten Kind). Wir stehen permanent im Weg, wollen aber dennoch – halb aus Neugierde, halb aus Gewohnheit – in der ersten Reihe sitzen, wo wir den besten Blick zwischen eure Beine haben. Denn dort sehen wir, was wir bisher vergöttert haben – und dort werden wir dann unser Kind sehen, das wir noch mehr vergöttern werden. Das Problem ist nur, dass wir da mit zwei völlig unterschiedlichen Gefühlen zu eurer Muschi kämpfen müssen. Jahre, wenn nicht jahrzehntelang, haben wir versucht, sie zu verstehen, sie begehrt, vernascht, geleckt und unseren Penis hineingesteckt. Und jetzt kommt da ein Kinderkopf raus (verbunden mit Blut, Schleim und was weiß ich). Das Bild müssen wir erst mal wieder loswerden. Natürlich ist es völlig natürlich und schön, aber phasenweise auch ein bisschen entzaubernd. Empfehlung für noch besseren Sex nach dem ersten Kind: Wenn wir bei einer natürlichen Geburt dabei sein sollen, positioniert uns hinter euch. Da können wir von oben Händchen halten, das Gesamtbild ohne Details sehen und stören auch nicht groß, wenn wir zwischendurch mal ohnmächtig werden.

35 Wie können wir euren Orgasmus herauszögern?

Wenn wir das nur wüssten! Wir rutschen halt irgendwann in einen Rhythmus hinein, es wird immer schöner, und dann wollen wir auch ins Ziel. Im übertragenen Sinne lautet die Frage also: Wie bekomme ich einen Läufer dazu, kurz vor der Ziellinie abzubiegen? Richtig, mit Ablenkung. Wenn ihr merkt, dass wir in den Rhythmus abdriften, der direkt zum Orgasmus führt, hilft nur ein Mittel: entkoppeln und Pause. Löst euch sofort von uns! Falls ihr nur eine Sekunde zu spät dran seid, sind die ganzen organischen Prozesse in Gang gesetzt, die Spermienarmee hat den Marschbefehl, und wir feuern drauflos – in diesem Fall direkt in die Luft, aufs Bett oder auf euch. Deshalb sollten wir beim Herausziehen den Penis mit Daumen und Zeigefinger am Schaft umschließen und fest zudrücken. Manchmal hilft das. Danach kurz durchatmen, Coitus interruptus, vielleicht ein bisschen Oralverkehr bei euch, jedenfalls nichts, wobei unser Penis zum Einsatz kommt. Denn bei dem liegt ja das Hauptproblem, ihn interessiert nur die Abschussquote. Das liegt in der Natur der Sache. Und alles, was ihr versucht, alles, wobei ihr ihn anfasst, macht es nur noch schlimmer. Den Orgasmus können wir selbst am besten herauszögern. Dabei müssen wir, so blöde das klingt, an etwas möglichst Abtörnendes denken – etwa an Benjamin Blümchen oder die Kanzlerin. Manche Männer zählen im Stillen bis hundert, kommen aber meist schon bei fünf. Das alles dürft ihr natürlich nicht merken, sonst fragt ihr wieder, was wir denken – und das ist dann der Anfang vom endgültigen Ende. Und die Pimmel-am-Schaft-abklemmen-Methode funktioniert übrigens besser, wenn wir das machen, weil wir wissen, wie fest wir zudrücken dürfen oder sollen. Manchmal können wir auch länger, wenn die Blase voll ist. Vielleicht, weil uns das ablenkt, vielleicht auch, weil Urin und Sperma um den gleichen Weg nach draußen kämpfen. Ein bisschen Trunkenheit schadet auch nicht, da sind wir einfach weniger sensibel. Am Ende ist es natürlich alles eine Frage des Trainings. Ihr müsst einfach viel mit uns üben.

36 Könnt ihr mit uns ehrlich über Sex reden?

Ja, direkt nachdem wir mit euch Sex hatten. Da lassen wir den Akt gern noch einmal Revue passieren: Was hat euch gefallen, was können wir besser machen? War dieses zu hart oder jenes zu weich? Über unsere intimsten Träume oder Vorlieben mit euch zu reden fällt uns aber schwer. Klar kann man jetzt wieder die »Männer können nicht über Gefühle sprechen«-Karte ziehen, aber die ist auch schon fünfzig Jahre alt und längst abgelaufen. Die modernen Männer reden viel zu viel über ihre Gefühle: »Ich habe einerseits Lust auf Pizza, aber andererseits auch auf Frühlingsrollen und habe lange keinen Döner mehr gegessen. Und danach würde ich gern ins Kino, aber irgendwie auch gern erst mal ein Bier trinken gehen.« Oder: »Ich liebe dich, will mich aber noch nicht binden« und so weiter. Nur über Sex, der ja der Gipfel der Gefühle ist, mögen wir nicht sprechen. Vielleicht, weil wir dabei mehr verraten als unsere Gefühle, weil wir dabei einen Teil von uns zeigen, der in unserer Alltagspersönlichkeit nicht so oft auftaucht. Im Bett ist das etwas anderes, da sind wir dann doch zu sehr auf unser Vergnügen aus, als dass wir euch etwas verschweigen würden. Also erst mal ab in die Kiste, danach können wir über alles reden.

37 Was findet ihr im Winter besonders heiß?

Alles. Denn im Winter sind unsere Hormone ausnahmsweise mal eiskalt nur auf eine Frau ausgerichtet. Da hat sich die Natur gedacht: Jagen ist eh nicht drin, also kümmern wir uns gemütlich um Gattin, Gespielin oder Fuck-Buddy. Bei ihr sehen wir dann alles durch die rosarote Brille: Wir würden am liebsten mit in ihre Schlafsack-Daunenjacke schlüpfen, ihre von Heizungsluft gereizte Haut mit Massageöl einschmieren und die aufgerissenen Lippen mit Küssen bedecken. Wenn wir ihr Vitamin D von der Apotheke holen, ist das schon ein Doktorspielchen, und beim Anblick der blauen Flecken, die sie sich beim Sturz auf dem Glatteis geholt hat, erinnern wir uns wehmütig an die kurze SM-Phase nach dem Erscheinen von *Shades of Grey*. Im Winter finden wir einfach alles an euch heiß. Zu blöd, dass es wegen der globalen Erwärmung keinen richtigen Winter mehr gibt.

Warum steht ihr eigentlich auf Rothaarige?

Zum einen ist unsere Vorliebe für Rothaarige historisch bedingt: Blondinen waren jahrelang bevorzugt, weil blonde Haare genetisch bedingt sehr selten sind. Dann erfand jemand Wasserstoffperoxid, und plötzlich waren fast alle Frauen blond. Dass sie dabei nicht auch noch blauäugig waren, konnten wir guten Gewissens tolerieren. Aber dann mussten wir die neue Seltenheit finden. Wegen Hexenverbrennung (Achtung: gewagte These) und des mangelnden Expansionsdrangs der Iren (und gleich noch eine gewagte These hinterher) sind rothaarige Frauen hierzulande eine ziemliche Seltenheit und daher heiß begehrt. Vielleicht liegt es auch ein bisschen daran, dass wir uns nicht ganz von Klischees befreien können. Bestimmt haben wir irgendwo mal den Prollspruch aufgeschnappt: »Rostiges Dach, feuchter Keller.« Und auch, wenn das natürlich totaler Mist ist, so hat er sich (wie so viele andere Dinge, die totaler Mist sind) bei uns irgendwo im Unterbewusstsein festgesetzt. Dazu dann die Hexensache: Als »Hexen« wurden früher auch sexuell aktive Frauen bezeichnet, und rothaarigen Irinnen sagt man nach, dass sie ihre trinkfesten Männer nicht nur im Griff haben, sondern auch noch wirklich lieben. Wie kann man auf so etwas denn nicht stehen?

Der Siegeszug von Henna hat das bisher nicht ändern können. Vielleicht auch, weil danach nicht mehr so viele seltene Haarfarben übrig bleiben. Außer weiß. Aber das ist ein anderes Thema.

39 Was törnt euch im Bett total ab?

Am schlimmsten ist dieses Katzenfauchen mit ausholender Kratzbewegung. So etwas machen doch nur Kinder an Fasching oder Menschen auf Drogen. Und Kinder seid ihr definitiv nicht mehr. Im Bett ist es wichtig, man selbst zu sein (außer bei Rollenspielen). Also bitte versucht nicht, erotischer zu wirken, als ihr es tatsächlich seid. Außerdem gibt es noch ein paar profanere Kleinigkeiten, auf die wir nicht so stehen: Wenn ihr unter die Decke pupst, zu viel redet – oder wenn wir mal nicht kommen können und ihr unbedingt das Sperma aus uns herausrubbeln wollt. Wir mögen es auch nicht, wenn eine erwachsene Frau uns ständig in die Seite pikt, »Huhuhu« kiekst und unter der Decke Verstecken spielen will. Wir wissen, wie alt ihr seid. Ebenso törnen uns zu erwachsene Frauen ab, die uns keinen runterholen wollen, weil sie gerade erst den Tennisarm auskuriert haben. Rotzbesoffene Frauen sind absolute Lustkiller, wenngleich sie auch unterhaltsame Phasen haben. Außerdem können wir es nicht leiden, wenn ihr uns gegen unseren Willen etwas in den Po stecken möchtet. Die Missionarsstellung zählt nicht zu unseren Top Hundred (wenn ihr nicht die eine Frau seid, bei der alles egal ist). Und wir mögen im Bett nicht zu viel Aufregung – aber auch nicht zu wenig. Und am allerwenigsten mögen wir Leute, die dieses nicht mögen und jenes auch nicht.

40 Untenrum rasiert, obenrum möglichst lang – das ist doch ein Widerspruch?

Richtig, denn wer sagt denn, dass nur ihr widersprüchlich sein dürft? Außerdem stehen gar nicht alle Männer auf Glatze unten und Mähne oben. Wahrscheinlich gibt es auch irgendeine Subkultur, die auf komplett rasiert oben und lange Haare unten steht. Oder der am Ende die ganze Sache mit den Haaren komplett egal ist. Das ändert sich ja eh mit jeder Imagekampagne von Madonna, Miley Cyrus oder Gilette. Generell stehen wir auf rasiert, weil wir dann beim Oralverkehr keine Haare von der Zunge klauben müssen. Aber im Zweifelsfall hält uns das – offen gestanden – auch nicht wirklich ab. Wir freuen uns, wenn ihr untenherum rasiert seid, das entspricht den gängigen Beauty- und Hygiene-Konventionen und zeigt uns auf den ersten Blick, dass ihr euren Intimbereich sauber haltet. Natürlich könnt ihr auch untenrum gepflegte Frisuren tragen, aber wir bemerken meist nicht mal, wenn ihr euer Styling auf dem Kopf ändert. Da wird es uns untenrum erst recht nicht auffallen.

Lange Haare auf dem Kopf stehen für ein klassisches Schönheitsideal: Cheerleader haben sie, *Playboy*-Centerfolds hatten sie und Urmenschen wahrscheinlich auch. Die Frisur hat uns geprägt, sie erinnert uns an unsere erste langhaarige Liebe. Außerdem umspielen lange Haare so schön euer Gesicht, und mit Pferdeschwanz wirkt ihr so offensiv artig. Aber am Ende fragt ihr uns doch eh immer, was wir von dieser oder jener Frisur halten, hört unserer Antwort aufmerksam nickend zu – und macht dann doch wieder, was ihr wollt.

Steht ihr auf Riesenhintern à la Kardashian?

41

Ja – sofern an dem Riesenhintern noch eine derart selbstbewusste Frau dranhängt. Auf Riesenhintern ohne selbstbewusste Frauen stehen wir nicht so. Generell gilt für uns die Regel: Je mehr Kurven, desto weniger können wir uns bremsen. Was wir daran lieben? Die Weichheit, das Runde, das Umfassende – doch wenn wir jetzt sagen »das Mütterliche«, klingt das auch wieder ödipal pervers. Außerdem würde kein Mann seiner Mutter einen schönen Hintern bescheinigen. Oder gar sagen, seine Mama habe eine Kehrseite wie Kim Kardashian. Nein, es geht hier vielmehr um ein Urgefühl, etwas Animalisches (die Tierwelt treibt es ja grundsätzlich von hinten). Seit es die Menschheit gibt, ist die weibliche Kehrseite das Primärziel unserer Begierde, viel mehr noch als die Missionarsstellung. Und ein Riesenhintern ist eben ein Riesenprimärziel. Bei der Wahl zwischen der Jagd auf einen Riesenhirsch und einen Riesenhintern würden wir uns immer für den Riesenhintern entscheiden. Denn hormonell gesehen sind wir Männer dem Affen näher als der Frau. Wenn wir so einen tollen Hintern sehen, müssen wir einfach grunzen, glotzen und uns auf der Brust herumtrommeln. Nur ungefragt betatschen sollten wir ihn nicht, sonst unterscheidet uns nichts mehr vom Affen.

42 Törnt euch Orangenhaut ab?

Genauso sehr wie euch. Ihr habt keinen Bock darauf, wir auch nicht. Aber wir wissen, dass man nicht wirklich viel dagegen tun kann. Vielleicht ist das der Punkt: Wenn wir sehen, dass ihr Wert auf euren Körper legt, Sport treibt, euch nicht allzu sehr gehen lasst, dann ist ein bisschen Orangenhaut total okay. Wir streicheln vielleicht nicht stundenlang darüber, wenn wir nackt nebeneinanderliegen – aber auch nur, weil wir wissen, dass man Problemzonen nicht zu viel Aufmerksamkeit schenken sollte. Aber ein wenig Beachtung schadet nicht, denn lasst ihr euch gehen und unternehmt nichts gegen den »Hagelschaden«, törnt uns das schon etwas mehr ab. Das klingt jetzt vielleicht oberflächlich, aber Orangenhaut ist ja auch eine oberflächliche Sache. Stellt euch vor, wir hätten einen Ausschlag an irgendeiner nicht durch Haare kaschierten Stelle und würden nichts dagegen unternehmen. Das würde euch doch auch nicht glücklich machen. Zum Glück gibt es ein ziemlich effektives Mittel gegen den Abtörneffekt von Orangenhaut im Bett: Netzstrümpfe, Dessous und richtig hohe Overknees. Wenn ihr die Sachen im Bett unbedingt tragen wollt, wird kein Mann dumme Fragen stellen.

Warum schlaft ihr direkt nach dem Sex ein?

43

Das ist eine seltsame Kombination aus Rückzug, Müdigkeit und Verarbeitung des gerade Erlebten. Wir hatten Sex mit euch, haben uns entblößt und etwas irrsinnig Intimes offenbart (und damit ist jetzt mal nicht unser Penis gemeint). Wir haben kurz zuvor gestöhnt, gekeucht, geküsst, berührt und gestreichelt und vielleicht sogar von Liebe gesprochen. Das ist ein ziemlich emotionaler Rausch für Männer, die ihre Gefühle nicht zeigen können. Ihr müsst euch das wie einen Befreiungsschlag vorstellen. Wie den zahmen Löwen, der gerade im Streichelzoo gewildert hat, oder wie die geheilte Shopping-Süchtige, die ein geheim gehaltenes Prada-Outlet entdeckt. Sex ist eben wunderschön, herrlich, intensiv – und irrsinnig anstrengend. Danach müssen wir erst einmal die Fassung wiederfinden. Klar könnten wir jetzt über das Erlebte reden, den Sex sezieren, eine Umfrage starten und die Nummer von allen Seiten beleuchten. Wir könnten auch stundenlang kuscheln, euch in den Arm nehmen und erst am nächsten Morgen wieder loslassen. Aber am schnellsten entspannen wir uns einfach, wenn wir in uns ruhen. Im wahrsten Sinne des Wortes.

44 Wie lange dürfen wir vor dem Akt kurz im Bad verschwinden?

Drei Minuten. Maximal. Sonst sind wir eingeschlafen, haben den Fernseher angemacht, unseren Kumpels Textnachrichten geschickt oder uns aus Langeweile einen runtergeholt. Was treibt ihr da auch die ganze Zeit im Bad? Wir halten uns nur so lange auf dem Klo auf, wenn wir große Geschäfte erledigen – aber es ist kaum vorstellbar, dass ihr kurz vor dem Sex erst mal zum Kacken aufs Klo verschwindet. Es sei denn, es ist Analverkehrtag. Sonst können wir uns nur vorstellen, dass ihr euch untenrum reinigt, was durchaus anständig ist. Doch bitte nicht zu lange. Körperhygiene ist super, keine Frage, aber ihr müsst euch nicht komplett desinfizieren. Denn kurz vor dem Sex wollen wir nicht warten. Das ist wie beim Jagen: Wenn der Hase, sobald ihn der Fuchs gestellt hat, plötzlich in einer Geheimtür im Moos verschwindet, fühlt sich der Fuchs total verarscht. Er wird sich tierisch aufregen, herumschnüffeln, wartet ein bisschen (genauer gesagt drei Minuten), und dann macht er sich auf die Suche nach einem neuen Hasen.

45 Seid ihr im Winter weniger geil als im Sommer?

Ihr meint wegen der Kälte? Oder weil ihr dann UGG Boots tragt? Fußfetischisten sind im Winter wahrscheinlich tatsächlich weniger geil als im Sommer, der Rest von uns leider nicht. Für Liebhaber fülliger Frauen bietet der Winter ein Paradies an michelinmännchenartigen Daunenjackenträgerinnen. Da wir uns auch von Push-ups täuschen lassen, halten wir unter der Jacke getragene XXL-Schals gern für üppige Oberweiten. Nierenwärmer verleihen Kurven, wo keine sind, und eure roten Wangen interpretieren wir dank falsch verstandenem Selbstbewusstsein gern mal als Vorfreude. Aber – halt! Moment, das ist doch eine Fangfrage! Denn wir sind es ja nicht, die immer frieren! Die ab September am liebsten nur noch im Skianzug vor die Tür gehen würden. Die schon als Teenager Heizdecken mit ins Bett nehmen. Die sich für ihr Kirschkernkissen am liebsten eine Mikrowelle unters Bett stellen würden. Die ihre kalten Hände auf unseren warmen Hintern legen und ihre kalten Füße zwischen unsere Beine klemmen. Die sich mit einem gewinselten »Mir ist sooooo kalt« an uns pressen, woraufhin uns noch heißer wird. Lief diese Fangfrage also darauf hinaus, was für euch noch drin ist, nachdem ihr uns im Winter in eure Betten gelockt habt? Wollt ihr wissen, ob wir uns von November bis März temperaturbedingt lieber zum Winterschlaf beiseitedrehen und erst im Frühjahr wieder hochkommen? Ehrlich gesagt: nein, leider nicht. Unsere Hormone sind jahreszeitenunabhängig außer Kontrolle. Für mehr Info siehe: Was findet ihr im Winter besonders heiß?

Mögt ihr es, wenn wir euch beim Sex in die Augen sehen? 46

Es gibt ja diesen Spruch: Die Augen sind das Fenster zur Seele. Weil die Menschen glauben, dort mehr über den anderen zu sehen. Und weil wir euch gern in die Augen schauen, denn sie zählen zu euren hübschesten Körperteilen. Wenn wir uns noch nicht so gut kennen, wollen wir beim Sex über die Augen direkt in euch hineinblicken, um dort Lust, Freude, Zuneigung oder Abneigung zu entdecken. Das Problem: Wenn wir euch in die Augen schauen, finden wir das gut. Wenn ihr das macht, fühlen wir uns nicht nur über-, sondern oft herausgefordert. Beobachtet ihr uns? Analysiert ihr uns? Wollt ihr Stress? Blickkontakt heißt nicht nur, jemanden auf die Seele zu schauen, sondern eben auch, den anderen herauszufordern. Bevor Männer kämpfen, starren sie sich meist in die Augen (dabei ist das totaler Mist, weil sie so die Fäuste nicht sehen). Natürlich ist uns klar, dass ihr im Bett wahrscheinlich keine Schlägerei anfangen wollt, aber dem anderen in die Augen zu schauen ist halt eine der ältesten Formen der nonverbalen Provokation. Da stehen oder liegen wir kurz vor dem Sex, und plötzlich werden wir herausgefordert. Wie sollen wir denn damit umgehen? Laut der Verhaltensforschung kann das schnell wie bei den Hähnen enden, die nicht wissen, ob sie jetzt kämpfen oder fliehen sollen, und dann anfangen, auf dem Boden herumzupicken. Das machen wir natürlich nicht, aber hier greift die Regel: Ist der Mann irritiert, geht die Erektion flöten. In eurem eigenen Interesse ein Tipp: Sucht gern den Blickkontakt, wenn es sein muss, auch beim Vögeln, aber seht zwischendurch einfach mal woandershin oder schließt genießerisch die Augen. Sonst müssen wir am Ende doch noch mit euch vor die Tür gehen.

47 Wir stehen auf sexy Unterwäsche – und ihr?

Sagen wir mal so, wir stehen darauf, euch in sexy Unterwäsche vor uns stehen zu sehen. Wir kaufen sie euch auch gern, aber irgendwann ist es dann auch genug, und wir wollen sie euch einfach ausziehen. Es ist schön, dass ihr sie gern tragt, und wir sind glücklich, wenn ihr glücklich seid, aber am Ende geht es um das Geschenk und nicht um die Verpackung. Natürlich zeigt sexy Unterwäsche auch, dass ihr mit eurem Körper zufrieden seid (oder zumindest so zufrieden, wie das halt möglich ist). Ihr habt euch für uns schöngemacht, hurra, aber wir sind dann doch vielleicht ein bisschen fokussierter als ihr. Für euch beginnt Sex schon eine Woche vorher, damit, wie der

Tag so war, wie es der frisch getrennten Freundin geht, wie ihr im Job vorankommt, und die lange Parkplatzsuche müsst ihr auch noch emotional verarbeiten. Für uns beginnt Sex, wenn wir die Grenze zwischen Reden und Handeln überschritten haben. Und sexy Unterwäsche gehört noch zu Reden.

48 Dürfen wir euch in die Brustwarzen kneifen?

Nein, seid ihr bescheuert? Wir sind doch keine Teenager mehr. Als Nächstes fragt ihr, ob ihr uns gegen die Eier schnippen dürft? Leute, Leute! Okay, es gibt eine Ausnahme: Soft-SM. Dabei stehen wir auf ein bisschen Schmerzen. Und da es für die meisten von uns ungewohnt ist, wenn ihr uns den Hintern versohlt, bleiben euch nicht viele Möglichkeiten, unsere erogenen Zonen zu piesacken. Das ist wie mit dem Finger im Po: Zuerst sind wir total dagegen, aber wenn ihr es richtig anstellt – und nur dann!, könnten wir Gefallen daran finden. Normalerweise läuft es in einer Beziehung ja so, dass der eine Partner seine Lieblingsprobleme und -heilmittel auf den anderen projiziert, weshalb ihr uns bei einer Erkältung Wärmflaschen, Ingwer und Vitamin D anbietet. Genauso ist es auch beim Sex. Wenn ihr ein bisschen Schmerz mögt, versucht es doch mal sachte bei uns. Sachte! Sonst fühlen wir uns gleich wieder an die Jungsscherze auf dem Schulhof erinnert. Außerdem tut es echt weh, in die Brustwarzen gekniffen zu werden! Ihr behauptet ja eh (mit dem Hinweis aufs Kinderkriegen), dass wir Männer viel schmerzempfindlicher sind als ihr. Und wenn ihr das schon wisst, müsst ihr uns ja nicht noch mit Absicht wehtun. Zumindest nicht so doll. Das ist wieder wie mit dem Ingwertee, den wir nicht mögen. Wenn ihr uns den schmackhaft machen wollt, haut ihr in die erste Tasse nicht gleich ein faustgroßes Stück rein, oder?

49 Wie viel Pause braucht ihr zwischen der ersten und zweiten Runde Sex?

Das liegt ein bisschen am Alter, ein bisschen am Lebenswandel und ein bisschen an euch. Und ein bisschen an uns. Laut Wissenschaft braucht ein Mann ab 35 bis zu 24 Stunden, um nach dem Orgasmus wieder eine Erektion zu bekommen. Ein Twen dürfte dagegen eher um die 24 Minuten brauchen, ein Teenager 24 Sekunden. Aber wir alle brauchen eine Pause.

Sind wir kurz zuvor mit harter Lanze in die Schlacht gezogen, hängt sie plötzlich müde herunter. Ihr setzt den erschlafften Schwanz dann meist mit erschlafftem Interesse gleich, weil ihr ohnehin alles auf euch bezieht. In diesem Fall ist unsere Mattheit aber einfach eine normale körperliche Reaktion, die ihr euch vom Hausarzt erklären lassen könnt. Ihr seid doch auch müde, wenn ihr Sport getrieben habt. Dann braucht ihr eine Pause. Ist bei uns genauso.

Und hier kommt ihr ins Spiel. Denn wenn es euch stört, dass wir schon gekommen sind und nicht gleich wieder hoch können, dann waren wir wohl mal wieder Erster. Jetzt liegt die große Kunst darin, eure Lust zu behalten und uns wieder Lust zu machen. Keine einfache Aufgabe, aber wenn ihr die Erektion wollt, müsst ihr etwas dafür tun. Ein Drink, ein Lächeln, ein Blowjob – die Einzige, die hier die Wartezeit verkürzen kann, seid ihr. Das ist jetzt nicht egoistisch gemeint, sondern vielmehr pragmatisch. Wir haben generell auch Lust auf ein zweites und drittes Mal, aber nur ihr könnt diese Lust wecken. Denn auch wenn dieser Vergleich nicht sehr maskulin ist – nach dem Sex haben wir ausnahmsweise mehr mit Dornröschen gemeinsam als ihr. Und sonst schlaft ihr ja immer vor uns ein.

Steht ihr auch auf Uniformen?

50

Generell schon – außer, wenn ihr uns gerade einen Strafzettel hinter den Scheibenwischer klemmt. Sonst verleihen euch Uniformen eine harte Schale, die wir nur zu gern knacken möchten. Deshalb stottern wir ja auch immer so rum, wenn eine Beamtin bei der allgemeinen Verkehrskontrolle nach unseren Papieren fragt. Ihr steht ja auch auf Matrosen, Piloten, Feuerwehrleute und Polizisten. Zum einen natürlich, weil sie euch über das Meer, durch die Luft, aus brennenden Häusern oder einfach sicher nach Hause bringen, wenn ihr mal ein bisschen die Fassung verloren habt. Wahrscheinlich sind Uniformen irgendwo tief im Unterbewusstsein Synonyme für wahres Heldentum – so wie früher Ritterrüstungen. Da dürft ihr gern mal schwach sein und wir uns noch stärker fühlen. In Uniformen brauchen wir gar nichts hineinzuinterpretieren, sie stehen ja für sichere Eckpfeiler in einer wilden Welt. Und oft himmelt ihr diesen sicheren Eckpfeiler an, während wir sie einfach gern umvögeln würden. Der beste Grund für Uniformen liegt aber im Wortsinn: in der die Uniformität. In einer Uniform fühlen sich alle geil. Da kann das hässliche Entlein endlich ein Schwan sein und die schüchterne Polizeischülerin der Bad Cop. Wer eine Uniform trägt, für den ist immer Karneval. Und im Karneval rücken wir gern mal von unseren Ansprüchen ab (vom Ideal der 90-60-90-Philosophie-Doktorantin, die nebenbei als Model jobbt). Denn wie sagt man in Köln über Seitensprünge in der fünften Jahreszeit: Karneval zählt nicht.

51 Was ist denn bitte an Natursekt erotisch?

Keine Ahnung. Aber manche Typen stehen da wohl drauf, sonst gäbe es dazu keine Pornos. Vielleicht, weil Pinkeln etwas Intimes ist, das man eigentlich alleine macht. Es ist ein Tabu, das hier gebrochen wird, ein Extrem. Und manche stehen halt auf Extreme. Vielleicht ist es auch so eine Machtsache. Wer jemanden anpinkelt, erniedrigt ihn. Außerdem hat diese Natursektsache im Gegensatz zu anderen Fetischen noch entfernt mit den Geschlechtsorganen zu tun. Aber was daran erotisch ist, können wahrscheinlich am besten diejenigen erklären, die wirklich darauf stehen. Für die meisten Männer gehört Urin einfach ins Klo. Oder an den Baum. Außerdem haben ziemlich viele Männer mit Pinkeln echt Probleme – also jetzt nicht mit Blasenschwäche, sondern mit dem Pinkeln unter Menschen an sich. Die können schon nicht urinieren, wenn jemand neben ihnen am Pissoir steht. Der muss nicht mal einen längeren Pimmel haben, es reicht einfach, dass er danebensteht und beide warten, dass es endlich losplätschert. Und warten und warten und warten. Bis einer so tut, als hätte er während der Warterei lautlos gepieselt, um nach zehn Minuten wiederzukommen, wenn eine abschließbare Kabine frei ist. Wie soll man denn bitte einen anderen Menschen vor laufender Kamera anpinkeln, wenn man es nicht mal ohne Kamera am Pissoir hinkriegt? Und das *An*gepinkeltwerden heben sich die meisten eh einfach für die Zeit auf, wenn sie gerade Vater geworden sind.

Was reizt euch an Rollenspielen?

52

Die Rollen. Und das Spielen. Das Problem stellt nur der Unterschied zwischen Fiktion und Wirklichkeit dar. Wie bei Sexpartys. Die finden ja auch nie wirklich in französischen Châteaus statt und werden auch nicht von Hunderten Models mit venezianischen Masken besucht. Stattdessen treiben es da schwergewichtige Frührentner in piefigen Hinterzimmern auf abgegrabbeltem Achtzigerjahre-Mobiliar. Dieser Unterschied zählt auch beim Rollenspiel daheim. Da ist es nicht nur wichtig, die unmittelbare tatsächliche Umgebung durch die Fantasie zu ersetzen. Wichtig ist, seine Rolle ernst zu nehmen – auch, wenn das ein Spiel ist. Denn wenn die strenge Lehrerin mit Butziwutzi-Stimme vorsichtig fragt, ob es okay ist, wenn sie dem frechen Nachhilfeschüler jetzt mal ein bisschen auf den Poppiwoppi hauen darf, ist das Spiel zu Ende, bevor es begonnen hat. Es geht immer um Hingabe. Deshalb ist es wichtig, ein Spiel zu finden, das beide spielen wollen. Wir Männer finden es reizvoll, in eine andere Welt abzutauchen – meist in eine Welt, in der wir über die Kontrolle verfügen, weil wir sie ansonsten nicht haben – oder eben genau umgekehrt. Und diese Welt muss eben so glaubwürdig sein wie möglich – sonst erinnert sie uns doch wieder zu sehr an die Realität. Und auf Realität stehen wir nicht so.

Holt ihr euch vor einem Date mit der Neueroberung einen runter?

53

Das kommt ehrlich gesagt auf unsere Potenz an. Wenn wir damit Probleme haben, wäre es eine Vergeudung, unsere Munition vor der Schlacht zu verschießen. In einer der prägenden Szenen aus *Verrückt nach Mary* ist ein Typ namens Woogie ganz aus dem Häuschen, weil sich sein Kumpel Ted vor einem Date nicht »noch einen von der Palme wedelt«. Woogie: »Dann läufst du ja mit 'ner geladenen Kanone durch die Gegend. Jetzt verstehe ich auch, wieso du so nervös bist.« Ted schaut überrascht, kommt dem Rat aber nach – Cameron Diaz aka Mary sagte danke und verwendet Teds Ejakulat als Haargel. Okay, das Leben ist keine romantische Komödie, doch schon Teds überraschte Reaktion auf Woogies Frage zeigt: Wir Männer wollen nicht immer nur vögeln. Wäre es so, müssten wir uns tatsächlich vor einem Date einen runterholen, damit wir euch nicht den ganzen Abend gierig auf den Busen glotzen und euch, wenn ihr euch auf der Straße die Schuhe zubindet, von hinten bespringen. Aber wir sind keine schwanzgesteuerten Zuchtbullen. Wir wissen manchmal vor einem Date nicht mal, ob wir unbedingt mit euch ins Bett wollen. Okay, 'tschuldigung, das wollen wir wahrscheinlich doch immer, aber wir denken da nicht dauernd dran. Vielleicht seid ihr ja lustig, wir entdecken Gemeinsamkeiten, und das Date entwickelt sich zu einem wirklich guten Abend, aus dem viel, viel mehr werden kann. Wenn wir dann sowieso schon total auf euch abfahren, ist es auch wurscht, ob wir vorher masturbiert haben oder nicht. Denn selbst wenn das erste Mal nur zehn Sekunden dauert, werden wir uns dafür ins Zeug legen, dass es nicht das letzte Mal bleibt.

54 Was haltet ihr von Sex im Alter?

Solange wir jung und knackig sind, finden wir das nicht so geil. Aber wenn wir alt und faltig sind, entdecken wir zwangsläufig eine ganz neue Leidenschaft für dieses Thema. Was spricht auch dagegen? Unsere panische Angst vorm Älterwerden? Mal wieder. Denn Sex gehört nicht nur dazu, sondern ist ein Symbol für Jugendlichkeit, an das wir uns klammern. Das Erwachen der Triebe und so. Im Alter aber dreht sich alles um das Erschlaffen der Triebe: Schlechtes Bindegewebe, schlaffe Körper, schlappe Potenz – aber vielleicht doch guter Sex. Ohne knackige Körper mit Modellmaßen, ohne wildeste Rammeleien und Spielereien. Etwas ruhiger, zärtlicher, behutsamer – wie alles, wenn man alt ist. Natürlich möchten die wenigsten Oma und Opa zuschauen – aber das brauchen sie auch nicht. Wir kennen euren Körper nach einigen Jahrzehnten eh fast so gut wie unseren – und demgegenüber sind wir schon immer nachsichtig. Und wem es vor der faltigen Realität graust, der darf ab 70 durchaus beim Sex das Licht ausmachen. Aber dann bitte nicht gleich wieder einschlafen!

55 Törnt euch gewöhnliche Unterwäsche ab? Müssen es immer Strings sein?

Ach, wenn ihr alles macht, was wir wollen, wäre es doch total langweilig. Unterwäsche ist eine Äußerlichkeit – und nicht mal eine, die wir auf den ersten Blick sehen. Klar, wenn wir euch ausziehen und ihr habt Agent Provokateur drunter, grinsen wir vor lauter Vorfreude auf das, was die Wäsche verspricht, gleich noch ein bisschen breiter. Wenn wir euch allerdings bis auf die Unterwäsche ausgezogen haben und sehen uns mit Omas Feinripp konfrontiert, dann halten wir uns einfach nicht lange damit auf und ziehen euch die Wäsche noch ein bisschen schneller aus. Aber generell sind wir eher tiefgründige Menschen und suchen immer den Menschen unter der Wäsche. Also zurück zur Frage: Welche Art der Unterwäsche ihr tragt, sagt etwas darüber aus, wie ihr euch das Date oder wenigstens dessen Ende vorgestellt habt. Wenn ihr hübsche Unterwäsche angezogen habt, möchtet ihr wahrscheinlich, dass wir die sehen. Natürlich seid ihr Ladys, und nie würdet ihr beim ersten Date Sex haben, aber vielleicht wollt ihr uns ja echt nur die Unterwäsche zeigen – so wie unsere Großeltern sich früher zusammen die Briefmarkensammlung angeschaut haben. Und sexy Wäsche reizt uns viel mehr als die Liebestöter. Aber je mehr man darüber schreibt, umso mehr drängt sich der Gedanke auf, dass doch heutzutage niemand mehr so richtig schlimme Unterwäsche trägt, oder? Aber egal, ob ihr jetzt Strings oder Höschen anhabt, die Unterwäsche entspricht wahrscheinlich irgendwie euren Vorlieben – und ihr entsprecht unseren Vorlieben. Deshalb: Nein, ihr müsst nicht unbedingt Strings tragen. Aber wenn ihr jetzt eh schon welche anhabt, müsst ihr euch nicht extra umziehen.

56 Ist das zweite Mal Sex mit uns nicht mehr so schön wie das erste Mal?

Wenn wir uns schon auf ein zweites Mal einlassen, wird das erste Mal wohl nicht schlecht gewesen sein, oder? Außerdem sind wir beide beim zweiten Mal wahrscheinlich nüchterner, weil wir uns nicht erst die ganze Schüchternheit wegtrinken mussten. Aber das kann sowohl ein Vor- als auch ein Nachteil sein.

Auf jeden Fall ist das zweite Mal bedeutender als das erste Mal, weil wir uns viel bewusster auf euch einlassen – nicht nur körperlich. Ab der zweiten Nacht mit euch ist zwischen uns offiziell mehr als ein One-Night-Stand – und wenn es nur eine Nacht mehr ist. Da schwingt auf einmal nicht nur ein »Der Sex mit ihr war großartig« mit, sondern auch ein »Mal schauen, wohin das Ganze führt« (Ausnahme: Fuck-Buddy). Beim ersten Mal geht es nur ums erste Mal. Beim zweiten Mal zählt plötzlich ihr, weshalb es in der Regel viel interessanter ist als die Premiere. Seltsam nur, dass wir uns nie an dieses zweite Mal erinnern.

Warum wollt ihr immer Frauen, die ihr nicht haben könnt? 57

Das ist falsch. Wir nehmen auch Frauen, die wir haben können. Sogar sehr gern. Warum glaubt ihr bloß immer, dass uns andere mehr interessieren? Wahrscheinlich liegt es an Experten wie dem Dinosaurierprofi Dr. Alan Grant, der in *Jurassic Park* analysiert: »Er will nicht gefüttert werden, er will jagen.« Aber das ist Blödsinn. Wir sind doch keine Saurier und erst recht keine Psychos, wir wollen euch nicht jagen, sondern vögeln. Das Problem liegt woanders: Die Frauen, die wir haben wollen, sind so toll, dass es meist schon andere Männer vor uns gemerkt und ihre Chance früher genutzt haben. Diese Frauen haben eine Beziehung, ein Kind oder eine Designer-Handtasche bekommen, stehen bei einem anderen Mann in der Schuld und sind deshalb nicht offen für uns. Klar wäre es einfacher, wenn sie sich selbst aus ihrer Misere befreien würden, und sei es nur für eine Nacht. Machen sie aber nicht. Also müssen wir sie erobern. Dafür zerkratzen wir dem Konkurrenten den Autolack, zerstechen ihm die Reifen und lassen ihm die Luft raus. Wir hören der Topfrau stundenlang zu, wie sie begeistert erzählt, dass irgendwo in China ein Sack Reis umgefallen ist. Dabei lächeln wir so konzentriert, als würde sie uns den geheimen Neuzugang von Real Madrid verraten. All das machen wir nicht, weil wir sie nicht haben können. Sondern weil wir sie einfach irrsinnig gern hätten. Bei euch Frauen nennt man diese Sehnsucht wohl Liebe.

Steht ihr auf Nacktbilder von uns? 58

Klar, aber jeder weiß doch, dass man so etwas nicht macht. Denn wenn das mit uns vorbei ist, tauchen die Bilder ausgerechnet wieder auf, wenn ihr euch um die Stelle als Familienministerin bewerbt. Ein kurzer Exkurs: Die Regeln, die rund um Sex gelten, sind größtenteils die gleichen wie im wahren Leben: nicht komplett durchdrehen, niemanden verletzen und sich nicht komplett dem Gutdünken von anderen ausliefern. Nein, auch nicht beim SM. Da wird zwar damit gespielt, aber auch hier gibt es Regeln und Grenzen, ohne die es nicht möglich wäre, seine Fantasien auszuleben. Wenn ihr uns Fotos schickt, auf denen ihr nackt seid und bestenfalls noch aufreizend posiert, freuen wir uns schon, zugegeben. Klar sehen wir euch gern nackt – und je schöner die Bilder sind, umso besser. Aber es ist leider nahezu sicher, dass wir nicht die Einzigen sein werden, die diese Bilder zu sehen bekommen. Nicht, weil wir euch bloßstellen wollen, sondern weil wir irrsinnig stolz sind und mit euch angeben möchten. Euer Sex-Appeal färbt auf uns ab. Deshalb werden wir die Bilder früher oder später jemandem zeigen. Klar gibt es immer diese Horrorgeschichten von Mädchen, deren Nacktfotos sich irgendwann im Netz wiederfinden. Aber das sind meist nur dämliche Streiche von verliebt-verletzten Pubertierenden. Trotzdem, schickt uns lieber keine Fotos.

Oder meintet ihr jetzt Nacktfotos von euch, wenn wir gar nichts miteinander haben? Als Vorgeschmack? Natürlich würden wir euch da wahrscheinlich nicht gleich wegen sexueller Belästigung anzeigen – das müssen wir von Fall zu Fall entscheiden. Also schickt lieber doch einfach mal rüber, was ihr so an Nacktbildern da habt.

59 Könnt ihr immer, oder habt ihr manchmal auch keine Lust auf Sex?

Das sind ja nun zwei Fragen. Daher: Nein und Ja. Offiziell aber: Ja und Nein. Doch wir kriegen nicht immer unseren Willen. Manchmal läuft das Blut eben überall anders hin als in den Schwellkörper. Dafür gibt es ganz profane Gründe: Wir sind total betrunken oder haben uns, bevor ihr überraschend nach Hause gekommen seid, noch gemütlich einen runtergeholt. Die Gründe fürs Nichtkönnen sind ziemlich unmännlich, denn sie haben mit unserer Sensibilität (!) oder mit zu viel Nachdenken (!) zu tun: Wir haben Ärger mit dem Chef, Sorgen, die Miete nicht bezahlen oder euch verlieren zu können. Meist sind es also Versagensängste. Aber die kommen und gehen – genau wie die Erektionen. Ganz wichtig: Dass wir mal keinen Sex wollen, muss nicht heißen, dass wir eine andere haben. Wenn wir aber monatelang bei euch keinen mehr hochkriegen, kommt wieder die Sache mit dem Können und Wollen ins Spiel. Denn dann können und wollen wir wohl einfach nicht mehr.

Wart ihr schon einmal in einem Sexclub wie dem KitKat in Berlin?

60

Nein, aber wir wollten immer mal hin. Seid ihr dabei? Laut zahlreichen repräsentativen und nicht repräsentativen Umfragen träumen ja Frauen mindestens ebenso oft von Sex mit Fremden wie Männer. Der Gedanke, etwas Intimes mit Fremden zu teilen (nein, nicht das Facebook-Passwort), gefällt uns offenbar beiden. Uns reizt an diesen Clubs, dass dort die hedonistische Zügellosigkeit regiert. So stellen wir uns das Paradies vor (auf jeden Fall ganz ohne die anderswo beworbenen Jungfrauen), ein erotisches Sodom und Gomorrha, in dem alles erlaubt ist. Darüber hinaus unterscheiden sich solche Etablissements von den abgenudelten Swingerclubs ja schon dadurch, dass dort sowohl gevögelt, geknutscht, geblasen, geleckt als auch getrunken und getanzt werden kann – und nicht muss. Im Swingerclub wird zuerst einmal, nun ja, wie soll man das eigentlich nennen? Gebumst?

Irgendwas verzweifelt Sinnsuchendes auf jeden Fall. In Läden wie dem KitKatClub (seinen Vorgängern, Nachfolgern und -ahmern) möchten sich Menschen zuerst einmal in erotischer Atmosphäre aufhalten. Das schmierige Swingermotto »Alles kann, nichts muss« wird hier wörtlich genommen. Erotik findet nicht auf der Tanzfläche, im Dark Room oder in einer der Ecken statt – sondern abseits vom »Ich-stecke-mein-Ding-in-dein-Ding« im Kopf. Und damit ist kein Oralverkehr gemeint. Es geht darum, das Kribbeln zu entdecken und zu spüren, was alles möglich wäre. Und wer nur Vögeln im Sinn und im Blick hat, wird eh nicht hereingelassen.

61 Mögt ihr Sexspielzeug? Wenn ja, welches?

Aber natürlich! Wir lieben Spielzeug jeder Art. Und wenn es darum geht, euch mit Augenbinden, Fesseln, Dildos, Massagestäben oder Plugs glücklich zu machen, legen wir uns schwer ins Zeug, bis wir dieses tiefe, kehlige Schnurren aus euch herauskitzeln. Wenn es bei Ikea Liebesschaukeln gäbe, würden wir sogar mal ohne Schimpftirade dorthin fahren. Auch an einem Samstag. Es gibt nur zwei Ausnahmen unter uns Spielkindern: Der Neurotiker vergleicht einen Dildo namens »Dennis-Rodman« sofort mit den Maßen des eigenen Genitals, bekommt erst fürchterliche Minderwertigkeitskomplexe und dann Erektionsprobleme. Noch schlimmer ist der Ingenieur. Er versucht, das Optimum aus dem Vibrator herauszuholen – selbst wenn der schon in euch steckt. Dazu drückt er wahllos auf den unbeschrifteten Knöpfen herum, wechselt zwischen Geschwindigkeit und Rhythmus, um sich schließlich verwirrt mit der Gebrauchsanweisung in den Bastelkeller zu verziehen. Männer-Sexspielzeug dagegen finden wir übrigens nicht so toll. Buttplugs für Männer sind bei uns genauso umstritten wie der Finger im Po. Viele mögen es zwar, aber die wenigsten würden es zugeben. Und die berühmte Fernfahrermuschi aka Automaten-Vagina gilt als klassisches Sinnbild für Einsamkeit. Ein Wunder, dass noch kein Countrysänger eine Ballade darüber geschrieben hat. Außerdem sehen wir beim Masturbieren echt nicht so gut aus wie ihr. Denn selbst wenn ihr euch mal nicht sexy fühlt, finden wir euren Augenaufschlag tausendmal heißer als jedes Gummi- oder Silikonspielzeug. Das ist wohl der endgültige Beweis dafür, dass wir nicht oberflächlich sind.

62 Wie reagiert ihr, wenn man sich beim Sex verletzt?

Wenn ihr verletzt seid, werdet ihr mit schmerzverzerrtem Gesicht innehalten, euch ganz steif machen und uns so schnell wie möglich aus euch herausbugsieren. Dann folgen Salbe, Wärmflaschen und sexuelle Abstinenz. Damit können wir notgedrungen ganz gut umgehen. Wenn wir uns beim Sex mit euch verletzt haben und uns den Penis brechen, folgt nach einem lauten Aufschrei kleinlautes Gewimmer. Wahrscheinlich murmeln wir nur etwas wie »Krankenwagen« oder »Dieter Bohlen«. Bei Blutungen dagegen merken wir zuerst mal nichts, im Gegenteil: Wir denken völlig berauscht hurra, alles nass, so sollte es sein. Der Schock kommt erst, wenn wir das Licht anmachen. Denn Verletzungen im Intimbereich bluten meist ziemlich heftig – zum Beispiel, wenn das Vorhautbändchen reißt. Wenn der erste Schock überwunden ist, wir beim Arzt waren, dann reagieren wir Männer wie bei allen anderen nicht lebensbedrohlichen Verletzungen: Wir jammern, tun so, als ob wir nicht gehen können, und müssen erst mal tagelang im Bett liegen und Actionfilme schauen. Eine Nebenwirkung der Verletzung wird sein, dass euch unsere Kumpel in den kommenden Wochen wohl häufiger breit grinsend zuzwinkern werden. Denn natürlich können wir so eine Geschichte nicht für uns behalten. Und egal, wie doll es geblutet hat, wir werden trotzdem versuchen, mit euch zu schlafen. Vielleicht ist das übrigens der einzige Faktor, an dem ihr erkennen könnt, wie krank wir tatsächlich sind. Wenn uns die Lust auf Sex vergeht, steht es echt schlimm um uns. Fühlt dann zur Sicherheit lieber mal unseren Puls. Am besten zwischen den Beinen.

63 Könnt ihr wirklich zehn Jahre mit der gleichen Frau ein erfülltes Sexleben haben?

Nein, wir sind Jäger und Sammler, brauchen Abwechslung, wollen unsere Gene streuen – aber trotzdem keine Kinder, bis wir Mitte siebzig sind. Deshalb schläft irgendwann das Sexleben ein und wird erst durch die Trennung wieder geweckt. Alles gelogen. Denn: Ja, wir können zehn Jahre mit der gleichen Frau ein erfülltes Sexleben haben. Oft sogar elf Jahre, fünfzehn oder fünfzig. Danach wird es meist mühsam, egal mit wem. Aber wenn wir uns entschieden haben, mit euch jahrelang Sex zu haben, dann wird der wohl ziemlich gut sein. Nach so vielen Jahren habt ihr gelernt, was wir mögen (auch wenn wir das natürlich nicht immer bekommen). Warum sollen wir da mit irgendjemand anderem Sex haben? Never change a winning team. Ihr glaubt uns nicht? Okay, es ist nicht ganz so einfach. Die Wahrheit ist, man muss es spannend halten. Die ersten paar Jahre vögeln Paare ohne Rücksicht auf Verluste drauflos. Und wenn sie irgendwann merken, dass die Sache an Reiz verliert, müssen sie halt neue Anreize schaffen: Orte, Spielzeug, Fetische, Abenteuer, Clubs, Rollenspiele. Das Leben ist voll von Spielarten, die man entdecken kann. Am besten geht das mit jemandem, den man schon sehr, sehr lange vögelt.

Stört euch unser schlechter Atem nach dem One-Night-Stand?

64

Wenn ihr euch nicht sicher seid, ob ihr uns mit schlechtem Atem anhauchen sollt – lasst es einfach. Und besteht nicht auf lange Zungenküsse am Morgen. Im Film wacht das Paar immer im stylisch derangierten Strubbellook auf und fängt direkt an rumzuknutschen. Aber Filme riechen ja auch nicht, die Realität schon. Ist ganz normal. Ob wir das akzeptieren, liegt auch daran, wie animalisch die Nacht war und wie gut wir auf dieser animalischen Ebene miteinander klargekommen sind. Wenn wir wie die Tiere übereinander hergefallen sind und vor dem Schlafengehen noch ausgiebig gegenseitig an den Geschlechtsorganen herumgeschnüffelt oder geleckt haben, werden wir mit ein wenig suboptimalem Atem am nächsten Tag schon fertigwerden. Dann ist die Leidenschaft einfach wichtiger als die Äußerlichkeiten (auch wenn schlechter Atem genau genommen von innen kommt). Bevor wir auch noch daran denken können, dass ein Mund riechen kann, sind wir schon ins Knutschen vertieft oder wieder auf dem Weg in eure Komfortzone. Wenn die Nacht allerdings noch nicht so vertraut war und einer versucht hat, den anderen von sich zu überzeugen, sich im besten Licht zu zeigen, dann ist es schon allein für euer Selbstwertgefühl am nächstem Morgen besser, mal eben kurz ins Bad zu verschwinden und sich die Zähne zu putzen. Oder einfach ein Kaugummi in den Mund zu stecken. Ihr Frauen seid es doch gewohnt, gut zu riechen. Im Gegensatz zu uns.

65 Geht ihr nach Schema F vor, wenn ihr es uns mit der Zunge macht?

Wir sind doch keine Sexmaschinen (bis auf James Brown). Allerdings haben wir genau wie er einige Grundtechniken drauf, von denen wir glauben, dass sie ganz gut ankommen. Zuerst lecken wir ein- oder zweimal von unten nach oben, weil wir euch probieren wollen. Dann machen wir es uns gemütlich und beginnen mit den *Special Moves*. Erst umkreisen wir mit der Zunge euren Kitzler oder tätscheln ihn rauf und runter wie einen Kippschalter. Irgendwann finden wir eine Technik, die bei euch erst wonniges Seufzen auslöst und dann rhythmisches Beckenzucken im Takt unseres Zungenschlags. Ab da heißt es durchhalten und, natürlich nur im übertragenen Sinn, Zähne zusammenbeißen. Nackenprobleme sind jetzt egal. Wir müssen Strecke machen. Wenn wir jetzt etwas Neues ausprobieren, saugen, nagen oder knabbern, hört dieses rhythmische Beckenwippen auf, an dessen Ende euer Orgasmus steht. Manchmal kriegen wir von der ganzen Leckerei sogar wunde Knoten am Zungenbändchen – aber wir wollen uns nicht beschweren. Kurz vor dem Orgasmus kommt das Schwierigste: Wir müssen eure Hand abwehren, die uns zum Vögeln nach oben ziehen will. Nichts wollen wir lieber, aber dann überholen wir euch noch und kommen wieder zuerst. Deshalb müssen wir lecken, lecken, lecken und lecken. In diesem Fall dann wohl doch: Like a sex machine.

66 Könnt ihr nachvollziehen, dass wir euer Sperma nicht schlucken möchten?

Klar, wir würden es ja selbst auch nicht schlucken (zumindest die meisten von uns nicht). Aber wir haben es sehr, sehr gern, wenn ihr das macht. Weil ihr euch für uns überwindet.

Oder weil ihr uns da halt eindeutig, nun ja, zum Fressen gernhabt. Außerdem hassen wir diesen Moment, wenn wir kurz vor dem Orgasmus aus der feuchten Mundhöhle heraus in die Kälte katapultiert werden, um unsere Spermien wie Böllerschüsse in die Luft zu feuern (oder schlimmer auf die Matratze, wo wir später noch auf einem nassen Fleck schlafen müssen). Das ist einfach unmenschlich. Deshalb ja, wir können nachvollziehen, dass ihr es nicht schlucken wollt, wie wir auch nachvollziehen können, dass ihr keinen Bock habt, Actionfilme zu schauen, Playstation zu spielen oder euch über die Bundesliga zu unterhalten. Aber das Schöne an einer Beziehung ist ja, dass jeder Kompromisse eingehen muss. Auch ihr. Und wenn ihr hier eure Abneigung mit unserem Sperma hinunterschluckt, dann schlucken wir die bissigen Bemerkungen eurer Mutter zu unserem Monatseinkommen.

Woran merkt ihr, dass wir mit euch ins Bett gehen würden? 67

Das steht doch in jedem Frauenmagazin: an eurem Lächeln, daran, wie ihr die Haare zurückstreicht und den Busen vorstreckt, und daran, wie ihr unseren Blick haltet. Das Problem ist nur: Die wenigsten Männer lesen Frauenmagazine. Oder Signale, die ihr ausstrahlt. Dass ihr auf uns steht, merken wir erst, wenn ihr unser Tinder-Profil liked. Oder wenn ihr uns direkt sagt, dass ihr mit uns vögeln wollt. Sonst kapieren wir es einfach nicht und lassen die Chance vorbeiziehen. Wir sind leider oft viel zu sehr mit uns beschäftigt, um zu spüren, dass ihr schon über unsere weniger gelungenen Witze lacht, uns zufällig berührt, wobei ihr erst unseren Blick und später dann den Mund haltet und in Richtung Tür oder Schlafzimmer schaut. Aber zum Glück müssen wir diese Signale heutzutage nicht mehr mühsam dechiffrieren, weil ihr modernen

Frauen oft viel direkter eure Wünsche äußert, als wir es uns trauen würden. Zur Not auch mehrmals. Ein Hoch auf die Emanzipation!

68 Wie fühlt sich euer Orgasmus an?

Er beginnt wie ein Krampf in der Lendengegend: hell, stark, strahlend. Kennt ihr das, wenn etwas so heiß ist, dass es sich kalt anfühlt? Es ist genau umgekehrt. Unsere Muskeln spannen sich an, der Krampf zieht durch alle Gliedmaßen. Es sollte unangenehm sein, ist aber nur schön. Wenn wir kommen, löst sich die Anspannung, wie sich ein Krampf löst. Das macht uns dann noch glücklicher. So ist es, wenn wir tollen Sex haben. Es gibt auch andere Höhepunkte, denn wir haben verschiedene Arten und Intensitäten von Orgasmen. Beim Onanieren – je nachdem, ob wir Dampf ablassen wollen, um wieder einen klaren Kopf zu kriegen, oder ob wir den Sex mit uns selbst genießen – ist er mal besser oder schlechter. Im Allgemeinen sind die Orgasmen, die wir beim Sex zu zweit haben, die besseren. Wenn wir mit euch etwas wirklich Unanständiges anstellen, das wir schon immer machen wollten, und merken, dass es euch gefällt, dann kommen wir intensiver als beim täglichen Onanieren. Seltsamerweise fühlt sich der Onanier-Orgasmus übrigens auch am Tag nach dem Sex mit euch viel besser an. Als wäre noch etwas von dem Akt mit euch in uns. Das Interessanteste an der Sache ist wohl, dass wir Männer zwar alle irgendwie ähnlich ticken, dass es unter unseren Orgasmen aber durchaus Eigenarten gibt:

So können wir uns auch Höhepunkte selbst versauen. Etwa, wenn wir merken, dass wir zu früh kommen, uns die Sache verkneifen oder verklemmen wollen und inständig hoffen, dass es klappt. Dann spüren wir den Orgasmus nicht im ganzen Körper, sondern nur in der Lendengegend. Wir können auch einen halben Orgasmus haben, sprich, wir schießen ein paar Milliliter heraus, dann geht's weiter. Beide Orgasmen sind für uns nicht so befriedigend, aber für euch umso mehr, da wir zwischen der ersten und der zweiten Hälfte einen ordentlichen Ständer haben.

Dann gibt es noch den überfälligen Orgasmus, den ihr unbedingt aus uns herausholen wollt, wenn wir mal nicht kommen können, und den wir erst nach stundenlanger Rammelei irgendwie rausdrücken. Könnten wir auch drauf verzichten. Wahrscheinlich gibt es sogar noch mehr Orgasmusarten. Die können wir gern gemeinsam entdecken.

Glaubt ihr, dass bestimmte Sternzeichen im Bett besser harmonieren? 69

Nein. Wir wissen ja nicht mal, was ihr für ein Sternzeichen habt. Jungfrau und Wassermann könnten gut harmonieren, wenn der Wassermann es langsam angehen lässt. Sex mit Skorpionen ist allerdings nur schwer vorstellbar. Genau wie mit Waagen. Wahrscheinlich wäre Stier und Steinbock auch noch drin. Oder Steinbock und Widder. Und mit Zwillingen würde es ja jeder gern mal treiben.

Ihr sagt immer, ihr schlagt keine Frauen – aber was, wenn wir mal SM ausprobieren wollen? 70

Das ist für uns schwieriger als für euch. Ihr braucht nur eine Pobacke hinzuhalten, wir dagegen müssen Jahrzehnte der anerzogenen Empathie und mütterlichen Prägung ablegen. Wir modernen Männer mögen es lieber weich als hart, säuseln mit

Babystimme am Telefon, klammern uns im Schlaf an euch, und wenn ihr was ohne uns unternehmen wollt, fühlen wir uns verlassen. Wir hören auf »Schatzi« und »Pupsibär«, können uns nicht mal mehr richtig mit euch streiten – wie sollen wir euch denn da hauen? Einkaufen und abwaschen – alles kein Problem für uns, aber wenn ihr SM ausprobieren wollt, wird es schwer für Pupsibär. Dann muss er sich auf die Suche nach seiner harten Seite machen. Alles ausblenden, was er über den korrekten Umgang mit Frauen gelernt hat. Jemanden aus Liebe zu schlagen, wenn man nicht dominant veranlagt ist, kostet viel Überwindung. Ist auch gut so. Es soll ja auch nicht leichtfallen, seine Frau zu hauen. Sadomasochismus fordert vor allem den Kopf: gesellschaftliche Grenzen überschreiten, die eigene Prägung hinterfragen und seine animalischen Gelüste ausleben. Anders gesagt: Pupsibär muss das »Pupsi« ablegen und den Bären rausholen. Vielleicht macht es ihm sogar Spaß und gibt der Beziehung eine interessante Wendung. Doch die Einzigen, die Pupsibär aus seiner Höhle locken können, seid ihr: Wenn er nach einem langen Bürotag nach Hause kommt, solltet ihr das letzte Bier ausgetrunken, seinen Kleiderschrank ausgemistet haben und ihm vorwerfen, dass er es zu nichts gebracht hat. Dann grinst ihr anzüglich und fragt unschuldig, ob er euch gern übers Knie legen würde.

71 In welchem Alter hört eure ständige Lust auf Sex auf?

Mit hundertfünfzig, oft aber auch erst mit zweihundert. Früher, im finsteren Mittelalter, als die Menschen noch reihenweise gehängt wurden, konnte alle Welt sehen, dass Männer jedes Alters eine ordentliche Erektion bekommen (wenn auch erst am Galgen). Heute, da zum Glück weniger Menschen aufgeknüpft werden, kann das auch noch mit achtzig passieren, vor allem, wenn die Altenpflegerin die Vitamintabletten mit Viagra verwechselt. Damit sind wir schon beim Thema: Lust haben wir eigentlich immer. Erst recht, wenn wir älter werden, denn dann ist das Leben meist nicht mehr so aufregend. Das liegt zum einen an unserem schlaffen Körper, zum anderen an den schlaffen Hormonen (oder an den schlaffen Kumpels). In jedem Altersheim ist Sex ein Thema, wenngleich es meist (entschuldigt bitte die morbide Wortwahl) totgeschwiegen wird. Seit Viagra hört man Erschreckendes: Senioren bespringen ihre Pflegerinnen oder belästigen rundlich geformtes Obst. Gar nicht auszudenken, was passieren würde, wenn man Viagra an Jungs in der Pubertät verteilt, die schon eine Erektion kriegen, wenn der Wind von vorne kommt. Unser Kopf will immer Sex, aber irgendwann macht der Körper nicht mehr mit. Und da der Kopf anpassungsfähig ist, bildet er sich irgendwann ein, auch nicht mehr zu wollen. Viagra führt dazu, dass der Körper mitmacht, auch wenn der Kopf gar nicht will. Solange wir leben, wollen wir uns fortpflanzen (oder zumindest den Akt des Fortpflanzens vollziehen). Das äußert sich durch Lust auf Sex. Also good news: Je älter wir Männer werden, umso länger haben wir Lust auf Sex.

72 Was macht für euch einen guten Quickie aus?

Na, Schnelligkeit: Wer zuerst fertig ist, hat gewonnen. Deshalb heißt es doch Quickie. Man hat keine Zeit, groß nachzudenken. Deshalb mögen viele von euch diesen Turbosex wohl nicht so. Ihr wollt euch erst mal wohl und geborgen fühlen, bevor ihr euch gehen lassen könnt. Das ist nicht so einfach, und dafür brauchen wir vor allem eins: Geduld. Ihr möchtet die Rollos runterlassen, dann das Licht dimmen, noch mal auf die Toilette gehen, nachschminken und den antrainierten Sixpack mit zwanzig Crunches aufpumpen, damit wir ihn auch sicher sehen. Beim Quickie bleibt, Gott sei Dank, für all das keine Zeit. Da ist es egal, ob man eloquent, super in shape oder untenrum frisch rasiert ist. Da verschwendet man keine Gedanken an Fältchen oder schlaffes Bindegewebe. Hier zählt nur: Wir in euch, ihr um uns, so schnell wie möglich. Wenn wir dann auf dem Küchentisch oder dem Kopierer endlich ineinanderstecken, gibt es kein »Ich mag es lieber so« und kein »Neulich habe ich in der *Cosmo* gelesen, wir könnten auch mal …«. Da herrscht nur Unzucht und Unordnung. Der Quickie ist der Feind des postmodernen Intellekts, Angstgegner der Rücksichtnahme und des Gelabers. Beim Quickie unterscheidet sich der Mensch kaum noch vom Tier – nicht einmal in den Geräuschen, die er dabei von sich gibt. Da wird gekrächzt, gefaucht, gegrunzt und gequiekt – gut möglich, dass ja auch daher der Name kommt …

73 Könntet ihr auch aus einem Streit heraus mit uns Sex haben?

Kommt ganz darauf an, ob wir Zicken sind oder nicht. Sind wir keine Zicken, können wir gern direkt aus dem Konflikt in die Kiste gehen. Wer schon mal Mixed-Martial-Arts-Kämpfe gesehen hat, weiß, dass Leidenschaft und Kampf eh irgendwann aussehen wie Sex. Zwei Leute wälzen sich kaum bekleidet schwitzend und stöhnend übereinander, wobei der eine versucht, den anderen zu besteigen. Okay, beim Sex schlägt man meist nicht aufeinander ein (bis auf ein paar *Shades of Grey*-Fans), aber wenn wir in Wallung sind, suchen Männer wie Frauen gern ein körperliches Ventil – und da ist es natürlich besser, dass einem der Schwanz ausrutscht, als die Hand. Sex aus dem Streit heraus ist auch meist kein Kuschelsex, sondern eher die härtere Nummer. Denn unbewusst geht es darum, seine Argumente durchzusetzen oder eben durchzuvögeln. Eigentlich ist Sex als Ventil doch eine gute Sache: Wenn jeder seine Wut wegvögeln könnte, gäbe es keine Kriege mehr. Statt Waffen zu ziehen, werden Klamotten ausgezogen, und das alte Hippie-Motto »Make love not war« hätte wieder einen Stammplatz auf den Titelblättern. Aber das wird wohl ein schöner Traum bleiben, denn leider sind wir Männer heutzutage ziemliche Zicken. Wir sind die Prinzessin auf der Erbse, sehr schmerzempfindlich, irrsinnig sensibel und ziemlich nachtragend. Nach einem Streit sind wir wahrscheinlich schmollend abgerauscht, stellen die Beziehung zu euch infrage und überlegen, was passieren würde, wenn wir euch verlassen. Wir reden nicht mit euch, schauen euch stundenlang nicht an und denken auch nicht im Traum an Sex mit euch. Deshalb macht ihr doch bitte den ersten Schritt und sagt uns einfach ganz direkt, dass wir jetzt sofort vögeln sollten. Das Gute: Schlimmer wird's nicht, und wir haben nach diesem Satz garantiert keine Vorwürfe mehr im Kopf.

Paartherapeuten raten bei Stress zu Sexdates – was haltet ihr davon? 74

Termine sind generell nicht so unser Ding. Dass wir plötzlich an einem Donnerstag zwischen 16:15 und 17:00 Uhr beide auf Kommando Lust haben sollen, ist uns darüber hinaus, so seltsam das klingt, zu unromantisch. Deshalb gehen wir in solche geplanten Sexdates etwa so leidenschaftlich wie in ein Meeting. Klar, kann sich daraus mehr entwickeln, wenn wir euch erst mal nah sind, aber bis dahin ähnelt die Stimmung eher den ersten Minuten eines Blind Dates mit dem Motto »Letzte Chance«. Jetzt mal ehrlich: Sex sollte doch aus Zuneigung und Leidenschaft entstehen – und nicht, weil einen der

Terminkalender daran erinnert. Natürlich haben wir immer viel um die Ohren, die Kinder, die Freunde, der Job, der Sport und, hach, das ist alles sehr anstrengend. Aber Sex ist eine Belohnung – und bis auf eisprunggebundenen Sex zu Fortpflanzungszwecken sollte man ihn nicht planen. Selbst wenn wir seit Längerem ohne Erfolg Kinder kriegen möchten und dann am Tag des Eisprungs mit euch Sex haben sollen, grummeln wir oft erst ein wenig vor uns hin. Denn so wichtig das Ziel auch ist, die Verabredung ist aus unserer Sicht gleich doppelt leidenschaftslos: Zum einen Sex auf Termin und dann auch noch Sex aus biologischen Gründen. Wir sind ja keine christlichen Fanatiker. Hier geht es um Leidenschaft. Und wenn die erstirbt, geht man eben zum Therapeuten und bekommt den Termintipp. Jetzt ließe sich argumentieren, dass Sex zum Termin besser ist als gar kein Sex. Aber wenn uns ein Therapeut schon Sex verschreiben muss, dann will er damit diplomatisch sagen, dass unser Terminkalender einfach zu voll ist, zu viel Zeit für Kinder, Job, Freunde, Sport und zu wenig für uns. Und Sex braucht Zeit – selbst wenn der Akt an sich viel zu schnell vorbei ist. Wir brauchen Zeit, euch zu sehen, mit euch zu flirten und euch anziehend zu finden. Das geht nicht auf Termin, sondern eher zwischen den Terminen, wenn wir mal wieder miteinander essen, einen Kaffee trinken, euch zuhören oder spazieren gehen. Oder ihr überrascht uns einfach. Der einzige Nachteil: Wenn wir uns schon zu weit voneinander entfernt haben und ihr uns während eurer frei erfundenen Massagestunde zu Hause vernaschen wollt, könnte es passieren, dass wir nicht allein sind. Aber so etwas kann schließlich immer passieren. Denn noch viel weniger als Sex mit dem eigenen Partner würden Männer Sex mit einer anderen in den Terminkalender schreiben.

Lieber mit der Chefin oder der Praktikantin?

Das ist keine Entscheidung, die man aus der Lendengegend treffen sollte, denn Sex in der Firma ist ein hochpolitisches Thema. Da uns Männern zu Recht Kungelei, Vetternwirtschaft und Sexismus vorgeworfen werden, wägen wir auch hier sorgfältig ab. Theoretisch würden die meisten von uns im Büro sowieso die Sekretärin bevorzugen, was aber an einer von Youporn beeinflussten, völlig falschen Vorstellung von Arbeitskleidung und -einstellung einer Sekretärin liegt. Gleiches gilt für die Chefin. Da schwebt uns gleich eine Domina mit schmalen Lippen, kurzem Rock, langen Beinen und spitzen Stilettos vor. Schwer zu kriegen – aber das macht sie so reizvoll. Und wir könnten in einer Herrenrunde damit prahlen, dass wir die Chefin flachgelegt haben. Als Nachtisch ist vielleicht eine Beförderung drin – es heißt schließlich »hochschlafen« und nicht »runterschlafen«. Das wäre eher mit der Praktikantin der Fall. Für einen echten Job würde sie alles tun. Das steht zwar nicht so deutlich in der Stellenbeschreibung, aber im Subtext. Beim Sex mit der Praktikantin geht es nicht um uns, wir sind nur Mittel zum Zweck. Hauptsache, sie kommt weiter nach oben. Ältere, schlaffe Typen würden wohl die Praktikantin bevorzugen, weil die leichter zu haben ist als die Chefin. Aufstrebende Karrieretypen dagegen bevorzugen die Chefin, weil die sie weiterbringen kann. Da unterscheiden sich Männer ausnahmsweise mal nicht groß von Frauen und Karrieretypen nicht groß von Praktikanten. Macht macht attraktiv. PS: Liebe Praktikanten, bitte entschuldigt die Verallgemeinerung. Die meisten von euch würden nie für einen Job mit einem Kollegen ins Bett steigen. Oft seid ihr bloß jung, schön, frei (im Gegensatz zu uns) und wollt einfach Spaß haben. Zumindest Letzteres haben wir auf jeden Fall gemeinsam.

76 Seid ihr eifersüchtig, wenn wir beim Sex mit euch an Ryan Gosling denken?

Nein, ganz im Gegenteil, wir freuen uns sogar. Schließlich denken wir beim Sex mit euch an Eva Mendes. Und die beiden geben doch ein schönes Paar ab. Wir hatten ja insgeheim gehofft, dass ihr beim Sex mit uns an Rambo denkt oder an den Hulk, weil wir ja ähnlich gebaut sind. Übrigens: Wenn ihr beim Sex mit uns an jemand anders denkt, passt bitte auf, dass ihr euch da nicht zu sehr reinsteigert und ins Plaudern geratet. Falls ihr wirklich an Rambo denkt, fragt nicht nach unseren Lösungsvorschlägen zur Krise in Afghanistan, und falls ihr doch mehr auf Ryan Gosling steht, bittet uns nicht um ein Autogramm. Wenn ihr euch Brad Pitt vorstellt, sagt nicht, dass ihr gern genauso viele Kinder mit uns zeugen oder adoptieren wollt wie er mit Angelina. Und falls ihr euch George Clooney vorstellt, sagt nicht, dass ihr froh seid, endlich am eigenen Leib zu spüren, dass wir doch nicht schwul sind.

77 Findet ihr Silikonbusen geil?

Kommt darauf an, wie sie gemacht sind. Und was der Eingriff mit euch gemacht hat. Bei osteuropäischem »Doppel D zum halben Preis« hängt unser Ding genauso schlapp herunter wie euer Busen. Das liegt nicht an der riesigen Narbe, sondern daran, dass wir vor lauter Silikon nur noch schwer euer Herz finden. Wenn ihr jahrelang mit eurem kleinen Busen gehadert habt und euch nach der Vergrößerung weiblicher und selbstbewusster fühlt, ja, dann finden wir euren Silikonbusen geil, weil er euch geiler macht. Was das Verhältnis des Silikonbusens zur Schwerkraft, die Haptik oder die Narben angeht – das ist uns alles ziemlich wurscht. Wir denken nicht so viel beim Sex. Die einen Busen sind kleiner, die anderen größer, mal sind sie unterschiedlich groß, fest, schlaff, wabbelig oder eben aus Silikon. Wahrscheinlich gibt es ein paar Kerle, die Silikonbusen gar nicht mögen (»ist doch voll unnatürlich«), dafür gibt es wieder andere, die total darauf abfahren (»ist doch voll Porno«). Die meisten von uns schauen aber aufs Gesamtpaket. Und das sollte stimmen. Wenn ihr einen großen Hintern habt und dazu euren Busen mit Silikon in Form bringt – ist doch prima. Alles, was euch die blöden Selbstzweifel nimmt, macht uns glücklich.

Was haltet ihr von Travelpussies?

78

Alleine würden wir sie schon mal ausprobieren, weil unser Penis vom Forscherdrang her Jean-Luc Picard von der *Enterprise* ähnelt. Nicht, weil der auch eine Glatze hat, sondern weil er und seine Crew gern fremden Welten erforschen und dabei in »Galaxien vordringen, die nie ein Mensch zuvor gesehen hat«. Zum Beispiel in Travelpussies. Im Gegensatz zu den Vibratoren haben die sich bisher nie wirklich in einer Beziehung gesellschaftlich durchgesetzt. Während wir den Dildo mittlerweile, ohne zu zögern, für euch in die Hand nehmen, wäre es uns eher unangenehm, in eurer Gegenwart unseren Penis in einem Gummikissen mit nachgebildeter Vagina zu versenken. Vielleicht sind wir dazu einfach nicht locker genug oder auch zu rücksichtsvoll. Allerdings kann dies in diesem Fall auch eine ästhetische Frage sein, denn wir schauen uns ja auch Pornofilme an, in denen ihr masturbiert. Aber würdet ihr euch Pornos ansehen, in denen wir unser Ding in eine quietschpinke Plastikvulva stecken? Wahrscheinlich nur, wenn ihr Lust auf eine Komödie habt. Wenn ihr nicht dabei seid, ist uns die Außenwirkung von Sexspielzeug für Männer egal, da denken wir höchstens nach dem Orgasmus kurz: »Oha, das habe ich echt eben gevögelt? Mann, Mann, Mann.« Sonst beklagt ihr euch doch immer, dass wir oft total banalen Dingen wie Fußball, Freunden und alkoholischen Getränken den Vorrang vor euch geben. Die Gummimuschi zählt definitiv zu den banalsten Dingen des Lebens. Und wenn wir die Wahl zwischen euch und einer Nachbildung eures Geschlechtsteils haben, entscheiden wir uns definitiv für das Original.

79 Steht ihr auf Finger im Po – Mexiko?

Nein. Echte Kerle mögen keine Finger im Po. Weder vom Arzt noch von euch. Warum? Weil schon der kleine Finger die große Rollenverteilung umkehrt. Eigentlich stecken wir nämlich etwas in euch: unseren Penis, die Zunge, einen oder zwei Finger oder angeblich auch die Faust – und natürlich jede Menge Liebe. Wenn ihr nun etwas in uns steckt, bekommen wir schnell das Gefühl, dass wir penetriert werden. Das ist an sich nichts Schlimmes, hätten da nicht ein paar Gangster-Rapper und Brudis das »Gefickt-Werden« als Beleidigung gebrandmarkt. Als Strafe müssen die nun ihr Leben lang den aktiven Part übernehmen, während ihr euch schön verwöhnen lassen könnt. Und wenn die Hardkanten mal darum bitten, dass ihr etwas aktiver werdet, kontert ihr einfach: »Soll ich dich ficken, oder was?« Denn genau das macht ihr ja, wenn ihr oben sitzt oder uns dahin schiebt, wo ihr uns haben wollt. Der Finger im Po ist dabei der Gipfel des Matriarchats im Bett, weil ihr uns aus Chauvi-Sicht ja in den Arsch fickt. Die gute Nachricht: Zwei Drittel der Männer sehen die Sache nicht so verkrampft und können sich locker machen – auch am Schließmuskel.

Mögt ihr es, wenn wir es uns beim Vögeln noch zusätzlich mit der Hand machen? 80

Ja, denn das zeigt uns: Ihr könnt nicht genug kriegen und seid so in Fahrt, dass ihr die Schamgrenze der Masturbation einfach niederreißt, weil es euch nicht reicht, nur auf eine Art stimuliert zu werden. Vielleicht liegt es auch daran, dass wir vorher eure Klitoris nicht gefunden haben. Ein typisch weiblicher Gedanke wäre dabei: »Nicht, dass er jetzt meint, er genügt mir nicht« – einhergehend mit dem Verzicht. Aber damit würdet ihr nicht nur euch, sondern auch uns die Aussicht auf eine Menge Spaß nehmen. Denn wir sehen euch gern zu, wenn ihr es euch selbst macht. Und wenn wir dabei noch in euch stecken, sind wir doch eh voll integriert. Wenn wir Männer in der Lage wären, uns beim Sex mit euch noch gleichzeitig einen runterzuholen – wir würden nicht zögern. Leider geht das nicht. Da seid ihr uns klar überlegen. Nach all den Jahren des Schlangestehens vor Toiletten, nach all dem vermeintlichen Penisneid habt ihr plötzlich einen Vorteil: Ihr könnt es euch beim Vögeln zusätzlich mit der Hand machen. Also macht es auch.

Was haltet ihr von Schweinereien mit Eis, Sahne etc. beim Sex? 81

So wie in *9½ Wochen* mit Kim Basinger und Mickey Rourke?

Nichts. Denn seit den Achtzigern haben sich sowohl unser Sex als auch unsere Essgewohnheiten geändert. Erstens versuchen wir, nicht zu viele Kalorien zu uns zu nehmen. Und es fällt uns schon sehr, sehr, sehr schwer, nicht abends vor dem Fernseher zu knabbern, zu naschen oder zu fressen. Tagsüber ist es auch nicht leichter. In der Hinsicht seid ihr, wenn ihr geschmückt mit Chipskrümeln, Gummibärchen und Choco-Crossies vor uns liegt, zwar eine doppelte Versuchung, aber nachgeben würden wir wohl trotzdem nicht. Und das liegt nicht nur daran, dass Süßigkeiten bis heute als Ersatzbefriedigung gelten. Wir denken einfach ein bisschen mehr an die Konsequenzen. Kein Sex ohne Kondom, keine Völlerei ohne Fettpolster. Ablecken können wir euch auch, wenn ihr nicht glasiert seid. Stellt euch vor, wir würden uns jedes Mal mit Honig, Schokoglasur, Streuseln und Gummibärchen verzieren, bevor es zur Sache geht. Und der andere Partner müsste das ganze Zeug auch noch essen. Da ist die Trennung aufgrund von Fettleibigkeit absehbar. Vielleicht sind die Wörter »ficken« und »backen« nur zwei Buchstaben voneinander entfernt, aber wir sind nicht die Hexe aus *Hänsel und Gretel* und möchten euch nicht fressen. Wie, es geht gar nicht ums Essen? Dann ist es Verschwendung, die wir mit einem Hinweis auf die hungernden Kinder der Dritten Welt ablehnen müssen. Außerdem, wisst ihr, was für fiese Flecken Süßwaren in den Bettlaken hinterlassen? Die kriegen wir doch nie mehr raus. Wie, dann halt nicht? Unsere Spießigkeit hat euch die Lust verdorben? Na, dann können wir jetzt auch fernsehen. Ist noch was Süßes da?

82 Lipgloss ist gleich immer feucht – worauf verweist dann euer Bart?

Kommt ganz darauf an, was wir gegessen haben. Meist weist er Spuren von irgendetwas Klebrigem auf, Schnodder über der Lippe vom Naseputzen, oder orange Kürbissuppe am Mundwinkel. Keine Ahnung, wer da diese Dauergeilheit in euer Lipgloss hineininterpretiert hat. Aber mit dem gleichen pseudo-psychotherapeutischen Ansatz ließen sich natürlich auch unsere Bartformen deuten: Oberlippenbart-Träger schnauzen immer herum, Männer mit Vollbart, sind, äh, immer voll, und Ziegenbartträger verhalten sich demnach eher zickig. Und wenn wir diesen dünnen Bart tragen, der eine Linie von der Unterlippe zum Kinn bildet, na, dann sind wir wohl Muschis.

Habt ihr keine Schuldgefühle, wenn ihr uns zum Sex überredet habt?

83

Das klingt jetzt irgendwie bockig. Sucht ihr etwa einen Schuldigen dafür, dass ihr unserem Drängen nachgegeben habt? Wir fühlen uns nach dem Sex eigentlich nie schuldig. Außer, wenn ihr die Frau unseres besten Kumpels seid. Oder seine Schwester. Ansonsten geht es uns nach dem Sex einfach super. Aber nicht, weil wir euch überredet haben, sondern weil wir total entspannt sind. Nehmen wir mal den Vorwurf aus der Frage, dann bleibt: Warum könnt ihr eigentlich kein »Nein« akzeptieren, sondern bohrt und drängt immer weiter? Die Antwort scheint so bekannt wie eindeutig: weil der Steuerknüppel zwischen unseren Beinen baumelt. Allerdings ist dies keine Antwort, sondern eine Ausrede, die uns in keinem guten Licht zeigt. Denn längst sind wir den Höhlen entstiegen, haben alles Urmenschliche abrasiert, Manieren, Respekt und Sozialverhalten gelernt. Es ist wissenschaftlich bewiesen, dass wir ein Gehirn haben und soziale Wesen sind. Warum aber existieren dann noch Nötigung, häusliche und sexuelle Gewalt (ja, auch durch Überreden)? Die Antwort ist leider: weil sich einige Männer von ihren Trieben leiten lassen. Weil sie euch als Beute sehen, als Lustobjekt. Weil sie es tatsächlich toll finden, wenn sie euch ihren Willen aufgezwungen haben. Dazu kann man leider nicht mehr sagen oder schreiben, und es gibt diesmal auch keine lustige Pointe. Denn diese Tatsache ist ziemlich traurig.

84 Sperma schmeckt ekelhaft – aber wie schmecken wir?

Geschmacklich ähnelt ihr untenrum einem Restaurant mit wechselnder Tageskarte. Je nachdem, was ihr gegessen habt, schmeckt ihr mal salziger, süßer, mal bitterer, mal sämiger. Im Internet steht, dass die Scheide einen sauren pH-Wert hat und vom Menstruationszyklus abhängt. Wahrscheinlich hat das eine Frau geschrieben, weil viele Männer weder mit dem Wort Menstruationszyklus noch mit körperlichen Abläufen etwas anfangen können. Aber es gibt eben tatsächlich dieses eine Gebiet der weiblichen Sexualität, in dem wir Männer uns besser auskennen als die meisten Frauen: euren Geschmack. Natürlich gibt es auch eine Menge Frauen, die Frauen lecken (und wir sehen das wirklich gern), und sicher auch einige, die sich selbst probieren, aber gehen wir mal von der profanen Masse aus, dann sind es meist Männerzungen, die ihr zwischen den Beinen habt. Dennoch lässt sich hier keine allgemeingültige Restaurantkritik schreiben. Denn während sich der Koch am Herd nach regionalen und saisonalen Zutaten richtet, bestimmen bei euch andere Faktoren den Geschmack: wie erregt ihr seid, wann ihr euch das letzte Mal geduscht habt, wann ihr auf der Toilette wart – und vor allem, was ihr gegessen habt (hoffentlich keinen Spargel). Vielleicht wäre eine Lebensmitteltabelle für möglichst schmackhaften Oralsex an der Zeit. Da stünde dann, dass Ananas und Früchte für einen süßeren, honigartigen Geschmack sorgen und dass Knoblauch, Zigaretten, Zwiebeln, Fleisch und Alkohol das Gegenteil bewirken. Die Sache ist nur: Vor dem Bett kommt oft das Essengehen. Und in jedem guten Essen steckt eines der verbotenen Lebensmittel – und dazu trinken wir Alkohol. Denn beim Essen geht es uns um den Geschmack und beim Oralsex um euch. Klar, lecken wir lieber, wenn ihr gut schmeckt, aber ihr seid ja kein Leckstein und wir keine Kuh. Und wenn ihr uns nach dem Sex eine Rechnung präsentiert, zählt ihr wohl zu den Damen des horizontalen Gewerbes. Dann würden wir euch, sorry, wahrscheinlich eh nicht lecken, weil wir Angst haben, dass ihr nach fremden Penissen schmeckt.

Wie weit geht ihr beim Flirten, wenn ihr eigentlich in einer Beziehung seid?

85

Was soll denn schon wieder dieses »eigentlich«? Das ist ja so typisch: »Eigentlich brauche ich keine neue Handtasche«, »Eigentlich sollte ich nichts mehr trinken«, »Eigentlich bin ich in einer Beziehung«. So ticken wir nicht. Entweder wir sind in einer Beziehung oder nicht. Dann kommt es auf die Werte und Regeln dieser Beziehung an – die ausgesprochenen und die stillen. Viele Frauen, die mit einem Womanizer zusammen sind, wissen genau, was für einen Typen sie da haben. Sie haben sich bewusst für ihn entschieden, weil er wahrscheinlich so charmant, gut gebaut und sexy ist, wie es sich für einen Womanizer gehört. Und sie wissen, wie sie ihn halten. Da können sich die Freundinnen stundenlang das Maul über diese Art von Beziehung zerreißen, wünschen sich aber insgeheim, dass ihr »Schatzi« etwas mehr Reibungspotenzial böte. Wenn wir flirten, gehen wir weit, wahrscheinlich weiter als ihr. Aber wir brechen nicht die Regeln. Wenn Monogamie dazugehört, halten wir uns daran, auch wenn wir manchmal erst in allerletzter Sekunde den Ringfinger hochhalten. Wir spielen, sehr gern sogar, aber wenn die neue Teamkollegin das Spielfeld plötzlich um die Clubtoilette erweitern will, drehen wir uns weg. Regel Nummer eins: Lieber ein fremdes Herz brechen als ein vertrautes. Regel Nummer eins a): Wenn du es nicht mehr geschafft hast, dich wegzudrehen, oder der Ehering in deiner Tasche und nicht am Finger steckt, darfst du auf keinen Fall darüber sprechen. Und schon gar nicht schreiben.

86 Könntet ihr auch eine platonische Beziehung ohne Sex führen?

Ja, das können wir, zumindest manche von uns. Nicht, weil sie früher zu viel gekifft haben, sondern weil auch in der Enthaltsamkeit ein gewisser Reiz liegt: dieses Begehren, die unerfüllten Sehnsüchte, die Träume. Wenn wir Menschen all das nicht wollen würden, hätte Gabriel García Márquez nicht Millionen Ausgaben von *Hundert Jahre Einsamkeit* verkauft. Und manche Paare leben dieses Modell mit Erfolg: Denn eine platonische Beziehung beruht auf Distanz, und Distanz schafft immer einen gewissen Respekt. Und diese respektvolle Distanz lässt sich kaum herstellen, wenn ständig der eine mit seinem Penis in der Muschi des anderen steckt.

87 Würdet ihr es auch mit unserer Schwester treiben?

Äh… ja. Leider. Zumindest, wenn ihr sie uns erst nach zehn Jahren Beziehung vorstellt (»Schatz, das ist übrigens meine jüngere Schwester, die in New York Tanz studiert hat und jetzt eine Weile bei uns wohnt, bis sie etwas eigenes gefunden hat …«). Das Problem: Eure Schwester vereint das Beste aus beiden Welten: Sie besitzt möglichst viel von dem Menschen, den wir am meisten lieben, und hat dennoch den Reiz einer Fremden. Deshalb wäre es besser, die Schwester möglichst früh mit uns bekannt zu machen, sodass sie gleich den Status Familienmitglied bekommt. Denn je eher wir sie kennenlernen und mit ihr unter eurer Aufsicht vertraut werden, umso weniger neugierig sind wir darauf, was sie im Detail von euch unterscheidet. Blöd ist natürlich immer eine jüngere Schwester, weil sie eine Menge Vorteile hat: Sie ist wahrscheinlich knackiger, hat vielleicht noch keine Kinder, nimmt ihre Beziehung nicht so ernst und ist moralisch flexibler. Andererseits ist sie natürlich eure Schwester und würde euch nie den Mann ausspannen – auch nicht, um endgültig zu beweisen, dass sie die Attraktivere von euch ist. Jetzt macht ihr euch schon ein bisschen Sorgen, oder? Aber bevor ihr zum Hörer greift und präventiv eure kleine Schwester anpflaumt: Zu guter Letzt liegt die Entscheidung, ob wir mit jemand anders anbändeln, dann doch bei uns. Und da wir wissen, dass euch kaum etwas mehr verletzen würde, als auf einen Schlag den Partner und die Schwester zu verlieren (meist läuft es doch so), werden wir natürlich die Finger von ihr lassen. Es sei denn, sie ist nur ein paar Sekunden jünger und eure Zwillingsschwester. Dann können wir einfach nicht anders. Versucht, es als Kompliment zu sehen.

Was ist so sinnlich daran, wenn wir den Mund halb öffnen? 88

Es ist jetzt nicht so, dass wir an Blasen denken, sobald ihr den Mund aufmacht. Wir denken auch sonst immer an Blasen. Ein halb geöffneter Mund steht für eine Momentaufnahme. Als würdet ihr innehalten, überdenken, ob ihr etwas tun solltet oder nicht, euch entscheiden zwischen Gut und Böse und dann … ja, eigentlich interessiert uns am meisten, was dann kommt. Euer halb geöffneter Mund macht uns neugierig. Ihr könntet im nächsten Moment küssen, reden, beißen oder vor Lust aufstöhnen. Der halb geöffnete Mund scheint alles möglich zu machen – vor allem in erotischer Hinsicht. Vielleicht hat es dann doch wieder viel mit Küssen zu tun, eure Lippen zieren ja nicht nur euer Gesicht, sondern sind erogene Zonen. Ihr Anblick erregt uns – im Gegensatz zu halb erhobenen Armen oder halb gebeugten Beinen. Auf Fotos sind halb geöffnete Lippen gern mit viel Gloss verziert, und eine alte Frauenmagazin-Weisheit besagt, die Lippen im Gesicht seien Sinnbild für die Schamlippen. Und obwohl in beiden Begriffen das Wort »Lippen« vorkommt, hinkt der Vergleich natürlich, denn dann müssten die Nasenlöcher ja euer Schließmuskel sein.

Eure Lippen und ihre Stellung sagen auch immer viel über eure Stimmung aus – je nachdem, ob ihr sie zu einem Strich zieht, schmollend vorstülpt, ob sie lachen, grollen oder die Zähne entblößen. Wenn ihr sie halb öffnet, wirken sie einfach locker. Und so mögen wir euch am liebsten.

89 Was hat es eigentlich mit eurer Morgenlatte auf sich?

Das fragen wir uns auch jeden Morgen. Vor allem entsteht sie total unabhängig von unseren Träumen. Wir können im Schlaf die aktuelle Terrorismusbedrohung verarbeiten und wachen mit einer Mordslatte auf. Und das nicht etwa, weil wir Lust auf Randale haben. Unsere Morgenlatte hat leider auch in den seltensten Fällen mit euch zu tun. Es sei denn, ihr habt heimlich daran herumgespielt, während wir schliefen – aber das kommt leider viel zu selten vor. Meist hat die morgendliche Erektion mit der vollen Blase zu tun und der Harnröhre, durch die sowohl Sperma als auch Urin kommen. Die Morgenlatte ist der Gegenbeweis, dass Erektionen bei uns immer Kopfsache sind. Sie sind offenbar auch eine Blasen- und Schwanzsache. Klar können wir auch eine Morgenlatte von unseren geträumten Sexabenteuern bekommen – aber auch hier wieder große Enttäuschung: Wir träumen leider in seltensten Fällen von Sex mit euch. Aber keine Sorge, selbst bei Sexträumen mit anderen führen die daraus entstehenden Erektionen in den seltensten Fällen zum Orgasmus (es sei denn, wir sind frisch in der Pubertät). Stattdessen träumen wir nur vom Vögeln, nicht vom Kommen, bis wir aufwachen, weil unser Penis zu explodieren droht. Aber bevor ihr jetzt auf unsere Traum-Frauen eifersüchtig werdet, solltet ihr euch nicht nur die Frage stellen, wie denn die Morgenlatte zwischen unsere Beine kommt, sondern auch die Frage, wie wir sie wieder loswerden. Denn da seid dann eindeutig ihr gefragt.

Wie lange könnt ihr maximal keinen Sex haben, bevor ihr fremdgeht?

90

Etwa ein Jahr. Manchmal auch nur einen Tag. Das kann man so nicht pauschalisieren. Aber eine Abstinenz von einem Tag ist schon in Ordnung, solange sie nicht häufiger vorkommt. Denn was passiert, wenn wir lange keinen Sex haben? Genau, wir werden nölig, gereizt, und am Ende schreien wir im Supermarkt die Kassiererin an, laufen beleidigt aus einem Meeting oder treten einen Zeitungskasten um. Und wahrscheinlich tuschelt dann irgendein dahergelaufener Sexkolumnist etwas wie »total untervögelt«, weshalb wir noch eine Schlägerei anfangen, um uns abzureagieren. Was glaubt ihr, warum früher so viel mehr Menschen ums Leben gekommen sind? Richtig, weil die sexuelle Aufklärung noch nicht stattgefunden hatte und es Hobby der Regierenden und Religiösen war, den Sex zu verbieten. Ganze Jahrhunderte wurden daraufhin im Nachhinein als »das dunkle Mittelalter« bezeichnet. Hass, Neid, Folter – das alles wahrscheinlich nur, weil irgendwelche Herrscher die Schlüssel zu den Keuschheitsgürteln ihrer Gemahlinnen verlegt hatten. Aber das soll jetzt keine Drohung sein, falls ihr vorhattet, mal herauszufinden, wie lange wir es ohne Sex aushalten. Doch wenn ihr den Krieg wollt, könnt ihr ihn haben.

91 Was findet ihr am Aufreißen so geil?

»Aufreißen« klingt eher nach einer frischen Wunde, aber nicht nach Kennenlernen. Und ehrlich gesagt mögen wir es auch nicht besonders. Warum treiben sich wohl Millionen von Kerlen auf Dating-Seiten herum? Richtig, sie brauchen dort nicht aufzureißen. Das finden wir nämlich anstrengend: Wir kommen in die Bar, müssen irrsinnig gut drauf und selbstbewusst sein, sehen euch, mustern euch, ein Lächeln, halb gierig, halb verächtlich, ein perfekter Spruch, und ihr sinkt uns in die Arme, wir tragen euch ins Taxi und von dort ins Bett. Klingt nach *Twilight* oder *Shades of Grey*, also nach Klischee. Wir Normalos trauen uns aber nicht, euch anzusprechen. Wir glotzen euch an wie Stalker, vor lauter Faszination unfähig, uns zu rühren. Wir müssen uns Mut antrinken, und ehe wir uns versehen, sind wir zu voll, um überhaupt noch zu sprechen. Klar, gibt es Kerle, die Aufreißen professionell angehen, nicht zu viel trinken, euch routiniert mit perfekt getimten Sprüchen klarmachen. Aber das sind Idioten. Nehmt lieber den Typen, der am Rand der Tanzfläche steht oder den, der euch vom anderen Ende der Bar schon den ganzen Abend über anstarrt. Schenkt ihm ein Lächeln, und er wird kommen. Denn wir reißen nur dann gern auf, wenn wir wissen, dass wir eine Chance haben.

92 Ist es eigentlich schlimm für euch, wenn ihr mal keine Lust auf Sex habt?

Nö, das ist eher für euch schlimm. Weil schon die Frage zeigt, dass ihr uns für schwanzgesteuerte Dreiviertelprimaten haltet. Damit habt ihr auch recht, selbst wenn sich die Affenbande hinter Anzügen, Hornbrillen und feuilletonistischen

Phrasen versteckt. Wenn die Erektion übernimmt, schauen wir alle gleich blutleer aus der Wäsche. Ihr wisst um unser Primatendasein, und irgendwie schmeichelt es euch. Deshalb ist es umso verdächtiger für euch, wenn wir mal keine Lust auf Sex haben. Fragen wie »Hat er eine andere?« oder schlimmer »Begehrt er mich nicht mehr?« gehen euch durch den Kopf und finden manchmal leider auch den Ausweg durch den Mund. Jetzt stellt euch mal vor, wie das umgekehrt wäre: Ihr habt Migräne, seid müde oder unpässlich und wollt nicht vögeln. Passiert ja gelegentlich. Und wir würden euch dann fragen, ob ihr uns nicht mehr liebt. Wäre nicht so sexy, oder? Am Ende führen bei uns doch die gleichen Gründe zur Lustlosigkeit wie bei euch, also Stress mit der Freundin und so. Aber jetzt wieder ernsthaft: Wenn wir keine Lust haben, dann haben wir tatsächlich einen anstrengenden Tag gehabt, sind krank oder haben gerade onaniert. Wir kommen gut mit gelegentlicher Lustlosigkeit klar, schließlich sehen wir uns nicht als Dreiviertelprimaten, sondern als Pioniere, Bohemiens und Superhelden. Und wenn wir keinen Sex haben, schauen wir auch gern einfach Filme mit Pionieren, Bohemiens und Superhelden. Und dann gehen wir einfach mal so ins Bett, ohne Sex. Crazy, oder? Die gute Nachricht: Wenn wir so drauf sind und keine Lust auf Sex haben, stehen die Chancen gut, dass wir mal nur kuscheln. Ausnahmsweise.

93 Habt ihr neben dem Penis noch andere erogene Zonen?

Nein, und jetzt konzentriert euch bitte wieder auf das Wesentliche.

94 Wechselt ihr nach One-Night-Stands die Laken?

Nein. Betten beziehen zählt nicht zu den Lieblingsbeschäftigungen des frisch gevögelten Mannes. Wir wechseln ohnehin nie die Laken – warum sollten wir nach einem One-Night-Stand damit anfangen? Dann könnten wir auch abwaschen, staubsaugen oder mal die Fenster putzen. Klar, wenn der One-Night-Stand ausgeartet ist und wir Champagner, Konfetti oder andere Menschen in den Laken finden, dann beziehen wir das Bett natürlich. Was soll denn sonst der nächste One-Night-Stand von uns denken? Ansonsten ist so ein »Ich räume jetzt mein Bett und damit mein Leben auf«-Aktionismus wohl eher Frauensache. Wir sind da anders. Nach einem One-Night-Stand laufen wir gern den halben Tag oben ohne in der Wohnung herum – auch wenn wir das sonst nie machen. Wir frühstücken drei Eier mit Speck, trinken dazu zwei Tassen schwarzen Kaffee und fangen vielleicht wieder an zu rauchen. Bis zu 24 Stunden nach dem Akt bekommen wir auch diese selbstzufriedene Gefälligkeit nicht aus dem Gesicht. In so einem Zustand beziehen wir doch auf keinen Fall das Bett, den Ort unseres Triumphes! Im Gegenteil. Wenn es schön mit euch war, wir danach vielleicht sogar Arm in Arm eingeschlafen sind, möchten wir etwas von euch behalten – und wenn es nur euer Geruch ist. Al Pacino brachte es in *Der Duft der Frauen* auf den Punkt: »Hast du jemals deine Nase in ein Meer von Locken getaucht? Das ist, als würdest du ewig darin schlafen wollen.«

95 Können wir euch im Bett so nervös machen, dass ihr keinen hochkriegt?

Bestimmt. Allerdings müsst ihr dann für ein Ambiente sorgen, in dem sich unser Penis unwohl fühlt. Sprecht von den nicht enden wollenden Nächten mit eurem afroamerikanischen Exfreund, der die Latte wirklich hoch gelegt hat, oder macht eine Runde Schattenboxen, bevor ihr ins Bett steigt. Ihr könntet euch auch einfach einen Herrenslip drunterziehen und vorn ein paar Tennissocken reinstecken. Aber so etwas kann auch traumatisieren, und am Ende kriegen wir dann plötzlich nie mehr einen hoch. Was ist das überhaupt für eine Frage? Wollt ihr uns einschüchtern oder vögeln? Oder beides? Ein Kompromissvorschlag: Wir vögeln erst mal, und danach kriegen wir keinen mehr hoch. Einverstanden?

96 Und was wollt ihr hören, wenn ihr keinen hochkriegt?

Auf keinen Fall solltet ihr euch beschweren, lamentieren oder davon erzählen, dass eurem Ex so etwas nie passiert ist. Auch trösten hilft nicht, schon gar nicht mit dieser »Hast du deinen Schnuller verloren?«-Stimme. Ihr solltet, und das könnt ihr ja ganz gut, uns liebevoll manipulieren. Zuerst müsst ihr euch entscheiden, ob ihr uns hochhelfen wollt oder nicht. Wenn ihr eh keine Lust auf Sex habt, sagt: »Boah, ein Glück. Mein Körper verarbeitet noch die letzte Nummer mit dir. Wenn du jetzt schon wieder Sex gewollt hättest, hätte mir jemand einen Rollstuhl besorgen müssen. Ich habe viel mehr Lust, einen Zombiefilm zu sehen und mir 'ne Pizza zu bestellen.« Kapitulation statt Kopulation. Ihr könnt das Potenzproblem auch sportlich sehen und es mit dem Schlappschwanz an uns aufnehmen. Dann solltet ihr sagen: »Oh, das trifft sich ja gut, ich wollte eh mal meinen neuen Vibrator ausprobieren. Lass uns doch schauen, was gerade auf Youporn läuft. Und ich fände es total toll, wenn du mir zusehen könntest, wie ich es mir dabei selbst besorge.« Eins ist sicher: Auch wenn der Youporn-Clip nur zwei Minuten dauert – ihr werdet ihn nicht zu Ende sehen.

97 Könnt ihr auch Sex haben und in Gedanken irgendwo anders sein?

Außer bei Pamela Anderson? Ja klar. Ehrlich gesagt ist bisher nicht erforscht, ob Männer beim Sex überhaupt denken. Außer, wenn wir zu früh zu kommen drohen. Dann denken wir an alles andere außer an Sex – meist sogar an etwas völlig Absurdes, das total unsexy ist und möglichst abtörnend. Pegida-Demos zum Beispiel oder schlimmer: Pegida-Vorsitzende. Das Gute ist, dass ihr, sobald sich die Erregung dann ein wenig gelegt hat, die Pegida mit einem Beckenkreisen dahin verdrängen könnt, wo sie eigentlich hingehören: in den zerebralen Mülleimer. Ach, wäre das doch auch im echten Leben so einfach!

98 Warum steht ihr auf Cumshots?

Aus zwei Gründen: Erstens sind sie unsere Markierung. Seit den dreißiger Jahren stecken Gangs in den USA ihr Revier mit Zeichen oder Tags ab. Ein Cumshot, also das Ejakulieren auf den Körper der Frau, ist so etwas wie ein körpereigenes Tag. Wenn wir merken, dass ihr Lust auf Cumshots habt (oder erst mal auf einen), ejakulieren wir in hengstartiger Machopose mit dem Schwanz in der Hand drauflos: ins Gesicht, auf die

Brüste oder – je nach Stellung – auf den Hintern. Dabei denken wir: »Wie geil, wie geil, dass ich das machen darf.« Sekunden später sagen domestizierte Männer dann etwas wie: »Oh nein, was für eine Sauerei«, und greifen nach Taschentüchern, um die Glibberei schnell wegzuzwischen. Denn durch den Cumshot haben wir uns maximal entblößt, unser Innerstes offengelegt. Der Samen ist unser größter Schatz, darin steckt neben jeder Menge Eiweiß auch die DNS Millionen ungeborener Kinder. Zweitens ist der Cumshot unser größtes Geschenk an euch. Und dazu noch etwas Selbstgemachtes, das wollt ihr doch immer.

Gibt es eine Stellung, die ihr alle mögt?

99

Darauf kennt der Hiphop zahlreiche Antwortmöglichkeiten: »Face down, Ass up, that's the way we like to fuck«, meint die 2 Live Crew. Snoop Dogg konstatierte später: »All the while we do it doggystyle.« Wahrscheinlich findet sich auch bei Goethe und Schiller ein griffiges Zitat zum Thema, aber da müsste man dann länger suchen. Das Ergebnis wäre wahrscheinlich das Gleiche: Wir mögen es von hinten. Also, wir machen es euch am liebsten von hinten. Das liegt zum einen daran, weil wir Gentlemen sind, euch gern vorlassen und uns hinten anstellen. Zum anderen ist die Stellung natürlich sehr animalisch. Aber am besten erklärt unsere Vorliebe für diese Stellung wieder ein Zitat, nein, es ist gleich eine ganze Streitschrift zum Thema, eine Apologie. Sie stammt wieder nicht von Goethe, sondern von Sir Mix-A-Lot und heißt »Baby got back« (Zitat: »I like big butts and I can not lie, you other brothers can't deny…). Sehr wichtig bei der Rezeption ist hier, dass ihr den Bass voll aufdreht und beim Anhören, nun ja, euren Arsch bewegt. Praktischer Nebeneffekt: Wenn wir dabei zufällig reinkommen und euch tanzen sehen, heiraten wir euch auf der Stelle.

100 Riecht ihr wirklich an unserer Unterwäsche?

Ja, aber nur, um zu prüfen, ob sie frisch gewaschen ist. Ganz ehrlich jetzt. Das machen wir mit unseren Sachen schließlich auch so. Wenn ihr was dagegen habt, müsst ihr das Waschen wieder selbst übernehmen.

101 Findet ihr Analverkehr wirklich nicht ekelhaft?

Heute ist doch eh alles clean, sauber und weich gezeichnet – auch euer Schließmuskel. Erst kommt Brazilian Waxing, dann Anal-Bleaching. Seit alles immer sexueller und offener wird, wandelt sich die Funktion des Anus vom Ausscheidungsorgan zum Eindringungsorgan. Analsex ist kein Tabuthema mehr, sondern gehört längst zum Standard. Aber ehrlich gesagt fanden wir ihn auch vorher nicht eklig, sondern aufregend. Er erfordert Vorbereitung, Geduld und Gleitgel – alles Dinge, die auch beim vaginalen Sex nicht verkehrt sind. Okay, es kann passieren, dass danach das Kondom auch von außen nicht mehr ganz so unbefleckt ist wie zuvor. Aber das schmeißen wir ja eh weg, also keine Sorge. Außerdem waren wir ja selbst schon mal auf dem Klo und haben Exkremente gesehen. Wahrscheinlich könnten wir beim Sex nebenbei sogar sämtliche Dschungelprüfungen hintereinander absolvieren, ohne sie richtig wahrzunehmen (ein gutes Konzept für die nächste Staffel, liebes RTL). Was wir im Zusammenhang mit eurem Hintern und unserem Bett nicht so geil finden, sind Pupsereien unter der Decke. Das dürfen nur wir selbst.

Warum sehen eure Freundinnen anders aus als eure One-Night-Stands? 102

Das lässt sich am besten mit Sprichwörtern erklären. Erstens: »Warum in die Ferne schweifen? Weil die Gute lag zu nah.« Wenn wir uns von einer Freundin getrennt haben, brauchen wir einfach Abwechslung. Nicht, weil sie uns gelangweilt hat, sondern weil wir, wie jeder weiß, große Kinder sind. Und die spielen ja auch sehr lange mit dem einen und dann plötzlich mit jemand ganz anderem. Zweitens: »Gleich und Gleich gesellt sich gern.« Also je ähnlicher der One-Night-Stand unserer Exfreundin ist, umso höher die Wahrscheinlichkeit, dass sich die beiden beim Friseur, beim Shoppen oder einer gemeinsamen Bekannten über den Weg laufen. Und da wir zwar moralisch flexibel, aber nichtsdestoweniger friedliebend sind, möchten wir so etwas vermeiden. Dann hätten wir noch: »Liebe macht blind«, aber das kann uns ja egal sein, beim One-Night-Stand geht es nicht um Liebe. Ach ja, und viertens: »Nachts sind alle Katzen grau.« Und die Wahrscheinlichkeit, dass wir in der Dunkelheit mal eine erwischen, die anders aussieht als unsere Exfreundin, ist einfach viel höher als andersherum.

Kann der Sex mit einer anderen so gut sein, dass ihr deshalb eure Frau verlassen würdet? 103

Ja – wobei hier das »würdet« eine wichtige Rolle spielt. Denn am Ende machen wir es nicht (oder nur ganz kurz und kehren dann zurück). Meist liegt das daran, dass frischer Sex frischen Wind in unser Leben bringt, in dem vielleicht eine ganze Weile schon Windstille herrscht. Wenn wir verheiratet sind und uns für Monogamie eingeschrieben haben, haben wir meist vergessen, wie es ist, einen anderen Menschen zu entdecken und mit ihm zum ersten Mal Sex zu erleben. Wenn der Sex außergewöhnlich ist, verwechseln wir ihn dann auch mal mit Liebe.

Liebe ist in dem Sinne ja kondensiertes Leben: Aufregung, Lust und Abenteuer. Und für die Liebe tun wir alles. Der Schlamassel ist da, wenn wir erkennen, dass es vor allem am schönen neuen Sex lag, der uns in die Arme der anderen trieb, die schöne neue Welt mit ihr aber gar nicht so schön ist. Das merken wir allerdings erst, wenn es zu spät ist.

104 Könnt ihr eine Frau lieben und trotzdem mit einer anderen Sex haben?

Nein, seltsamerweise nicht. Wenn ihr allerdings dieses besoffene, seelenlose Gerammel mit dem nächstbesten Körper meint, zu dem wir uns gelegentlich hinreißen lassen, dann doch: ja. Dazu sind wir in der Lage, genau wie ihr. Erfüllend ist das nicht, erfüllenden Sex haben wir mit der Frau, die wir lieben. Warum wir dann überhaupt unseren Penis anderswo reinstecken? Keine Ahnung. Weil es so einfach ist? Weil wir Bestätigung suchen? Weil wir Dinge, die so schön sind, dass wir sie kaum ertragen, immer kaputtmachen müssen? Weil wir Idioten sind, die nur mit dem Schwanz denken? Vielleicht von allem ein bisschen. Fakt ist: Wir können Körper und Geist ziemlich gut trennen – übrigens auch, wenn ihr uns von den Problemen mit euren Freundinnen erzählt.

105 »Ein guter Seemann sticht auch ins Rote Meer« – aber wie ist das für euch?

Intensiv. Weil wir wissen, dass Sex, wenn ihr nicht ganz mit euch im Reinen seid, etwas Besonderes ist; demnach stimmt der Altherrenspruch. Es geht ja beim Sex nicht nur um das

Gefühl, das eure Vagina unserem Penis vermittelt, sondern vielmehr um das Drumherum, um euch und uns. Wenn ihr eure Tage habt, seid ihr launischer, habt vielleicht sogar noch Bauchschmerzen und fühlt euch eher danach, mit einer Wärmflasche und Schmerztabletten vor dem Fernseher zu liegen und unblutige Serien zu schauen, als mit uns Sex zu haben. Wir dagegen könnten wahrscheinlich sogar Sex haben, während wir bei 40 Grad mit Durchfall in einer mexikanischen Strohhütte liegen. Wenn das Blut in unseren Schwellkörper schießt, wird es aus allen anderen Regionen abgezogen – vor allem aus dem Gehirn. Ihr dagegen müsst euch beim Sex immer wohl fühlen. Sollten wir euch jedoch derart anmachen, dass ihr trotz eurer Periode Lust auf Sex mit uns habt, ist das ein sehr, sehr großes Kompliment. Wir fühlen uns geschmeichelt, sind achtsamer, vorsichtiger und benutzen vielleicht sogar Gleitgel, ohne beleidigt zu sein. Und das Blut? Na ja, was ist damit? Leidenschaft ist keine saubere Sache (auch wenn uns Werbung und Pornos das glauben lassen wollen). Als Jungs haben wir in der Pubertät jede Nacht Spermaflecken auf die Laken gemacht. Da kommen wir mit etwas Blut schon zurecht. Außerdem wollt ihr doch eh immer, dass wir mal das Bett neu beziehen.

Reden eigentlich Söhne mit ihren Vätern über Sex? 106

Nein, da hat sich seit dem verdrucksten Aufklärungsgespräch nichts geändert. Unsere Väter sollten bestenfalls Vorbilder für uns sein. Und mit Vorbildern redet man nicht über Sex. Außerdem ist unser Vater die einzige Person, die unsere Mutter flachgelegt hat. Mit unserer Mutter Sex zu haben ist vor allem im HipHop und bei Straßenkriminellen ein heiß diskutiertes Thema. Da geht es eigentlich um nichts anderes. Jeder ist ein

»motherf***er«, nur nicht der eigene Vater, obwohl er wahrscheinlich einen Großteil seiner Freizeit damit verbringt, unsere Mutter flachzulegen. Aber was sollen wir ihn denn fragen? »Wie mag es Mama am liebsten?« Oh, Gott, nein, auf keinen Fall. Nun haben manche Väter, gerade aus der liberaleren Ecke, allerdings das Bedürfnis, mit ihren (erwachsenen) Kindern emotionale Erfahrungen zu teilen, indem sie Dinge sagen wie: »Also Mama und ich lassen es ja ab und zu auch noch ganz schön krachen.« Wirklich schlimm. Der Gedanke an den Zeugungsakt der Eltern bleibt eine Horrorfantasie für die Kinder – auch wenn es der Auftakt zu ihrem Leben war. Das ändert sich übrigens schlagartig, wenn wir selbst Väter werden. Denn dann haben wir die gleichen Sorgen wie unser Vater: Mangel an Freunden, Zuhörern und wahrscheinlich auch an Sex. Und erst wenn wir nach einer zaghaften Zote in die vor Schreck aufgerissenen Augen unseres Teenager-Sohnes blicken, begreifen wir, dass wir genauso geworden sind, wie wir es nie werden wollten.

107 Würdet ihr mit unserer sexy besten Freundin ins Bett steigen?

Ja, also fragt sie gern einfach mal. Ihr sprecht doch immer davon, dass wir eure Freundinnen besser kennenlernen sollen. Wir sind dazu absolut bereit. Allerdings würden gutes Aussehen und ein vorzeigbarer BMI das Kennenlernen sicher erleichtern. Sex mit jemandem zu haben, der euch auch sehr gerne mag, schafft aus unserer Sicht die besten Voraussetzungen für den lang ersehnten Dreier. Das seht ihr wahrscheinlich anders, weil ihr die Freundin bestimmt seit dem Kindergarten nicht mehr geküsst habt – aber einen Versuch ist es doch wert. Nicht? Na gut. Allein würden wir wahrscheinlich eher keinen Sex mit eurer besten Freundin haben (bis auf die paar

Vollidioten unter uns, die nicht realisieren, was sie damit anrichten). Wir kennen das ja von Sylvie van der Vaart und Sabia aus der *Bildzeitung*. Aber das ist dann ja auch schiefgelaufen, weil der involvierte Fußballer auf dem Weg zum Triple am Ende die rote Karte gesehen hat.

108 Würdet ihr euch auch das Sperma rauben lassen?

Ach ja, der Samenraub in der Besenkammer. Damit ist Boris Becker ebenso in die Oralen, pardon Annalen der Pressegeschichte eingegangen wie mit seinem Wimbledon-Sieg. Darüber hinaus verhalf der Blowjob in der Besenkammer allen Besenkammern dieser Welt zu nie geahnter Aufmerksamkeit. Warum er sich da hat reinziehen lassen? Weil wir Männer eine seltsame Vorliebe für dunkle, enge, warme, etwas feuchte und nicht unbedingt stylisch eingerichtete Räumlichkeiten haben. So wie unsere Arbeitszimmer und Bastelkeller: klein, schmuddelig und warm. Habt ihr euch nie gefragt, warum Videokabinen immer dunkel, eng und ein bisschen dreckig sind? Warum da keine Blumen drinstehen, kein Bücherregal und keine Kerzen? Weil wir im Mutterleib auch kein hübsches Interieur hatten. Und daran erinnert uns eben auch eine Besenkammer. Da fühlen wir uns dann plötzlich total geborgen. Hier müssen wir nicht über Politik reden, die wir nicht wirklich verstehen, oder über Arthaus-Filme, die wir nie gesehen haben. Vielleicht ging es Boris Becker auch so. Wer nur gut darin ist, Tennisbälle übers Netz zu dreschen, und plötzlich auf allen Partys den Feuilletonisten und Weltmann geben muss, der ist einfach mal froh, wenn ihn eine Frau, die genau seinem Beuteschema entspricht, in eine Besenkammer zieht und ihm unverbindlich einen bläst. Oder ihn ein bisschen durchvögelt. Vor lauter Dankbarkeit denkt er nicht daran, was die Wohltäterin mit dem eben erbeuteten Samen anstellt. Und selbst wenn der Akt kein Blowjob in einer Besenkammer, sondern ein Quickie auf einer Treppe zwischen zwei Toiletten war, so müssen wir diese Frage, ob wir es Boris gleichgetan hätten, ganz klar mit »Ja« beantworten. Denn wir Männer sind einfach im Herzen immer noch Pfadfinder und halten uns da streng an die traditionelle Grußformel: »Allzeit bereit.«

109 In *American Beauty* steht ein älterer Mann auf eine Teenagerin. Seid ihr auch so drauf?

Nein. Und auch wenn euch das jetzt vielleicht überrascht: Hollywood hat nichts mit der Realität zu tun. Die Filme folgen festen dramaturgischen Regeln. Außerdem spielt den fiesen Midlife-Crisler hier Kevin Spacey, der hat immer so abseitige Rollen – wie eben die von Lester, der sich in ein sehr, sehr junges Mädchen verliebt. So etwas passiert uns normalerweise nicht. Denn es geht ja gar nicht um das Mädchen, sondern darum, sich selbst wieder jung zu fühlen. Die Sehnsucht, kein alter Sack mehr zu sein, können wir ab dem 39. Lebensjahr durchaus nachvollziehen, aber deshalb fangen wir ja noch lange nichts mit Minderjährigen an. Die wären ja auch am liebsten älter und bändeln trotzdem nicht mit Erwachsenen an. Und wenn sie es versuchen, sollten sie eine Abfuhr bekommen. Erstens hat man als Erwachsener keinen Sex mit Minderjährigen. Nicht nur, weil es verboten ist, sondern aus Anstand. Erwachsene sind doch viel abgeklärter, abgebrühter und abgehalfterter als Teenies. Deshalb sollten die in punkto Sex schön ihre eigene Welt entdecken. Und so cool es auch scheinen mag, gegen Regeln zu verstoßen, an diese hier sollten sich erwachsene Männer halten – und zum Glück machen wir das auch meistens. Sicher, es mag nicht erst seit Hasenopa Hugh Hefner auch Beziehungen geben, in denen große Altersunterschiede ihren Reiz haben – aber nur im Kopf des Mannes. Der Rest der Welt lacht sich schlapp. In der Teeniewelt haben wir als Erwachsene nichts verloren. Wir wollten ja auch nicht, dass unsere Eltern auf unsere Partys gehen. Teenager und Anfangzwanziger möchten ausgehen, sich betrinken, über die Stränge schlagen und viel Sex haben – alles Dinge, die erwachsene Männer (vor allem in der Midlife-Crisis) auch gern wollen – aber nicht mehr können. Der jungen Frau wird der alte Mann dann schnell zu langweilig und sie ihm zu anstrengend. Die Midlife-Crisis führt eben dazu, dass sich Männer nach Jugend sehnen – und nicht dazu, dass sie plötzlich wirklich wieder jung sind. Aber um das einzusehen, muss man schon echt erwachsen sein.

Findet ihr es schlimm, beim Masturbieren erwischt zu werden? 110

Sehr schlimm. Aber wir können es trotzdem nicht lassen. Und lernen auch nicht daraus, etwa beim nächsten Mal die Tür abzuschließen und die Rollos herunterzulassen. Sobald der Schwellkörper schwillt, können wir nicht mehr logisch denken. Deshalb schauen wir auch so unglaublich dämlich aus der Wäsche, wenn ihr uns stört. Meist ziehen wir die Boxershorts noch hoch, aber für mehr reicht es nicht. Stattdessen murmeln wir etwas Wirres, etwa von der Suche nach Zecken, die wir da zwischen unseren Beinen hätten. Aber die Wahrheit liegt auf der Hand, manchmal sogar noch in der Hand, und das ist sehr, sehr, sehr peinlich. In den Filmen, die meist noch im Hintergrund laufen, würde die Frau wahrscheinlich etwas sagen wie: »Soll ich dir vielleicht ein bisschen zur Hand gehen?« Aber die Realität sieht anders aus. Wenn ihr gut drauf seid, lacht ihr einfach. Wenn ihr schlecht drauf seid, werft ihr uns vor, dass wir andere Frauen sexuell attraktiver finden als euch. Ist natürlich Blödsinn. Wenn ihr es nicht glaubt, fragt mal nach der Augenfarbe der Frau, bei deren Anblick wir gerade onaniert haben. Seit der Legalisierung der Selbstbefriedigung in den Siebzigern sagen zwar alle, dass dies das Normalste der Welt sei – ist es aber nicht. Daher eine wichtige Regel beim Umgang mit Männern, die sich allein im Zimmer befinden: Vor dem Eintreten anklopfen!

111 Habt ihr Bock auf Gruppensex?

Ja, Mannschaftssport ist unser Ding. Allerdings haben auch Fußballhasser, Einzelgänger und Individualisten Bock auf Gruppensex – gemäß dem alten Party-Aufräumspruch »Viele Hände, schnelles Ende«. Beim Gruppensex gibt es einfach von allem mehr. Und das mögen wir. Darüber hinaus hat er tatsächlich jede Menge mit Fußball gemeinsam: In beiden Fällen sehen meist mehr Leute zu, als auf dem Platz stehen. Und die Aktiven würden am liebsten gleich in den Strafraum vorpreschen; da herrscht dann auch am meisten Verkehr. Dennoch gibt es klare Regeln – auch wenn die je nach Person und Umfeld individuell ausgelegt sind. Immerhin braucht der Gruppensex keine Schiedsrichter. Dabei gibt es auf dem Platz und der Spielwiese immer Missverständnisse, vor allem, wenn sich zwei Männer berühren. Dann kommt es gleich zu Rudelbildung und Geschrei.

Eigentlich kann der Fußball vom Gruppensex sogar noch einiges lernen: Flitzer, die beim Gruppensex über das Feld rennen, werden nicht umgerempelt und verhaftet, sondern mit offenen Armen aufgenommen. Beim Gruppensex wälzen sich Männer nur in seltensten Fällen auf dem Boden, und ihre schmerzverzerrten Gesichter lösen sich schnell in Entspannung auf. Die Transferkosten sind allgemein viel niedriger, und die Leute am Spielfeldrand onanieren friedlich vor sich hin, anstatt aufgeregt und besserwisserisch umherzulaufen. Außerdem muss man beim Gruppensex selbst mit einer schlimmen Knieverletzung nicht monatelang pausieren. Und zu guter Letzt spielen da Frauen mit – was von allen Beteiligten honoriert wird. Es ist eine bessere Welt. Hoffen wir, dass es bald eine offizielle WM in dieser Disziplin gibt. Die Einschaltquoten wären kolossal.

Was haltet ihr von der offenen Beziehung? 112

Wenn das bedeutet, dass wir mit anderen Frauen schlafen dürfen: einverstanden. Wenn es bedeutet, dass ihr mit anderen Männern schlafen dürft: auf keinen Fall! Da haben wir ganz klare Moralvorstellungen. Mit anderen Frauen könnt ihr gern Sex haben. Wir sind nämlich zu blöd, um lesbische Beziehungen als Bedrohung anzusehen. Dass ihr euch in eine Frau verliebt wie in einen Mann und uns wegen ihr verlassen würdet, begreifen die meisten von uns nicht. Anstatt zu denken: »Oh Gott, wir könnten sie an jemanden verlieren, der, nein, die viel zärtlicher und verständnisvoller ist und auch nicht ewig nach Kitzler und G-Punkt suchen muss«, denken wir: »Geil, da ist bestimmt ein Dreier drin!« Aber wenn nach fünfzehn Jahren beide Partner Abwechslung brauchen, die sie so zu finden glauben – auf ins Abenteuer! Wenn niemand Komplexe kriegt, weil das Abenteuer auch noch toll war – umso besser. Wichtige Grundlage für eine offene Beziehung ist neben Vertrauen und Toleranz nämlich auch, den eigenen Partner aufrichtig zu lieben. Tendenziell sind wir also eher dafür – vorausgesetzt, dass wir unsere Eifersucht in den Griff kriegen. Und dass ihr bitte immer wieder zu uns zurückkommt.

113 Was findet ihr eigentlich an unserem Nacken sexy?

Also wir finden jetzt echt nicht jeden Nacken sexy. Wenn ihr die entsprechende Statur und Frisur habt, also so feminin (nein, nicht dick) seid, dass ihr einen Pferdeschwanz oder Zopf tragen könnt, der euren Nacken betont, dann ist diese Stelle allerdings eine unserer liebsten an euch. Zuerst könnte man meinen, euer Nacken symbolisiert bloß mädchenhafte Unschuld. Deshalb küssen wir euren Nacken oder massieren ihn. Weil er für eine recht archaische und einfache Form der Schönheit steht, in der Frauen verletzlich und Männer dadurch stark sein können. Aber das ist nur die halbe Wahrheit, denn am Nacken ist der Mensch überaus wehrlos, deshalb wurde da früher auch gern enthauptet. Und weil das irgendwie hängen geblieben ist, steht der Nacken noch immer für Verletzlichkeit, eine Eigenschaft, die kaum jemand offen zeigt. Dabei steht sie gerade selbstbewussten Frauen gut. Das ist der Vorteil am kurzen Bob oder generell an Kurzhaarfrisuren mit ausrasiertem Nacken: einerseits der selbstbewusste Kurzhaarschnitt, der Härte zeigt, gepaart mit dem schutzlosen Nacken. Ein Spannungsfeld, das wahre Schönheit birgt. Wir stehen gar nicht immer auf offene lange Haare. Klar, sieht das gut aus – aber eben auch sehr selbstbewusst. Manchmal finden wir Männer es einfach schön, wenn ihr zumindest auf den ersten Blick so ausseht, als wolltet ihr beschützt werden. Zumindest theoretisch.

114 Lieber geschminkt oder ungeschminkt?

Lieber erst einmal geschminkt. Das zeigt uns, dass ihr euch für uns schön gemacht habt. Klar, es gibt auch diese natürlichen Superschönheiten und auch Männer, die darauf stehen. Aber diese Frauen lesen wahrscheinlich weder Frauenzeitschriften noch Bücher wie dieses hier. Die rasieren sich wahrscheinlich auch nicht so regelmäßig die Achseln. Trotzdem kann die Liebe mit ihnen wunderschön sein. Ungeschminkt, direkt, ohne Fassade. Wenn wir uns nun aber nicht kennen und ihr keine ätherische Schönheit seid, erleichtert ein bisschen Schminke uns die ersten Schritte. Nicht nur, weil sie (bestenfalls dezent) eure Vorzüge betont, sondern auch und vor allem, weil sie euch Selbstbewusstsein gibt und ihr nicht permanent denkt: »Oh Gott, starrt der mir die ganze Zeit auf diesen Pickel, der mir gestern Nacht gewachsen ist?«

Schlimm wird es aber, wenn ihr es übertreibt, wenn wir den Puder auf eurem Gesicht sehen, die klumpende Wimperntusche über euren Augen und die aufgetupfte Bräune. Wenn wir euch kennenlernen wollen, hilft es nicht, wenn ihr verkleidet seid. Am nächsten Morgen sehen wir sowieso die ungeschminkte Wahrheit. Die Lösung liegt also schon wieder in der Mitte: dezent geschminkt, sodass wir es gar nicht merken – wenn wir nicht zufällig mal Redakteur bei einer Frauenzeitschrift waren.

115 Träumt ihr vom Sex mit eurer Ex?

Ja, manchmal, aus Versehen. Dann sucht unser Gehirn irgendeine im Unterbewusstsein versteckte Erinnerung heraus – aus der Zeit, in der vielleicht alles gut lief mit der Ex, und schon landen wir wieder mit ihr im Bett. Jetzt würden wir gern sagen: Nee, das ist alles halb so wild und gar nicht so schlimm – aber jetzt mal ehrlich: Wenn man davon träumt, seine Ex zu vögeln, ist doch irgendetwas nicht richtig verarbeitet, oder? Zum Glück muss man aber auch nicht immer alles richtig verarbeiten. Es sei denn, ihr wacht jede Nacht auf, weil wir im Schlaf die Matratze schänden und dabei den Namen der Exfreundin keuchen. Das stört die aktuelle Beziehung schon, dann sollten wir mal über die Sache reden. Ansonsten fallen Träume unter Privatsphäre. Wer da wen vögelt, ist so wenig vorhersehbar wie die Lottozahlen oder eure Stimmung. Da kann der heutige Geisteswissenschaftler seinen ehemaligen Mathelehrer penetrieren, der Schönling die schwammige Chantal aus dem Plattenbau oder der Gärtner die deutsche Eiche. Im Traum darf sich jeder mal so richtig austoben. Da gelten noch weniger Regeln als in Woodstock.

116 Fühlt ihr euch von Dildos und Vibratoren bedroht?

Nein, im Gegenteil: Wir sind längst Kumpel geworden! Oder besser: Kollegen. Zusammen arbeiten wir an einem gemeinsamen Ziel: eurem großen Zitterschüttelzuckundbibber-Orgasmus. Und wenn ihr nicht zu den leicht erregbaren Frauen gehört, kriegen wir herkömmlichen Männer es nicht ohne das richtige Werkzeug hin. Denn unser Penis kann nicht vibrieren. Er ist meist auch nur durchschnittlich groß und hat keine motorisierten Fühler am Schaft, die er auf euren Kitzler richten kann. Solange wir uns solche Sonderfunktionen nicht einbauen lassen können, behelfen wir uns und euch eben mit zusätzlicher Technik. Ein Toy ist ja auch so ein Macht-Ding. Wenn wir jahrelang die Einzigen waren, die beim Sex einen Höhepunkt hatten, und plötzlich spüren, dass wir euch mit dem »Rabbit 3000« richtig in den Griff kriegen, euch nicht nur kommen, sondern auch noch zappeln lassen können, dann fühlen wir uns männlicher als je zuvor. Dazu ermöglichen Vibratoren einen MMF-Dreier, ohne dass dafür extra ein zweiter Kerl ins Bett geholt werden muss. Wir können alles ganz locker selbst in die Hand nehmen, auch den zweiten

»Penis«, von Bedrohung also keine Rede. Und wer sich auf einen Schwanzvergleich mit einem Vibrator einlässt, ist selber schuld. Die meisten Männer haben längst begriffen, dass es beim Sex nicht um ihr Ego geht – und dass Frauen nach gelungenen Liebesakten oft etwas weniger kompliziert sind.

Warum wollt ihr eigentlich mit uns auf Sexparties? 117

Ach, wir feiern einfach gern. Und wenn wir ohne euch dahin gehen, beschwert ihr euch wieder. Außerdem sind wir doch alle immer irgendwie neugierig, wie es denn die anderen treiben. Und einen besseren Einblick in das Sexleben der anderen kriegen wir nicht. Das ist wie die *Gala* ab 18 – nur ohne Promis (kommt allerdings auch auf den Club an). Außerdem sind die Getränke ja oft im Eintritt inbegriffen. Und bei so vielen Vorteilen müssen wir uns die Party einfach mal anschauen. Und wenn der Preis dafür ist, mit anderen Frauen zu vögeln, vielleicht sogar gemeinsam mit euch, dann müssen wir – und ihr – das halt in Kauf nehmen.

Genügen wir euch nicht? 118

Ehrlich gesagt: nein. Auch nicht, wenn ihr unsere große Liebe seid. Klar, gibt es Ausnahmen, genügsame Typen ohne Experimentierfreude und Lust auf Abwechslung – aber der größte Teil von uns sehnt sich nach Sex mit verschiedenen Frauen. Ob wir das ausleben oder nicht, steht auf einem anderen Blatt. Vielleicht haben wir ja auch gar keinen so starken Drang, in der Weltgeschichte herumzuvögeln, sondern flirten einfach gern. Manchmal genügt ja auch ein Blick, um zu wissen, dass mehr möglich wäre. Ein kleines Signal von einer anderen. Das ist wie mit Jungs, die auch nicht immer mit den gleichen Sachen spielen möchten (natürlich seid ihr kein Spielzeug, es geht um ein abstraktes Bild). Wenn wir uns für euch entscheiden, machen wir das aus vollem Herzen. Wir lieben euch. Aber was wären wir für langweilige Typen, wenn wir dann den ganzen Tag nur euch anschauen würden und euch am besten noch die Pantoffeln hinterhertragen? Das wäre doch anstrengend, oder? Dass wir anderen Frauen hinterherschauen, heißt nicht, dass wir gleich alles daransetzen, mit ihnen ins Bett zu gehen. Aber es heißt schon, dass sie uns interessieren. Ob daraus mehr wird oder nicht, hängt von den Regeln unserer Beziehung ab. Die Frage, ob wir euch nicht genügen, klingt auch ein bisschen nach Anspruch auf Alleinherrschaft. Und die ist als Staatsform ebenso unbeliebt wie als Beziehung. Die einzigen legitimen Alleinherrscher sind die, die immer wieder freiwillig gewählt werden und ihre Konkurrenten ausstechen, weil sie einfach cooler sind. Ein Hoch auf die Demokratie des kleinen Mannes!

119 Warum schaut ihr euch Pornos an?

Aus Liebe zur Kunst. Wir sind einfach Filmfreunde. Und wir wollen natürlich mitreden, wenn wir unter Männern von den besten Redewendungen, den coolsten Sprüchen und den krassesten Actionszenen schwärmen. Als leidenschaftliche Hobbycineasten geht es uns natürlich nicht nur um die bloße Rezeption – sicher, manchmal ist ein Film auch so gut, dass wir uns mitreißen lassen und einfach in die Handlung eingesogen werden. Aber oft analysieren wir auch nur: Liegt hier ein Drei-Akt-Modell vor, oder handelt es sich um einen Fünfakter? Wann endet der erste Akt? Wohin führt der zweite? War das schon die Klimax – und ist das jetzt das falsche Ende? Wir kennen uns da mittlerweile so gut aus, dass wir zwischen Pornos unterscheiden können, die eher *charakter-driven* sind (wie *Rocco fickt Polen*) oder *plot-driven* (wie *Apocalypse climax*). Aber sosehr uns dieses Genre auch am Herzen liegt, so sehr können wir dennoch über die Namen von Darstellern wie Tom Wanks, Tammi Salami oder Justine Beaver lachen. Oder über Filmtitel wie *Men in back* oder *Jamaica me horny*. Darüber hinaus sind diese Filme natürlich Lehr- und Inspirationsmaterial, das wir sehr, sehr ernst nehmen. Wie? Das glaubt ihr uns nicht? Dann sollten wir uns einfach mal zusammen ein paar unserer Lieblingsfilme anschauen. Ihr werdet überrascht sein, wie sehr uns diese Filme emotional berühren und wie unvermittelt wir dann plötzlich in der Lage sind, unsere Gefühle zu zeigen.

120 Lieber laut oder leise stöhnen?

Erst das eine, dann das andere. Um Missverständnissen vorzubeugen: Erst leise, dann laut – vorausgesetzt, euch ist überhaupt danach. Die meisten Frauen stöhnen ja nicht, wenn wir sie auf Wolke sieben penetrieren, sondern eher, wenn wir freitags länger arbeiten müssen oder keine lactosefreie Milch gekauft haben. Wir mögen eher diese unbeabsichtigten Stöhner, die euch rausrutschen, wenn wir beim Sex mal etwas richtig gemacht haben. Auf der anderen Seite wissen wir aber auch, dass ihr gern Sexbomben wärt und uns zeigen möchtet, wie glücklich wir euch gerade machen. Aber das ist gar nicht nötig, denn mit dem Stöhnen ist es wie mit dem Reden: Ein bisschen, wohldosiert und zur rechten Zeit ist genau richtig. Aber wenn ihr zu laut werdet oder kein Ende findet, stehen wir da nicht so drauf. Stöhn-Shows erinnern an Pornostars und Prostituierte. Ihr seid besser.

121 Reizt es euch, wenn wir frech sind?

Oh ja, dann fühlen wir uns herausgefordert. Am frechsten dürft ihr sein, wenn uns beiden klar ist, dass wir früher oder später übereinander herfallen wie die Karnickel über eine ungemähte Löwenzahnwiese. Wenn ihr schon wisst, dass ihr uns in der Hand habt (im direkten und übertragenen Sinn). Wenn euer Blick auf die Erektion in unserer Hose fällt und ihr etwas sagt wie »Oje, habe ich die Beule da reingemacht?« Dieses Spiel mit unseren offensichtlichen Wünschen gefällt uns. Das alte Kater-und-Maus-Spiel. Wie Angeln, nur ohne Wurm. Oder auch mit Wurm, aber ohne Haken. Es geht ums Zappelnlassen, da stehen wir total drauf. Was wir nicht so mögen, ist plumpe Frechheit. Wenn ihr im Restaurant all unsere Pommes esst, das letzte Bier im Kühlschrank trinkt oder uns ständig korrigiert, wenn wir eine Geschichte über unsere Heldentaten vielleicht ein wenig ausbauen. So ein Verhalten könnt ihr durch Charme oder ein gehaucht-unterwürfiges »Entschuldigung« gutmachen, aber auf Dauer törnt es uns ab. Wenn ihr allerdings genau wisst, was ihr da gerade tut und uns mit einem Lächeln zeigt, dass ihr hier gerade bewusst eine Grenze übertretet und gern in die Schranken gewiesen werden würdet, dann weckt das den Mr. Grey in uns, und wir holen sofort den Helikopter raus.

122 Welchen Typ Frau sucht ihr auf Pornoseiten am liebsten?

Was denkt ihr eigentlich von uns? Dass es da einen Typ Frau gibt, bei dem alle Männer sofort durchdrehen, mal abgesehen von Megan Fox? Was wir auf Pornoseiten suchen, hängt von unserer Tagesform ab. Ihr müsst euch das vorstellen wie beim Internet-Shopping. Da sucht ihr ja auch nicht immer ein schwarzes Kleid. Vielleicht habt ihr heute Lust auf Rot, morgen auf Braun und übermorgen auf beide Farben zusammen. Darüber hinaus lassen wir uns auf Pornoseiten auch gern überraschen und inspirieren. Masturbation ist wie Kunst: absolut unberechenbar. Ihr könnt diesen Moment mit einem Maler bei der Arbeit vergleichen. Die Muse ändert sich, aber der Pinsel in der Hand bleibt der gleiche.

123 Steht ihr bei Dessous auf den Leopardenlook?

Ja und nein. Irgendein Modemensch hat mal gesagt, es ginge nicht darum, *was* man trägt, sondern *wie* man es trägt. Okay – wahrscheinlich hat der weder als Litfaßsäule verkleidete Karnevalistinnen noch Skihüttenpartys in Goretex gesehen. Denn in Wahrheit geht es nicht darum, *was* man trägt oder *wie* man es trägt, sondern immer darum, *wer* es trägt. Zahllose Modezeitschriften veröffentlichen während der ruhigen Phase zwischen den Modeschauen ebenso zahllose Artikel über die Kunst, den Leopardenlook zu tragen, und zeigen Fotos von Schauspielerinnen und Topmodels, die darin großartig aussehen. Aber die sehen auch im Elefanten- oder Faultierlook toll aus. Doch Sex findet weder auf dem roten Teppich noch auf dem Hochglanzcover statt, und der Leopardenlook ist der Porno des kleinen Mannes. Für Millionen von eher proletarisch angehauchten Arbeiterklasse-Klischeekerlen, für ein paar Althippies und eine Handvoll Großwildjäger ist Leo-Wäsche der Inbegriff von Sexyness. Nicht, weil ein Leopard für grazile Bewegungen, ein weiches Fell und ein kehliges Schnurren steht, sondern weil Sex auch eine prollige Seite hat. Warum fahren wir sonst auf Frauen wie Lara Croft oder Megan Fox, auf all die drallen Blondchen und die

Ghetto-Chicas ab? Warum machen zahllose Hollywoodstars ihren Hausmädchen Kinder? Es gibt eben ein paar Dinge auf der Welt, über deren ursprüngliche sexuelle Strahlkraft Einigkeit besteht – auch wenn sie nicht sehr tiefsinnig sind. Dazu gehören Dienstmädchenuniformen, kurze Röcke, enge Jeans, tiefe Ausschnitte über großen Brüsten, hohe Absätze und Leopardenfummel. Sicher könnte man darüber lange nachdenken und dann noch längere Leitartikel zum Thema schreiben. Aber Sex findet eben nicht im Kopf statt, sondern unter der Gürtellinie.

124 Wie bringt ihr auf Dating-Apps wie Tinder und Co. die Mädels in die Kiste?

Gar nicht. Die Apps zeigen nur, wer theoretisch bereit wäre, mit einem gut aussehenden, charmanten Typ in die Kiste zu gehen. Aber solche Typen brauchen keine Apps. Ein Lächeln von ihnen bewirkt mehr als jedes retuschierte Facebook-Bild, mit dem die Dating-App auf Kandidaten hinweist. Wer erst von seinem Handy gefundene Profile mit Frauengesichtern in der Umgebung abgleichen muss, wirkt wie ein verwirrtes Mitglied von *Raumschiff Enterprise*, das per Scanner neue Lebensformen sucht. Die meisten von uns Männern haben mindestens eine Schwäche, oft zwei, in Ausnahmefällen auch mal drei. Wir laden uns die Dating-App herunter und denken, weil wir nun wissen, wer in unserer Umgebung auf der Suche ist, hätten wir plötzlich alle Chancen. Etwa so: Die App meldet sich, wir reagieren George-Clooney-mäßig und liegen hundert Meter weiter mit heruntergelassener Hose auf der nächsten Grünfläche unter Julia Roberts. Pustekuchen. Es gibt eine Menge Zeichen dafür, dass eine Frau Single ist: ein weißer Strich am Ringfinger, dort, wo einst der Ehering steckte, oder ein T-Shirt mit dem Aufdruck »Habe ich hier gerade Penis gehört?«. Aber all das ist kein Garant für Sex. Denn wie sagte einst Doc Emmett Brown in *Zurück in die Zukunft III:* »Die Zukunft ist, was du daraus machst.« Ein Spruch, den jeder Mann verinnerlichen sollte, bevor er sich eine Dating-App herunterlädt. Für Singlefrauen allerdings, die Männer suchen, sind Dating-Apps so etwas wie ein Designer-Outlet-Store. Sie können sich in Ruhe alles anschauen und sich nehmen, was sie brauchen, ohne groß nachdenken zu müssen. Und finden dann ein, zwei gute Sachen, die billig zu haben sind. Aber das perfekte Teil ist am Ende doch wieder nicht dabei.

Reizt euch Blümchensex überhaupt noch? 125

Ja. Das ist wie mit der Mode: Die guten Sachen kommen immer wieder hoch – oder bleiben allzeit en vogue. Schwarz ist ja auch immer angesagt. Außerdem ist die ganze Spielzeug-Fetisch- und Extremsexnummer ja auch mit einer Menge Aufwand und Erfahrung verbunden: Bis da das Zimmer die richtige Temperatur hat, die Vibratoren aufgeladen, das Gleitgel warm gestellt und alle Beteiligten genau richtig angetrunken sind – bis dahin ist die Liebste meist eingeschlafen, weil sie einen harten Tag hatte. Deshalb ist und bleibt der sogenannte Blümchensex die praktischste Alternative für das Entspannungsprogramm am Abend. Außerdem erleben wir gerade an jeder Ecke des Lebens so viel abgefahrenes Zeug, dass ein wenig Normalität am Ende des Tages (oder in der Mittagspause) plötzlich ganz außergewöhnlich erscheint. Erinnern wir uns doch an das erste Mal. Oder an die Zeit, in der es nur um Sex ging, ohne all das Brimborium drumherum. War das nicht toll? Und was heißt hier überhaupt »Blümchensex?«. Es gibt unter den Blumen Schlingpflanzen, Blumen mit Dornen und jede Menge giftige Gewächse. Blümchensex als langweilige Missionarsnummer abzustempeln würde der Lieblingsbeschäftigung vieler Deutscher unrecht tun. Vor hundert Jahren war das nackte Bein einer Frau erotisch. Müssen wir sie heute gleich ans Bett fesseln und mit allem Möglichen bearbeiten? Nein. Oder zumindest nicht immer. Hier ist weder schwarz (Extrem) noch weiß (Blümchen) noch grau (Mr. Grey) richtig. Denn es sind nicht Blümchen-, Fetisch- oder Fesselsex, die uns reizen, sondern ihr, die Stimmung und der Moment, den wir gemeinsam schaffen und ausleben. Stellt euch vor, wir haben einen Monat nicht gevögelt – wir würden für Blümchensex töten. Oder wenn wir euch jahrelang bearbeitet haben und ihr euch endlich mit uns einlasst – da wollen wir euch auch nicht gleich in den Po. In solchen Situationen kann Blümchensex das höchste der Gefühle sein, es sei denn, wir sehen euch nicht als Person, sondern nur als Lustobjekt. Dann genügt uns Blümchensex wahrscheinlich nicht. Aber dann solltet ihr eh keinen Sex mit uns haben. Da hat am Ende keiner etwas davon.

126 Von welcher Sexfantasie würdet ihr uns nie erzählen?

Wenn wir immer nur Kuschelsex haben, träumen wir wahrscheinlich davon, euch mal einen Buttplug hinten reinzustecken. Meist ist die Fantasie das Gegenteil der sexuellen Realität. Wir wollen halt Abwechslung. Was dachtet ihr denn? Dass wir als Biene verkleidet mit erhobenem Stachel um euch in Blümchenwäsche herumschwirren möchten? Ihr surft wohl zu viel auf Fetischseiten. Das finden wir prinzipiell gut, aber unsere intimsten Sexfantasien findet ihr dort nicht. Googelt mal die »Liste von Abkürzungen in der Sexarbeit«. In diesem Job werden nur Sexfantasien befriedigt, die Männer ihren Frauen nie erzählen würden. Da stehen etwa NS (»Natursekt«), FE (»Fußerotik«), DWT (»Damenwäscheträger«), Französisch total (»Fellatio mit Sperma in den Mund«), GB (»Gesichtsbesamung« bzw. »Gangbang«) oder LLL (»Lack, Leder & Latex«). Aber keine Sorge: Oft möchten wir diese Fantasien gar nicht wirklich ausleben – und schon gar nicht mit euch. Weil wir uns dabei vielleicht von einer Seite zeigen müssten, die nicht zu unserem Beziehungs-Ich passt und die euch vielleicht sogar anekeln oder verstören könnte. Wir gehen ja auch nicht im Badezimmer aufs Klo, wenn ihr euch dort schminkt. Denn zum Glück müssen wir nicht alles mit euch teilen. Das gilt für die Fantasien im Bett ebenso wie für die Pommes im Restaurant.

Steht ihr auf Cyber-Sex? 127

Nein, meist nicht. Wir schauen zwar gern Pornos und holen uns auch vor dem Monitor einen runter, ohne die Kamera abzukleben, aber wenn wir so direkt mit einer anderen Frau Intimes über das Netz teilen, wissen wir nie, ob nicht auch NSA, KGB oder Edward Snowden zuschauen. Okay, sobald wir den Halbmast der Erregung überschritten haben, denken wir über so etwas nicht mehr nach, aber für uns Männer gibt es zwei Arten der Sexualität: die digitale und die analoge (nein, nicht in den Po). Bei der ersten sind wir allein, bei der zweiten am liebsten zu dritt, aber in Wahrheit dann doch zu zweit. All die Fenster mit Frauen, die sich uns auf Sexseiten in Eros-Chat-bereiter Pose anbieten, sobald wir mal versehentlich eine nicht vertrauenswürdige Website angeklickt haben, schließen wir sofort. Interessiert uns nicht. Wenn wir uns schweinische Seiten anschauen, dann haben wir die Hände meist eh nicht zum Tippen frei. Okay, sicher gibt es da ein paar schlichtere oder weniger abgebrühte Gemüter aus wertkonservativen oder fundamentalistischen Ländern, die sich freuen, wenn sie »Zeig mir deinen geilen Arsch« in ein Chatfenster tippen können und ihnen prompt eine Kehrseite auf dem Bildschirm entgegenstrahlt. Aber das sind dann auch meist Leute, die in der Kneipe oder auf dem Oktoberfest Ähnliches von sich geben und eines Tages wegen sexueller Belästigung eingesperrt werden. Ja, ja, vielleicht ist das wieder etwas übertrieben, denn sicher ist Cyber-Sex mit Fremden auf Joyclub oder so total geil. Aber irgendwie erinnert das einen doch auch an *Sex Games* auf dem C 64, wo man mit dem Joystick in Vögelgeschwindigkeit hin- und herwackeln musste, während es eine männliche Comicfigur einer weiblichen von hinten besorgte. Und abends wollten die Eltern wissen, woher die Sehnenscheidentzündung kam.

128 Warum löscht ihr eigentlich nicht immer euren Verlauf, nachdem ihr Sexseiten besucht habt?

Machen wir doch. Okay, es kann sein, dass wir das mal vergessen. Aber dann können wir sicher sein, dass ihr es uns brühwarm vorhaltet, sobald die Auto-Fillout-Funktion aus eurem »Youtube« plötzlich unser »Youporn« macht. Wir sind halt nach dem Sex manchmal ein bisschen verschusselt, genau wie ihr. Da müssen wir dann Taschentücher entsorgen, vielleicht die Gleitcreme wegschließen, uns wieder in der Realität zurechtfinden – und wer denkt da schon an so Formalitäten wie das Löschen des Browserverlaufs? Ihr löscht doch auch nicht den Verlauf, wenn ihr auf Zalando geshoppt (fünf Euro in die Klischeekasse, ach was, machen wir zehn draus) oder auf gala.de die Royals gestalkt habt. Was stört euch also an unserem Faible für Pornografie? Wie? Auf Zalando sieht man nicht, wie es zehn Cowboystiefel einer Ballerina besorgen? Und die Royals ziehen sich eher schick an als schick aus? Und überhaupt masturbiert ihr auch nicht vor gefüllten virtuellen Warenkörben oder Bildern von Prinz Carl Philip von Schweden – auch wenn ihr bei ihm vielleicht mal in Versuchung geraten seid? Okay, ist gut. Offen gestanden leeren wir den Browserverlauf schon sehr oft, ansonsten wärt ihr schockiert, wie oft wir uns solche Seiten ansehen. Deutlich öfter, als ihr bei Zalando bestellt oder nach den Royals schaut. Aber es schadet sicher nicht, sich öfter mit den Lieblingslinks des anderen auseinanderzusetzen. Möglich sind ja auch Kombinationen: erst Royals, dann Youporn und am Ende Shopping. Klingt nach einem gelungenen Abend, oder?

Was ist jetzt mit den Handschellen? Gut oder schlecht? 129

Das wäre auch eine gute Frage für ein Demokratie-Seminar bei der Polizei. Die Antwort ist bei den Beamten die gleiche wie beim Sex: Kommt ganz darauf an, was man vorhat. Generell sind Handschellen erst mal gut – also richtige Handschellen aus Metall, nicht dieser Chi-Chi mit Puschel drumherum (oder Kabelbinder – da ist die Polizei so gut ausgestattet wie ein Basis-SM-Workshop). Sie zeugen von einem Besitzer, der im Bett mehr vorhat, als den westlichen Standard abzuliefern. Außerdem stoßen sie das aktiv-passiv-Spiel an: Der Partner in Handschellen ist bewegungsunfähig und ausgeliefert, deshalb liebt die Polizei Handschellen ja so: Menschen, die sich nicht wehren können, sind eben einfacher zu handhaben. Womit wir bei dem entscheidenden Gegenargument wären: Will man das? Jemanden, der sich beim Sex nicht groß bewegen kann? Da ist ja weniger Action drin als in der Missionarsstellung. Aber manchmal mögen wir dieses Spiel. Wobei gilt: Wer die Fesseln trägt, macht in Wahrheit die Regeln. Er (ja, ja oder »sie«) gibt vor, was er mit sich machen lassen möchte oder nicht. Und »Autsch« ist kein Safeword. Weder beim Sex – noch bei der Polizei.

130 Was dürfen wir beim Dirty Talk sagen – und was sollten wir besser lassen?

Generell mögen wir es ja lieber, wenn ihr etwas weniger redet. Das ist beim Sex nicht anders als beim Frühstück. Aber wir wissen ja auch, dass euch das nicht so leichtfällt. Also: Alles, was ihr beim Sex kehlig, unverständlich, verloren und im Eifer aus euch herausstöhnt, ist Musik in unseren Ohren – selbst wenn es bloß ein »Oh mein Gott« ist, das jeder Drehbuchautor aus jeder Sexszene streichen würde. Ansonsten gilt die gleiche Nettikette wie beim ersten Kennenlernen: Auf keinen Fall solltet ihr unsere Mutter erwähnen. Oder eure Mutter. Und keine Themen aus der Politik. Auf keinen Fall den Holocaust. Oder den Namen eures Exfreundes. Was wir mögen? Na ja, wir werden gern gelobt, auch das ist im Bett nicht anders als in der Bar. Ein überzeugendes »Ja, so mag ich es!« verschafft uns den Ansporn, bis zum nächsten Lob durchzuhalten. Oder wenn ihr uns beim Sex sagt, was ihr von uns wollt. Also jetzt kein »Kauf mir endlich mal eine Prada-Tasche«, sondern eher ein »Komm mal hinter mich«. Aber eigentlich geht es nicht darum, was ihr sagt, sondern, wie. Wenn ihr mit Gier in den Augen stöhnt, dass ihr uns ficken wollt, ist das zwar vulgär, aber macht uns an, weil es von Herzen kommt – oder wenigstens zwischen den Beinen her. Also macht euch bitte keine Gedanken, legt euch keinen Satz zurecht, lernt um Himmels willen nichts auswendig. Ein »du geiler Hengst, ich will deinen Liebeskrieger in meiner Lustgrotte spüren« kaufen wir euch nicht ab. Weil wir Gentlemen sind, würden wir dieser Bitte aber trotzdem nachkommen.

Wie tief darf unser Ausschnitt beim ersten Date sein?

131

So tief, dass wir euch nach dem Date Trinkgeld geben. Blöde Antwort, stimmt's? Das liegt aber hier leider auch an der nicht ganz so schlauen Frage. Denkt doch mal nach: Ihr fragt einen Mann, wie viel er von eurem Dekolleté sehen möchte. Die Antwort ist doch klar: alles! Von uns aus könntet ihr immer oben ohne rumlaufen. Was glaubt ihr, warum Halbnacktheit in so vielen Saunaclubs prima funktioniert? Ach, ihr meint, das sei etwas anderes, weil Prostituierte mit ihren körperlichen Reizen werben müssen? Also erstens setzt jeder seine körperlichen Vorzüge für seine Zwecke ein, sonst gäbe es keine Fitnesscenter, kein Pilates und keine Schönheits-OPs. Zweitens geht es doch bei Dekolletés, engen Klamotten, kurzen Röcken und hohen Stiefeln um Sex. Auch bei jeder Menge anderer Kleidung (eigentlich geht es ja immer um Sex), aber eben besonders beim tiefen Ausschnitt. Daher der Begriff »Trinkgeld-Ausschnitt«. Der gehört ja beim Oktoberfest-Dirndl schon zum Standard. Aber in Wahrheit würden wir Männer nicht wegen eines tieferen Ausschnitts mehr Trinkgeld geben, sondern eben wegen guter Bedienung. Dieses Prinzip gilt auch für das erste Date: Da sammelt ihr keine Pluspunkte mit einem tiefen Dekolleté, aber gebt uns zu verstehen, dass ihr Sex tendenziell mit uns nicht von vorneherein ausschließt (und auch nicht von hinten herein, muahaha). Deshalb zieht doch einfach an, worauf ihr Bock habt und worin ihr euch wohl und sicher fühlt. Denn egal, wie verheißungsvoll der Ausblick auf schöne Brüste ist – wir haben bestimmt schon mal welche gesehen. Und am Ende strahlen euer Charme, euer Charakter und eure Art viel mehr Sex-Appeal aus. Selbst mit Rollkragenpullover könnt ihr sexier sein als die Oben-ohne-Schwalben im Saunaclub. Glaubt ihr nicht? Dann fragt euch mal, warum wir zu euch gehen und nicht zu denen.

132 Verliebt ihr euch leicht oder schwer?

Leicht, viel zu leicht. Das geht morgens mit der Bäckereifachverkäuferin los und endet abends bei der Barkeeperin, der Babysitterin oder Hauptdarstellerin des Spielfilms. Zur Not verlieben wir uns auch in die Tagesthemen-Sprecherin. Selbst wenn wir in langjährigen Beziehungen stecken, träumen wir von anderen Frauen. Was glaubt ihr, warum wir euch ständig hinterherschauen? Weil wir uns gern in euch verlieben. Jetzt würdet ihr eigentlich gern gleich Schluss machen? Wie scheinheilig. Die Frage war doch, wie leicht wir uns verlieben – nicht wie leicht wir bereit sind, euch aufzugeben oder eine feste Beziehung einzugehen. Das ist die Stufe danach – und die nehmen wir nicht so leicht. Mit euch ist das doch auch so losgegangen. Nur ihr seid eben die eine, bei der wir den nächsten Schritt gewagt haben. Vergleicht es mit eurem Faible für Handtaschen. Irgendwann seid ihr an einem Schaufenster vorbeigegangen und habt diese eine Tasche gesehen, die euch nicht mehr aus dem Kopf gegangen ist, die irrsinnig teuer war und die ihr trotzdem haben musstet, weil sie einfach perfekt zu euch passt. Sie ist die eine. Und trotzdem verliebt ihr euch jede Saison in eine andere.

Seid ihr bei einem Dreier eigentlich eifersüchtig?

133

Manchmal, wenn ihr uns zwischendurch zu lange warten lasst. Wenn wir sehen, dass ihr mit dem oder der Dritten im Bunde mehr Spaß habt als mit uns. Dann kommen die alten Verhaltensmuster aus der Schule wieder hoch, als es darum ging, wer mit wem spielt – und wie lange. Der Dreier sieht so harmonisch aus, wenn man ihn googelt, aber in der Realität läuft er nicht immer rund. Warum sollte das beim Sex anders sein? Wie im Film geht es immer darum, wer wen mehr liebt und was er für ihn oder sie aufgibt. Der Klassiker: Ein reiferes Paar legt sich eine jüngere Frau zu – und am Ende stehen beide mehr auf die jüngere Frau als auf einander. Damit muss man als Paar erst mal umgehen können. Am besten könnte es laufen, wenn sich drei Leute wirklich nur zu dem Zweck finden, es zu dritt zu treiben – ohne Erwartungen und Verpflichtungen. Aber auch dann steht wahrscheinlich irgendwann einer im Abseits. Beim Dreier zählt gute Erziehung. Nicht, weil man hier die Hände in den Schoß legt, sondern weil man dabei teilen muss. Dazu gehört, den anderen ihren Spaß zu gönnen, sich zurückzunehmen und wieder einzubringen. Es ist eine vermeintlich freie Spielart der Liebe, die festen Spielregeln folgt. Leider gehört beim Dreier auch Eifersucht dazu. Das ist wahrscheinlich der wahre Grund, warum wir so gut wie nie einen haben.

Warum mögt ihr kein Gleitgel?

134

Weil wir Sensibelchen Gleitgel als Sinnbild unseres Versagens betrachten. Wenn ihr nach der Tube greift, glauben wir, dass wir euch nicht genug in Wallung bringen – sonst wärt ihr ja feucht. Da sind wir wie Klempner, die ein bisschen herumschrauben und erwarten, dass alles läuft. Gleitgel ist ein Hilfsmittel, und Männer brauchen keine Hilfe. Dass es eben Tage gibt, an denen ihr einfach nicht feucht werdet, weil ihr Stress habt, müde seid oder euch mal wieder um irgendwas sorgt, können wir uns nicht vorstellen. Und statt eine anfängliche Dürrephase mit ein wenig Flutschi zu überwinden, rubbeln wir an euch herum, bis ihr statt Gleitgel Wundsalbe braucht. Dabei sind wir sonst praktisch veranlagt: Wir fetten unsere Fahrradkette vor jeder Radtour, ölen quietschende Türen und klemmende Schlösser. Nur euch möchten wir nicht einfach Leidenschaft auf Wasserbasis zwischen die Beine schmieren. Ihr seid ja kein Fahrrad und auch keine Tür. Wir erwarten, dass sich eure Begierde in verzehrender, nasser Aufnahmebereitschaft zeigt – als natürliche Reaktion auf unseren Sex-Appeal. Ja, das ist ein bisschen blöd, aber so sind wir eben. Es gibt allerdings einen Weg, uns die Angst vor Gleitgel zu nehmen und uns mit diesem neuen Medium vertraut zu machen. Aber der führt, nun ja, durch die Hintertür.

135 Wie findet ihr es, wenn wir keine Unterwäsche »drunter« tragen?

Nicht ganz so gut, als wärt ihr vollkommen nackt, aber es ist der richtige Weg. Wenn wir wissen, dass ihr keine Unterwäsche tragt, teilen wir ein intimes Geheimnis. Als hättet ihr Bluetooth-Liebeskugeln drin und wir die Fernbedienung. Zumindest fühlen wir uns so. Klar stellt sich immer noch die Frage, was ihr über der nicht vorhandenen Unterwäsche anhabt. Wenn ihr jetzt keine Unterwäsche tragt, aber darüber eine Ritterrüstung, bringt uns das nicht viel. Bei mehrschichtiger Outdoorbekleidung liegt der Fall ähnlich: Wenn wir euch minutenlang ausziehen müssen, verlieren wir die Lust. Tragt ihr allerdings nur einen Rock, am besten noch einen kurzen und darunter nichts, sodass wir euch im Zweifelsfall sofort vögeln könnten (sorry, ist leider eine dieser chauvinistischeren Männerfantasien), dann finden wir das unheimlich aufregend. Wenn ihr uns vielleicht noch wissend angrinst oder uns bestenfalls *Basic-Instinct*-artige Einblicke gewährt, dann können wir die Augen nicht von euch lassen. Es sei denn, wir sind Unterwäsche-Fetischisten. Dann habt ihr verloren.

Wieso rasiert ihr euch untenrum eigentlich nicht? 136

Weil wir der animalische Part der Beziehung sind, wie bei *Die Schöne und das Biest*. Und Biester sind eben haarig. Oder könntet ihr euch Hugh Jackman als Wolverine mit einem haarlosen Schniedel vorstellen? Darüber hinaus rasieren wir uns einfach nicht gern. Klar gibt es Ausnahmen: Banker über 50, Wirtschaftsprüfer oder Vorstandsvorsitzende, die durch Glattheit Seriosität vorgaukeln. Die Mehrheit von uns aber lehnt eine Glattrasur ab – Barttrend hin oder her. Zum einen verlieren wir beim Rasieren viel Blut. Denn Papa hat uns zwar gezeigt, wie man eine Kreissäge bedient, aber vergessen, uns über die Tücken eines Fünf-Klingen-Rasierers aufzuklären. Deshalb lassen wir den Schaum nicht lange genug einwirken und säbeln in die falsche Richtung, bis wir aussehen wie Statisten aus *The Walking Dead*. Im Gesicht geht es ja noch: Da wischen wir uns einfach das Blut an eurem blütenweißen Handtuch ab. Untenrum ist die Rasur extrem gefährlich: Wenn wir uns kurz nicht konzentrieren, schneiden wir in eine der vielen Unebenheiten. Nach so einer Verletzung müssen wir dann das Bad neu streichen. Die Haare mit dem Trimmer zu stutzen ist auch keine Alternative, der reißt genauso fiese Wunden, weil sich immer wieder Haut zwischen den Abstandshaltern verfängt. Der Erste, der einen guten Pimmelrasierer auf den Markt bringt, wird garantiert Millionär. Bis dahin bleiben wir buschig. Aber ist das wirklich so schlimm? In der Komödie *Leg dich nicht mit Zohan an* denkt man bis zur Hälfte des Films, der Protagonist wird wegen seines großen Genitals von den Frauen begehrt. Doch dann stellt Adam Sandler alias Zohan klar: »Nein, der Busch ist das Größte. Die Frauen stehen drauf, ist wie ein Kissen.« Und wir würden ja alles dafür tun, dass ihr euren Kopf zwischen unsere Beine legt.

137 Steht ihr echt auf Schuluniformen? Ist das nicht irgendwie pervers?

Nein, denn wir stehen auf die Schuluniformen, nicht auf die Schulmädchen. Wenn die eine Uniform anhaben, lässt uns das total kalt. Warum wir dann überhaupt auf die Uniformen stehen? Erstens: der kurze Rock. Zweitens: der kurze Rock. Der dritte Grund ist die seltsame Anziehungskraft, die von Uniformen ausgeht. Ihr kennt das vielleicht von Polizisten. Die winken euch ran, kommen rüber, lassen euch das Fenster runterkurbeln und reden irgendetwas von Verwarnung, aber ihr denkt nur: Was für ein Kerl! Ist das nicht so? Im Rekrutierungsbüro der Landespolizei kursieren jedenfalls die wildesten Gerüchte. Egal. Uniformen haben immer etwas Gutes, das wir gern ins Verderben ziehen möchten. Polizistinnen brauchen nicht mal einen Rock zu tragen, die Symbiose aus Zugeknöpftheit und Pferdeschwanz genügt vollkommen. Neben dem Rollenspiel könnte bei den Schulmädchenuniformen auch der ewige Wunsch nach ewiger Jugend eine Rolle spielen – wobei das dann bedeuten würden, dass wir wegen der Leidenschaft für Polizistinnen auch den Wunsch verspüren müssten, artig zu sein, also vergessen wir's. Es kann also nur an der Schulmädchenuniform an sich liegen, dem Schnitt und, wie gesagt, dem Rock. Bei wem das anders ist, wer vielleicht doch ein Auge auf die Schulmädchen geworfen hat, bei dem sollten schleunigst die echten Polizisten und Polizistinnen vorbeischauen. Am besten gleich die Zivilen von der Kripo, auch wenn er da vielleicht nicht so drauf steht.

Irritiert es euch auch so, wenn das Bett knarrt? 138

Nein, wieso? Welches Bett? Knarrt das? Wir sind beim Sex so fokussiert wie Poldi, dem der Trainer sagt, er soll rausgehen und ein Tor schießen. Oder wie Kasparov am Schachbrett, bevor er die Dame des Gegners flachlegt. Allerdings denken wir beim Sex nicht so weit voraus. Ach ja, das Bett. Schon wieder vergessen. Ja, manchmal kann es nerven, wenn es knarrt, aber wir merken das eigentlich eher an euch, weil ihr irgendwann in Gedanken beim Geräusch und nicht mehr bei uns seid. Wie viel Aufmerksamkeit wir dem Problem widmen, ist die nächste Frage. Denn klar stört so ein Geräusch, aber es ist auch so ein klischeehaftes, typisches Sexproblem, dass es schon wieder lustig ist. Außerdem tut es keinem weh und zeugt von gesundem Bewegungsdrang. Also: Sollte das Bett knarren, vögelt doch einfach kurz im Stehen weiter oder rückt ein bisschen zur Seite, bevor der Lattenrost bricht. Oder ihr geht einfach locker mit der Sache um, schaut uns verdutzt an und fragt: »Sollen wir vielleicht lieber eine orthopädische Schon-Stellung einnehmen? Dein Rücken klingt wirklich nicht gut.« Zu harmlos? Dann sagt einfach: »Da muss gestern irgendetwas kaputtgegangen sein, als mein Ex da war.« Daraufhin werden wir garantiert so laut, dass ihr nicht mehr an das knarrende Bett denkt.

139 Prahlt ihr vor euren Jungs mit euren sexuellen Qualitäten?

Nie. Warum denn auch? Wir wollen sie ja nicht abschleppen. Wenn überhaupt, prahlen wir mit euren sexuellen Qualitäten. Das macht die Jungs wenigstens eifersüchtig. Die meisten Männer sind ja eh nicht wirklich von ihrem Können überzeugt. Überall lesen wir, dass ihr Orgasmen vorspielt und Blümchensex jetzt sterbenslangweilig findet. Das verunsichert uns. Wenn trotzdem mal jemand einen Weg gefunden hat, euch zu entschlüsseln, weiß er, dass er damit nicht hausieren gehen sollte, weil er sonst aus der Kategorie »begehrenswerter Sexgott« herausfliegt und zu einem blöden Prahlhans wird. Ach ja, es gibt natürlich noch die berüchtigten Dreibeinigen, die angeblich auch ohne Empathie und Ratgebergewälze erfüllenden Sex bieten können. Die sind vielleicht nicht in der Lage, sich euren Namen zu merken, wissen aber, dass die Messlatte für sexuelle Qualitäten zwischen ihren Beinen baumelt. Aber die haben es auch nicht nötig zu prahlen, die ziehen einfach enge Hosen an.

140 Mögt ihr Zuschauer beim Sex?

Da ähnelt mal wieder der Sex dem Fußball: Auf Hooligans, die herumpöbeln oder sich schlagen wollen, während wir Sex haben, stehen wir überhaupt nicht. Ebenso wenig auf lachende Leute, die mit dem Finger auf uns zeigen, oder auf fundamentalistische Sittenwächter. Beim Sex bevorzugen wir Menschen mit erotischer Ausstrahlung, die dürfen dann auch gern zuschauen, weil sie sich durch ihre Ausstrahlung immer ein bisschen ins Spiel bringen. Oder auch ein bisschen mehr. Wir mögen auch gut aussehende oder in irgendeiner Form anziehende Paare, die zuschauen. Den übergewichtigen Rentner würde wohl auch der passionierte Exhibitionist als Zaungast ablehnen. Für die meisten von uns ist Sex aber trotz seiner Allgegenwart in den Medien immer noch Privatsache. Diese Intimität allein schon durch Blicke zu teilen kann reizvoll sein – aber dafür sind die meisten von uns zu verklemmt. Allerdings schauen wir gern anderen zu – nicht nur am Monitor, schließlich sind wir eher Voyeure als Exhibitionisten. Weil es bequemer ist. Sich beim Sex beobachten zu lassen bedeutet nämlich auch, die geballte Erotik anderer und ihre ungesteuerte Leidenschaft auszuhalten. Man ist gleichzeitig Objekt ihrer Begierde, kann sie aber nicht aktiv beeinflussen. Für dieses Spiel braucht man schon eine Menge sexuelles Selbstbewusstsein, und das haben selbst die größten Prahlhänse unter uns nicht. Außerdem neigen Männer zum Onanieren, wenn sie andere Leute vögeln sehen. Und bei Zuschauern haben einfach auch viele von uns Angst, von fremdem Sperma getroffen zu werden.

Habt ihr immer noch Bock auf die Zigarette danach? 141

Rauchen war ja früher sexy. Und als Exraucher haben wir eh ständig Bock auf Zigaretten – auch nach dem Sex. Der von Fachwortfetischisten als »postkoitaler Zustand« bezeichnete Moment ist auch gut, um überhaupt erst mit dem Rauchen anzufangen. Denn entweder ist man danach total entspannt (er) oder total frustriert (sie). Oder man hat ein schlechtes Gewissen, weil man eigentlich gar nicht miteinander hätte vögeln sollen (sie und er). Da hilft eine Zigarette, um die verlegene Stille zu füllen. Schon gut: »Rauchen kann die Spermatozoen schädigen und schränkt die Fruchtbarkeit ein«, steht auf der Packung. Für One-Night-Stands wäre das ja mal eine gute

Nachricht, die Marlboro ersetzt das Kondom. Okay, okay, im Nachhinein bringt die Zigarette verhütungstechnisch auch nichts mehr. Außerdem gibt es ja noch Warnhinweis 2: »Rauchen kann zu Durchblutungsstörungen führen und fördert Impotenz.« Allerdings treten beide Symptome nach dem Sex sowieso bei Männern auf. Die Zigarette danach ist aber mehr als nur eine Zigarette. Sie ist eine abschließende gemeinsame Geste auf dem Rückweg in die Zivilisation. Zwei Menschen haben wie Tiere gevögelt und machen jetzt noch mal zusammen etwas, das Tiere eben nicht können. Sie nehmen sich Zeit, den Akt noch einmal gemeinsam Revue passieren zu lassen. Die Zigarette danach zu rauchen bedeutet, sich eine Auszeit für sich zu nehmen, eine gemeinsame Auszeit, in der eigentlich nur sichtbar miteinander geatmet wird. Sich da über stinkende Zimmer, verquarzte Klamotten oder geschädigte Spermatozoen zu beschweren wäre kleinlich.

142 Dürfen wir unserem Partner von dem netten und attraktiven Kollegen vorschwärmen, der uns immer Komplimente macht?

Ja, aber nur einmal. Höchstens. Besser aber seltener. Diesen Kollegen beneiden wir ja sowieso schon, denn er verbringt mehr Zeit mit euch als wir. Dass er euch auch noch Komplimente macht, heißt: Er erkennt, wie toll ihr seid. Dass er nett und attraktiv ist, können wir gut wegstecken, denn das sind wir auch – die meisten Männer leiden in punkto Ego ja eher an Realitätsverlust als an Selbstzweifeln. Aber wir sind auch kleine Götzen, die keinerlei Götter neben sich dulden. Wenn ihr von ihm schwärmt, ist das fies. Wir werden natürlich so tun, als ob es uns kaltlässt, aber bei der erstbesten Gelegenheit reiben wir euch die Schwärmerei unter die Nase.

Ihr klagt über die Arbeit? Kann ja nicht so schlimm sein, weil euch ja jener Kollege den Tag versüßt. Wenn ihr zur Betriebsfeier geht, werden wir euch unterstellen, dass ihr euch nur für ihn hübsch macht, und wenn die Überstunden zunehmen, kommt es irgendwann zu unschönen Eifersuchtsszenen. Also lasst es einfach. Es ist sehr unhöflich, dem Menschen, der einen liebt, von einem anderen vorzuschwärmen. Ihr seid Frauen, ihr habt doch Feingefühl. Wir Männer würden so eine Frage gar nicht stellen. Denn wir kennen eure Antwort: »Wenn du noch einmal den Namen dieser Schlampe erwähnst, bringe ich sie um.«

Warum lasst ihr so viele Gelegenheiten zum Sex einfach sausen? 143

Machen wir das? Verdammt, wir haben es immer geahnt. Aber wir wollen ja nicht aufdringlich sein. Wieso verdreht ihr da die Augen? Dass es uns an Empathie und Sensibilität mangelt, wisst ihr doch schon lange. Wir trauen unserem Instinkt nicht mehr. Denn dieser Instinkt ist leider irgendwo in der Nähe unseres Triebs angesiedelt und hat uns schon gehörig an der Nase herumgeführt. Zum Beispiel, wenn ihr nah an uns herantanzt und wir instinktiv eine Erektion kriegen – was euch dann wieder total schockiert. Wir wissen halt nicht mehr so genau, woran wir bei euch sind. Jetzt fühlt ihr euch geschmeichelt, oder? Aber so wird die Sache ja auch nicht besser. Ihr wollt einerseits den Krieger, der euch zur rechten Zeit im Sturm erobert. Erwischt der Krieger euch auf dem falschen Fuß, setzt ihr ihn ohne Skrupel mit einem Elektroschocker außer Gefecht und verklagt ihn vor einem amerikanischen Gericht. Deshalb sind die Krieger unter uns vorsichtig geworden. Und ihr könntet ja manchmal ein bisschen unvorsichtiger werden: Gebt uns doch einen Fingerzeig – nicht der Finger, der durch das Daumen-Zeigefinger-Loch bohrt –, dann setzen wir ja wieder zum Sturm an. Wenn wir Lust haben. Denn manchmal wollen auch wir einfach keinen Sex. Zum Beispiel, wenn ihr von einem sogenannten »Mädelsabend« nach Hause kommt und euch kichernd auf uns werft. Denn dann seid ihr genau genommen nicht ihr selbst – aber wir stehen nur auf euch selbst. Oder wenn wir das hatten, was ihr »einen harten Tag« oder kürzer »Kopfschmerzen« nennt. Da ist uns Sex dann einfach zu anstrengend, und es hilft auch nichts, wenn ihr in eurer neuen Wäsche vor uns steht. Dann brauchen wir einfach echt eine Pause. Und zwar mindestens zehn Sekunden.

144 Lieber im Dunkeln oder bei Licht?

Bei Licht. Denn selbst die gröbsten Klötze unter uns sind im tiefsten Innern Ästheten – und ihr Frauen seid halt Schönheiten. Wir lieben jeden Zentimeter an euch und möchten jeden Zentimeter von euch sehen. Vor allem in Action: eure Lippen, die Halskuhle, die leichte Röte in eurem Dekolleté, eure Brustwarzen, den Bauchnabel und darunter die sagenumwobenen Feuchtgebiete. Was für Ästheten wären wir, all das gegen die simple Dunkelheit zu tauschen? Es gibt noch einen zweiten Punkt. Wir können uns im Dunkeln nicht zielführend bewegen. Wenn wir nichts sehen, verlieren wir die Orientierung, suchen an eurer Schulter die Brustwarze, liebkosen beim Vorspiel minutenlang einen Punkt drei Zentimeter neben eurem Kitzler, und am Ende landen wir auch noch versehentlich in eurem Po – obwohl ihr uns tausendmal gesagt habt, dass ihr keinen Analverkehr mögt. Spätestens dann gibt es Streit, und ihr macht sowieso das Licht an. Auf der anderen Seite verstehen wir natürlich, dass ihr noch so einen

Rest mädchenhafte Scham vorschützen und euch kichernd vor uns unter der Bettdecke verstecken wollt. Ist ja auch süß. Aber wir sind nun mal eher visuelle Typen. Noch ein Beispiel: Wir Männer schauen uns gern Pornos an. Eine beliebte Kategorie heißt POV, in der filmt der Mann beim Sex aus seiner Perspektive, dem Point of View (POV). Pornos im Dunkeln sind dagegen eher selten. Der einzige Ort, an dem Sex im Dunkeln für manche Männer funktioniert, ist der Darkroom. Allerdings sind die Männer dort auch meist unter sich. Im wahrsten Sinne des Wortes.

Warum möchtet ihr mit uns Pornos schauen? 145

Weil wir alles mit euch teilen wollen: Unser Haus ist euer Haus, unser Herz ist euer Herz, und unsere Pornos sind eure Pornos. Pärchen werden sich doch im Laufe der Jahre immer ähnlicher, was man erst an gleichfarbigen Goretex-Jacken und später an gleichförmigen Körpern sieht. Ihr möchtet doch immer, dass wir uns öffnen. Deshalb wollen wir einfach etwas sehr Intimes mit euch teilen: unsere Pornos. Und wenn wir dann gemeinsam anschauen, wie andere es in Positionen treiben, von denen wir bisher nur geträumt haben, teilen wir euch indirekt unsere Träume mit. So schmierig das jetzt auch klingt, ein bisschen Wahrheit steckt dahinter. Aber nur ein bisschen: Gemeinsam Pornos zu schauen ist exhibitionistisch (wir zeigen euch, was uns erregt) und voyeuristisch (ist klar, oder?) zugleich. Dazu schaffen wir eine Art Gruppensexszenario mit Leuten, die zwar vögeln, aber nicht wirklich anwesend sind. Wir teilen also eine schmutzige Fantasie mit einem wahrscheinlich sexuell recht attraktiven virtuellen Paar, das wir jederzeit beliebig manipulieren können (vorspulen, Pause, abschalten). Und ein bisschen, aber echt nur ein bisschen, hoffen wir vielleicht, dass wir mit euch genau das machen können, was wir auf dem Bildschirm sehen. Wäre doch nett – und würde unsere Beziehung bestimmt total voranbringen.

146 Habt ihr Vergewaltigungsfantasien?

Ja. Also das ist jetzt nichts, worauf wir stolz sind – und wir würden natürlich niemals wirklich eine Frau vergewaltigen. Es bleibt eine Fantasie. Wir träumen ja auch manchmal davon, dass wir fliegen können. Dabei spüren wir dann keinen Wind, der um uns herumzieht, bevor wir auf den Boden aufschlagen, sondern schweben einfach so dahin, wie beim Schwimmen. Ähnlich ist das auch bei der Vergewaltigungsfantasie. Da tun wir euch nicht weh, es ist vielmehr wie ein gut laufendes Rollenspiel, mit dem beide einverstanden sind. In diesen Fantasien weint niemand, es wird niemand emotional oder physisch verletzt, es ist vielmehr ein Spiel aus Dominanz und Unterwerfung. Dabei seid ihr vielleicht nicht sofort, aber dann doch ziemlich schnell genauso erregt wie wir. Am Ende sind beide glücklich, was bei einer echten Vergewaltigung natürlich ganz anders aussieht. Aber wie ist es denn bei euch – habt ihr denn Vergewaltigungsfantasien? Und wenn ja, würdet ihr das irgendjemandem erzählen?

147 Wie schafft ihr es, beim Gedanken an Sex den Alltag so schnell auszublenden?

Das wirkt vielleicht so spielerisch einfach, aber dahinter steckt harte Arbeit. Ein Beispiel, wofür ich etwas ausholen muss, aber ihr werdet sehen – eine ganz, wirklich ganz alltägliche Szene: Ihr kommt nach Hause und findet uns in unseren besten Klamotten vor, wir haben euer Lieblingsessen gekocht, auf dem Tisch stehen Blumen, im Schlafzimmer läuft ausnahmsweise die Heizung, sodass ihr euch am liebsten gleich ausziehen würdet. »Sexy Time!«, sollte man meinen. Aber in unserem Kopf dreht sich dann doch meist alles um Sorgen des Alltags: Hat der Chef heute wahrgenommen, wie sehr wir uns ins Zeug gelegt haben? War ich in der Konferenz zu forsch zu meinem Kollegen? Hat unser bester Freund wohl die vier Jahre zurückliegende Trennung zu seiner letzten Beziehung verkraftet? Wenn es morgen regnet, was ziehe ich dann an? Und wenn wir heute Abend Pasta essen und morgen Kartoffeln, wie viele Kohlenhydrate sind das, und ist es dann nicht zu wenig abwechslungsreich, übermorgen schon wieder zum Italiener zu gehen? Aber davon merkt ihr nichts, denn alles, was wir sagen, ist: »Hey, Baby, der neue Haarschnitt steht dir super. Es war die richtige Entscheidung, die langen Haare abzuschneiden. Wie war dein Tag?« Und ihr seid doppelt geschmeichelt, weil wir die neue Frisur überhaupt bemerkt haben, euch zudem noch hübsch finden und Sex mit euch wollen. Also macht ihr uns die Freude, euch massieren zu lassen, während ihr davon erzählt, wie ihr die Marketingkampagne durch ein »frisches Grün« noch mal gepusht habt – oder dass ihr ein neues Hotel entdeckt habt, in dem wir prima den Sommerurlaub 2019 verbringen könnten. Wir versuchen, uns von diesen interessanten Neuigkeiten nicht ablenken zu lassen, sondern reißen uns zusammen, um uns auf Sex zu konzentrieren. Wir nicken, hören aufmerksam zu, fragen ein, zwei Mal nach und servieren dann das Essen. Dabei geht uns durch den Kopf: Hatte sie jetzt Laktose-Intoleranz oder Milcheiweiß? Und ist sie aktuell Veganer, Frutarier oder Flexitarier? Und was, wenn sie herausschmeckt, dass die Teriyaki-Soße nicht selbst gemacht ist, sondern von dem Japanladen am Ende der Stadt stammt? Egal: Sex, Sex, Sex.

Unterdessen habt ihr die Blumen entdeckt und uns erst mal einen Schlafzimmerblick geschenkt. Mit größter Mühe öffnen wir dann den Rosé-Champagner, ohne besorgt zu schauen, weil er ja korken könnte, aber es war eben die letzte Flasche, und wir mussten drei Weinhandlungen abklappern und dem letzten Händler mit Amoklauf drohen, um sie noch zu ergattern. Sex, Sex, Sex.

Während ihr die Sommerurlaubsfantasie mit Freunden füllt, mit denen wir schon immer mal zusammen verreisen sollten, räumen wir das Geschirr ab und verdrängen den Gedanken daran, dass ihr euch doch schon immer mal ein neues Service wünscht anstatt der Ikea-Ausstattung aus Studienzeiten. Sex, Sex, Sex.

Als wir uns mit einem aufgesetzten Lächeln zu euch umdrehen, seid ihr verschwunden. Wir suchen euch in der ganzen Wohnung. Nein, ihr seid nicht entführt worden. Auch nicht durchgebrannt. Unser Streit gestern war doch gar nicht so schlimm. Wahrscheinlich telefoniert ihr mit eurer Mutter – wie geht es der eigentlich, die hatte doch …? Sex, Sex, Sex.

Nein, die hatte keinen Sex, wir versuchen nur, uns zu fokussieren.

»Schatzi?«, hören wir dann eure Stimme aus dem Schlafzimmer rufen – am Ende des Satzes verlockend hoch – und versuchen, betont langsam ins Schlafzimmer zu schlendern. Und dann sagt ihr etwas wie: »Ich glaube, mein Po könnte auch eine Massage gebrauchen.« Ab dem Punkt denken wir dann endlich nicht mehr an etwas anderes. Wie wir es also schaffen, den Alltag auszublenden? Gar nicht. Wir tun nur so. Und wir haben da so einen kleinen, aber feinen Schalter im Hirn: Den Gedanken an euch.

Steht ihr auf einen Schmollmund?

148

Nein. Früher, als Brigitte Bardot noch mit Kim Basinger um die Wette geschmollt hat, da war der Schmollmund noch sinnlich. Ha! Da wurde noch anständig geschmollt – ohne dabei bockig, beleidigt oder posig zu sein. Aber heute? Heute ist die Schmollerei zum Dauerzustand einer prinzipiell beleidigten Generation geworden: Der Akku vom Smartphone ist leer? Erst mal schmollen! Die Füße unter den Tisch? Erst mal schmollen! Eine Nebensache beim Einkaufen vergessen? Schmollen, schmollen, schmollen. Seit den Fünfzigern ist es jedes Jahr schlimmer geworden: Jede Mittelklasse-Schönheit hat angefangen, die Unterlippe vorzuschieben und pseudozornig aus der Wäsche zu schauen. Die es sich leisten konnten, haben eine noch dickere Lippe riskiert (höhö) und sie sich aufspritzen lassen. Am Ende ist nur eine Mischung aus leicht pissigem und latent feindlichem Gesichtsausdruck geblieben, der von *Germanys Next Topmodel* in die Welt getragen wird. Dabei ist der Schmollmund eigentlich der Augenaufschlag der unteren Gesichtshälfte: Er kann kitschig, gekünstelt und – wenn man ihn draufhat – irrsinnig sexy wirken. Die Kunst liegt darin, nicht zu viel zu schmollen – oder den Schmollmund nur aufzusetzen, wenn ihr euch unbeobachtet fühlt. Oder beim Fernsehen. Immer dann jedenfalls, wenn ihr auf keinen Fall beleidigt seid. Denn der Schmollmund soll unsere Aufmerksamkeit anziehen und attraktiv wirken – und nicht in eine schnöde »Was hast du denn?«-Fragestunde ausarten. Wie, jetzt seid ihr beleidigt? Oje. Dann bitte nicht wieder schmollen.

149 Meint ihr es ehrlich, wenn ihr uns beim Sex »Ich liebe dich« ins Ohr haucht?

Das kommt überraschend, nicht wahr? Ihr denkt doch, dass wir eigentlich meinen: »Ich liebe es, mit dir zu vögeln.« Aber da sind diese schönen, vielversprechenden Worte schon eine Schicht tiefer gesackt, und alles fühlt sich gleich noch ein bisschen geborgener und vertrauter an. Um euch schnell mal die Unsicherheit zu nehmen: Ja, das ist ehrlich gemeint. In diesem Moment. Beim Sex haben wir viel zu wenig Blut im Kopf, um zu lügen oder Spielchen zu spielen. Wenn wir euch dabei unsere Liebe gestehen, dann haben wir uns eh schon verschlungen, ergänzt, gesucht, gefunden, geliebt. Und weil das eben so selten ist und wir es wahrscheinlich selbst nicht glauben können, wollen wir es noch mal in Worte fassen. Daher das Geständnis. Das Dumme nur: Wir haben meist keine Ahnung, was wir damit anrichten. Der einen erscheint bei diesen Worten ein weißes Brautkleid, der anderen verschaffen sie die Lockerheit, um doch noch einen Orgasmus zu kriegen, die dritte denkt vielleicht kurz darüber nach, das Kondom runterzuziehen, die vierte macht sofort Schluss und verschwindet auf Nimmerwiedersehen, und die fünfte fängt an zu weinen, weil so etwas noch nie jemand zu ihr gesagt hat. Wir dagegen haben bloß mal wieder nicht nachgedacht. Schon gar nicht über die Frage, was Liebe ist. Sonst wüssten wir, dass sie nicht nur lange dauern, sondern manchmal auch einfach nur ganz kurz aufflammen kann, wenn zwei Menschen nicht nur äußerlich nackt miteinander sind, sondern auch innerlich. Aber eines steht fest: Da war sie wirklich, die Liebe.

Wie stellt ihr euch eigentlich Doktorspielchen genau vor? 150

Ist doch klar, oder? Ihr habt Verspannungen und fühlt euch heiß. Dann tasten wir euch ab und stecken euch zur Kontrolle ein Fieberthermometer in den Po. Ihr stöhnt ein bisschen, aber bald geht es euch wieder besser, und ihr schlaft glücklich und geheilt ein. Das klassische Doktorspiel läuft tatsächlich etwa so ab. Ihr spielt krank, wir heilen euch, indem wir euch mittels Spezialinjektion wieder kurieren. Zu banal? Das lässt sich ändern. Denn unter Ärzten gibt es zum Glück verschiedene Fachgebiete, angefangen mit dem Allgemeinmediziner, der sich um alles ein bisschen, aber dann doch am liebsten um den Körper kümmert. Beim Doktorspielchen »HNO« geht es vorrangig um den Hals-Rachen-Raum, weniger um Nase und Ohren. Der Internist geht gleich rein, der Gynäkologe sowieso – da sollte man sich vorher mit Experten austauschen und später die Unterschiede authentisch herausarbeiten. Was der Proktologe vorhat, ist klar, und der Sportmediziner hält sicher sehr lange durch – und versucht es mit Massagen oder Kamasutra. Es ist, als hätte die Medizin für jede unserer Vorlieben eine eigene Fachrichtung erfunden. Und für die Perversen bliebe immerhin noch der Tierarzt.

Leider kommt kaum jemand im Alltag auf die Idee, sich bei den Doktorspielchen zu spezialisieren. Das liegt daran, dass alle Männer insgeheim Angst davor haben, dass ihr am Ende nur noch das Doktorspielchen »Psychiater« mit uns treiben wollt. Entspannt auf dem Sofa liegend, erzählt ihr, was euch schon immer so auf der Seele lag: vom Tod des ersten Hamsters Puffel über das Ausziehen (von zu Hause) bis zur Angst vor der Altersarmut. Egal was, alles könnte wichtig sein. Für wen auch immer. Wir hören nicht nur aufmerksam zu, sondern machen uns sogar Notizen. Klingt gut? Nein, wirklich, das ist uns doch ein bisschen zu abgedreht. Dann lieber Licht aus und noch mal Missionarsstellung.

151 Seid ihr stolz oder sauer, wenn sich andere Männer für uns interessieren?

Erst kurz stolz, dann länger sauer. Die meisten haben einen total veralteten Besitzanspruch à la *Shades of Grey*. Warum? Wir wollen euch nicht verlieren und befürchten genau das, wenn ihr über die Witze eines anderen lacht. Schlimmer noch: wenn ihr euch so sinnlich-sexy die Haare aus dem Gesicht streicht und diesen Typen offensichtlich interessant findet. Und wenn der ein kleiner, dicker und haarloser Gnom ist? Egal. Da sind wir wie Kleinkinder, die gerade dann auf Mamas Arm wollen, wenn dort das Geschwisterkind hockt. Die denken ja auch nicht: Wie cool, jetzt hat die Mama meinen Bruder auf dem Arm, was ihr bestimmt ein total gutes Gefühl gibt. Stattdessen zetern, schreien und prügeln sie. Genau wie wir. Wir möchten im Mittelpunkt eurer Aufmerksamkeit stehen. Nur wenige von uns sind sich eurer Liebe so sicher, dass wir zuerst an euch denken und uns für euch freuen können. Diese seltenen Exemplare wissen, wie wichtig Selbstbestätigung ist, und dass Liebe am besten freiwillig funktioniert – selbst bei *Shades of Grey*. Sie wissen auch, dass Eifersucht hässlich macht und dass ihr bestimmen solltet, wann Schluss ist. Aber sie freuen sich auch wie King Koks, wenn ihr den anderen Kerl beim ersten Flirtversuch eiskalt abblitzen lasst. Danach tragen sie euch auf Händen nach Hause. Und von dort direkt zum Altar.

Was haltet ihr von Sex an verrückten Orten? 152

Hier würden wir zögernd mit »ist super« antworten, weil wir Sex generell gut finden – aber die »verrückten« Orte machen uns Sorgen. Sex im Fahrstuhl, im Leuchtturm, in der Umkleidekabine oder auf dem Küchentisch ist okay. Aber das sind ja lediglich ausgefallene Orte. Verrückt sind Geisterbahnen, Spiegelkabinette, tschechische Gotcha-Felder, Panzerübungsplätze, der Torraum bei Champions-League-Endspielen, die Gleise der ICE-Strecke zwischen Köln und Frankfurt, eigentlich jedes religiöse Gebäude sowie Supermärkte und die Fotoredaktion der *Bildzeitung*. Es wäre wirklich sehr, sehr unvernünftig, dort Sex zu haben. Wir könnten entdeckt, fotografiert, bloßgestellt und erkannt werden. Aber genau das ist ja leider der Reiz an der Sache. Also los geht's, wir sind dabei. Egal wo.

Lust auf Sex am Morgen? 153

Ja, Lust schon – das sieht man doch deutlich an der Ausbeulung unserer Shorts. Allerdings dauert der Sex genau wegen dieser Morgenlatte auch mal etwas länger. Ihr dachtet, diese frühe Erektion sei eher eine dieser sinnlosen morgendlichen Begleiterscheinungen wie Bad Hair oder schlechter Atem? Nein. Haare kann man richten, Atem erfrischen, aber die Morgenlatte kriegen wir nur weg, wenn wir uns auf etwas sehr Unerotisches konzentrieren, etwa auf den Arbeitsalltag oder unseren Tinnitus. Wenn ihr uns signalisiert, dass wir auch Sex mit euch haben könnten, geht die Erektion nicht mehr weg. Dann kann aus der zärtlich verwuschelten Morgenliebe gern mal ein Sexmarathon werden, nach dem ausnahmsweise mal kein schlechtes Gewissen mehr aufflammt, weil man ja eigentlich morgens joggen gehen wollte. Der positive Nebeneffekt: Nach dem Duschen fühlt ihr euch frisch und gevögelt und geht gut gelaunt ins Büro; mit dieser gesunden Gesichtsfarbe, die sich einfach nicht nachschminken lässt, und in dem Bewusstsein, dass ihr »schon etwas geschafft habt«. Frisch gevögelt seid ihr locker, freundlich und einfach unschlagbar. Wir sehen euch gern so – und genau deshalb haben wir Lust auf Sex am Morgen. Da denken wir dann halt ausnahmsweise mal nicht an die primitive Befriedigung unserer Bedürfnisse, sondern nur daran, dass es euch gut geht.

154 Ist euch eigentlich nie kalt vor dem Sex?

Nein, uns ist nie kalt. Schon gar nicht vor dem Sex. Da machen wir uns halt warme Gedanken und versuchen, nackt möglichst sexy zu wirken. Wenn wir zitternd und bibbernd im Bett hocken, kriegen wir euch doch nie in die Kiste. Euch ist kalt, uns ist warm, beim Temperaturempfinden passen die Rollenklischees meist noch. Das hat sicherlich einen medizinischen Hintergrund, dient aber vor allem als Steilvorlage für euer gehauchtes »Mir ist ja sooo kaaalt« und unser kerniges »Dann kann ich dich gern ein bisschen wärmen«. Wie, ihr wollt nicht wissen, ob wir die Situation ausnutzen, sondern ob uns tatsächlich nie kalt ist? Ist ja gut. Nein, uns ist nie kalt vor dem Sex. Die Gänsehaut kommt von der Erregung. Wenn ihr uns also anfasst und wir nicht wärmer sind als ihr, solltet ihr die Polizei rufen. Denn dann sind wir wahrscheinlich tot.

Wie wichtig ist euch eure Penisgröße?

155

Völlig unwichtig. Sagen zumindest die Männer mit einem kleinen Penis. Ist natürlich gelogen. Denn trotz Sprüchen wie »Es kommt nicht auf die Größe an, sondern auf die Technik«, ahnen selbst die Versiertesten unter uns: Mit größerem Gerät wäre mehr drin. Diese Ahnung kommt immer wieder hoch – wenn etwa die Frau eines Besserbestückten nach zehn Jahren Ehe ihren Blick liebevoll über ihn schweifen lässt und in seiner Mitte noch etwas zufriedener lächelt. Oder wenn wir den Direktvergleich mit den Toys der Geliebten wagen. Am schnellsten aber kommt die Antwort auf diese Frage auf der Herrentoilette ans Licht: Es gibt Männer, die mit gesenktem Kopf an den Pissoirs vorbei in der Kabine verschwinden, weil sie panische Angst vor dem Schwanzvergleich haben. Heterosexuelle Männer schauen sich nämlich nur heimlich aufs Genital – meist aus den Augenwinkeln am Pissoir. Und manchmal steht man dort eben neben einem, der auf den ersten Blick offenbar ein Baguette in der Hand hält. Und das kratzt am Ego. Denn ein großer Penis ist das Statussymbol schlechthin. Er macht mehr Eindruck als Lamborghini, Stadthaus und Luxusyacht zusammen. Die meisten von uns tragen ja ganz ordentliche Durchschnittsgrößen in der Hose, mit denen ihr völlig zufrieden seid. Aber einige von uns wollen immer und überall die Größten sein – auch unter der Gürtellinie. Sie lesen wehmütig die »Enlarge your penis«-Mails im Spam-Ordner und gehen nicht mit euch ins Ballett, weil sie den Anblick der ausgebeulten Tänzerunterwäsche nicht ertragen. Wenn ihr so einen Mann erwischt, müsst ihr ihn bitte (ausnahmsweise) mal mit Samthandschuhen anfassen. Macht ihm im Bett Komplimente zu seinem Penis. Stellt Fragen wie »Passt der überhaupt in eine normale Jeans?« oder »Der wird doch hoffentlich nicht noch größer?« Er wird dann abwiegeln und so tun, als ob ihm das Thema total egal ist. Aber am nächsten Tag schenkt er euch eure Lieblingsblumen.

156 Irritiert es euch, wenn wir nicht feucht werden?

Ja – euch doch auch, oder? Wir halten eure Scheidenflüssigkeit für den einzig wahren Maßstab unserer Fähigkeiten im Bett. Wenn ihr nicht feucht werdet, haben wir versagt. Jetzt könnt ihr natürlich sagen: »So isses«, aber das bringt uns ja auch nicht weiter. Wenn wir mal keinen hochkriegen, seid ihr ebenso irritiert, weil ihr genau das von uns erwartet. Gleich sucht ihr den Fehler bei euch. Sex bedeutet eben immer auch im übertragenen Sinne, sich nackig zu machen. Man versucht, beim anderen die Leidenschaft auflodern zu lassen, ohne dass es einem so richtig beigebracht wurde, wie das geht (außer vielleicht von der *Bravo*). Die Tipps aus den Aufklärungsgesprächen waren ja nicht wirklich zielführend, und all die Vögelfilme (nicht Hitchcock!), die wir uns seit der Geschlechtsreife reingezogen haben, spiegeln ja auch nicht die Realität wider. Darin geht die Frau sofort ab, als hätten wir unsren Junggesellenabschied für einen gemeinsamen *GNTM*-Abend abgesagt. Die Wirklichkeit sieht anders aus. Es ist eben nicht immer alles so im Fluss, wie wir es wollen, schon gar nicht die Körpersäfte. Ihr habt Stress gehabt, seid noch nicht wirklich bereit und euer Körper spiegelt die Stimmung wider. Eine alte Sportlerregel empfiehlt, vor größeren physischen Unternehmungen immer auf den Körper zu hören. Ihr solltet also durch unsere Erwartungshaltung nicht unter Druck geraten, denn das wirkt am Ende nur wieder kontraproduktiv. Ein Teufelskreis, der sich schnell mit ein wenig Gleitgel lösen lässt – aber oft auch langsamer, mit etwas mehr Geduld.

Aber jetzt noch mal ehrlich: Warum redet ihr nicht mit uns über Sex? 157

Wenn wir mit euch über Sex reden, wollen wir wissen, worauf ihr steht. Warum sollte ein Mann mit einer Frau, von der er nichts will, darüber sprechen? Es sei denn, sie ist eine Urologin, und er möchte wissen, wie sein Vorhautbändchen reißen konnte, woher diese verdammte Geschlechtskrankheit stammt oder wie viel Viagra er braucht. In einer Freundschaft zwischen Mann und Frau spielt Sex keine Rolle, denn Sex kann jede Freundschaft zerstören. Vielleicht ist das aber auch eine sehr altmodische Einstellung, und es gibt Männer, die das Thema Sex komplett ausblenden können, die keine Signale aussenden oder empfangen. Für die ist Sex einfach eh nicht so ein Thema, und deshalb reden sie halt auch mit niemandem darüber. Man nennt die Gruppe übrigens »die schweigende Mehrheit«. Und sie hat höchstens drei Mitglieder.

Warum muss heute eigentlich immer alles so extrem sein? Sex war doch früher auch aufregend. 158

Echt, war er das? Aber das lag dann nicht am Sex, sondern an uns. Weil wir schon aufgeregt waren, wenn sich mal ein Mädchen für uns interessierte. Sex war für uns neu und wir leicht erregbar. Früher war nicht alles besser, da galten einfach andere Maßstäbe. Damals hätten wir stundenlang rumknutschen können, heute könnten wir euch stundenlang ans Bett fesseln – alles eine Frage des Zeitgeistes. Könnte man meinen.

Der große Vorteil ist allerdings, dass wir und ihr nicht jeden Mist mitmachen müssen. Weder früher noch heute. Es gibt Leute, die hatten auch schon früher keinen Spaß am Blümchensex. Klar, seit dieses Internetz allen Leuten Zugang zu erotischen Pseudo-Idealbildern verschafft, denken wir, das Extrem sei die neue Normalität. Dabei bestimmen wir immer noch selbst, worauf wir Bock haben. Manche können stundenlang knutschen, andere gar nicht. Wichtig ist nur, zwischendurch immer mal andere Sachen auszuprobieren. Die Extremen haben dann eben mal Blümchensex, die Blümchensexfraktion versucht sich an der Hundestellung. Hier gilt eine Regel, die jeder in der für sich gewünschten Intensität und Spielart anwenden kann: Die Abwechslung macht's – früher wie heute.

159 Könnt ihr euch in alte Bekannte verlieben – und mit ihnen im Bett landen?

Das kommt darauf an, wie viel wir getrunken haben. Der Alkohol holt das Schlimmste aus uns heraus und das Beste in den Frauen, die uns gegenübersitzen. Nach dem dritten Bier haben wir vielleicht die vergangenen zehn Jahre Revue passieren lassen, haben darüber gelacht, wie viel wir zusammen angestellt haben, ausgiebig über unsere ehemaligen Partner gelästert und uns klargemacht, was wir schon alles zusammen erlebt haben. Und was nicht. Dann plötzlich in einer Gesprächspause fragen wir uns, warum wir eigentlich nie mit euch im Bett gelandet sind. Noch ein Bier später fragen wir das euch. Dann streicht ihr euch die Haare hinters Ohr oder kratzt euch lächelnd am Kopf – wenn jetzt nicht einer von beiden gerade frisch verheiratet ist, landen wir in der Kiste. Ja, das kann passieren – auch oder gerade weil wir uns schon ewig kennen. Und es landen schließlich laufend Leute miteinander im Bett, die sich kaum kennen und sich nicht mal leiden können. Das Lustigste aber beginnt erst, wenn die alten Bekannten wissen, dass sie einvernehmlich die Schwelle überschritten haben und jetzt vögeln werden. Denn das ist gar nicht so einfach. Habt ihr schon mal jemanden geküsst, den ihr seit über zwanzig Jahren kennt? Oder einen Kindergartenfreund? Das ist, als würde man seinen Bruder oder seine Schwester küssen – mit Zunge. Total seltsam, so viel kann man gar nicht saufen. Da hilft auch der gute Wille nicht, denn Sex mit alten Bekannten fühlt sich ein bisschen an, wie sich Inzest anfühlen muss. Am Ende kommt es dann genau deshalb nicht so weit, weil einer (oder meist dann doch »eine«) beschließt, dass man die jahrzehntelange Freundschaft nicht durch etwas derart Unvernünftiges aufs Spiel setzt. So schlafen schließlich beide angekuschelt in der Löffelchenstellung mit einem Gefühl der Geborgenheit guten Gewissens ein – wir allerdings mit einer Riesenlatte, denn leider funktioniert unsere Libido autonom. Daher lautet die Antwort: Ja, wir können mit alten Freundinnen im Bett landen. Aber meist stehen die dann auf und gehen nach Hause, bevor es zu mehr kommt. Denn wenn es zu mehr kommt und sich alles richtig anfühlt, ist es wohl schon die ganze Zeit über heimlich Liebe gewesen.

Wie reagiert ihr, wenn jemand euch beim Sex stört? 160

Kommt ganz darauf an, wer da stört. Vielleicht sind wir ja gerade zu früh gekommen und schaffen es nicht, euch zum Orgasmus zu bringen. Wenn dann der Postbote klingelt und einen rappelnden Karton mit Sexspielzeug bringt, ist das natürlich eine willkommene Störung, die wir freudig mit einem »Wenigsten Sie kommen genau rechtzeitig« begrüßen, dem Postboten ein dickes Trinkgeld geben, die Sendung mit »Mr. Boombastic« quittieren und ihm grinsend die Tür vor der Nase zuknallen. Wenn es allerdings die ältere Nachbarin ist, die Sturm klingelt und sich beschwert, weil wir zu laut vögeln, und eigentlich auch, weil sie gar nicht mehr vögelt, dann könnte es passieren, dass wir ihr anbieten, sie doch bei der Partnersuche in einem Seniorenheim zu unterstützen. Dass irgendwelche bisexuellen Schwedinnen klingeln, die ihre verloren gegangenen Partner und Partnerinnen in unserem Bett vermuten, passiert statistisch gesehen eher selten – wenngleich wir die Dame natürlich auch hier ganz gentlemanlike trösten würden. Viel öfter klingelt aber euer Handy – und oft seid ihr es, die rangeht, um mit irgendjemandem über irgendetwas zu sprechen. Dann haben wir den Koitus interruptus. Ein anderes Beispiel: Wir haben seit gefühlten Ewigkeiten (also etwa seit zwei Tagen) mal wieder Sex mit der Frau, die wir lieben und mit der wir seit fünfzehn Jahren verheiratet sind (die sich aber nur anfühlen wie zwei Jahre), haben mit ihr Kinder bekommen und schon ein bisschen größer gezogen – so groß, dass sie nachts allein aufstehen, das Bett verlassen und im ungünstigsten Moment ins elterliche Schlafzimmer tapsen.

Aber egal, wer stört: Sofern wir nicht in einer integrativen Hedonistenkolumne leben, in der Gruppensex bei spontanen Nachbarschaftsbesuchen zur Tagesordnung gehört wie anderswo das Kaffeekränzchen oder der Bierbesuch, so lange gilt: Bitte nicht stören lassen. Also abschließen und Handy in den Flugmodus. Denn dass wir mal beim Sex gestört werden, ist total normal. Viel wichtiger aber ist es, nach der Niederlage wieder aufzustehen – im doppelten Sinne. Sonst setzt sich die Störung durch, weil wir seltsamerweise unser Recht auf Sex nicht so hoch einstufen wie die Banalitäten des Alltags.

161 Beim Sex lieber dominieren oder dominiert werden?

Historisch, soziologisch und laut Klischee möchten wir dominieren. Die klassische SM-Rollenverteilung: er den Ton vorgebend und stark, sie ganz brav und mit Halsband. Nun haben Geschichte und Soziologie uns in den vergangenen sechzig Jahren ziemlich durcheinandergewirbelt und die klassischen Klischees aufgehoben. Gilt für Männer wie Schweine. Aus den kampflustigen Wildschweinen sind Hausschweine geworden, die eher zur Trägheit und Fettleibigkeit als zur Dominanz neigen und immer weniger Haare kriegen. Gegen diese Entwicklung kämpfen wir domestizierten Kerle an. Wir wissen, dass ihr das Multitalent wollt: den Wikinger, der kampferprobt vom Schlachtfeld kommt und dann mit euch einen Prosecco aufmacht. Wir sind auf dem halben Weg dorthin, tragen zwar Bärte und Karohemden, können aber noch keinen Baum fällen. Aktuell sind wir Switcher zwischen zwei Rollen. Evolution braucht einfach etwas Zeit.

162 Für wie viel Geld würdet ihr mit einer anderen Frau ins Bett gehen?

Klar will der Witzbold in uns rufen: »Das machen wir für lau!«, aber wenn ihr ihm dann einen Zehner aufs Nachtkästchen legt und mit ihm das macht, wofür ihr ihn bezahlt, ist er beleidigt. Da uns derlei Angebote aber eigentlich nie gemacht werden und sich männliche Prostituierte gesellschaftlich nicht durchsetzen konnten, haben wir ein recht verschrobenes Bild vom Callboy-Job. Wir glauben, man liegt den ganzen Tag faul rum, darf dann die eine oder andere tipptopp gebaute und spitzenmäßig gelaunte junge hübsche Frau vögeln, bekommt viel Geld dafür und kann den Rest des Tages vor der

Playstation verbringen. Von Frustration, Drogen, Abstumpfung und dem Gefühl der Wertlosigkeit, weil man seinen Körper verkauft, ist bei uns nie die Rede. Ja, auch weil wir in diesem klassischen Rollenklischee festhängen, was Vor- und Nachteile hat. Und dieses Klischee verlangt, dass wir allzeit bereitstehen, um Sex mit euch zu haben, jedoch nicht gegen Bezahlung. Denn sonst seid ihr in der stärkeren Position – und damit kommen wir schon wegen des oben genannten Klischees nicht so gut zurecht.

163 Ist Sex heute einfacher?

Nein, eher schwieriger, denn heute landen sogar mehr Männer als früher in einem anderen Loch als offiziell vorgeschrieben. Es ist einfach so dunkel zwischen euren Beinen, und alles liegt so nah beieinander. Wie sollen wir uns denn da zurechtfinden? Okay, ein bisschen mehr wissen wir schon über euch, eure Wünsche, Anatomie und Fantasien, da wir Männer auch manchmal Frauenzeitschriften lesen (auch wenn die offiziell »Männermagazine« genannt werden und Typen auf dem Cover haben), Tinder benutzen und gelernt haben, dass man irgendwann auch mal den ersten Schritt zum Bett gehen muss, weil ihr sonst den ersten Schritt zur Tür macht. Klar, es ist einfacher als vor hundert Jahren, sich zu zweit zu treffen und ungestört von Lehensherren, Eltern, Brüdern oder sonstigen Aufpassern zu vögeln. Das Seltsame ist nur, dass wir und ihr gar nicht so gut mit dieser neuen Einfachheit umgehen können. Wir möchten umworben werden, nicht gleich immer sofort alles bekommen bzw. geben, und hätten gar nichts gegen ein paar mittelalterliche Hemmnisse auf dem Weg ins Bett einzuwenden. Aber deshalb »Früher war alles besser!« zu rufen wäre auch falsch. Wir sind einfach Kinder unserer Zeit und haben eines mit den Kindern früherer Zeiten gemeinsam: die Sehnsucht nach anderen Zeiten. Denn nicht nur ihr könnt es uns nicht recht machen – wir selbst schaffen das auch nicht.

Man hört ja die seltsamsten Sachen über euch … Gibt es wirklich Männer, die ihren Penis in Melonen oder Kürbisse stecken? 164

Das haben wir auch schon gehört – wenngleich das natürlich eine seltsame Vorstellung ist. Stellt euch vor, die Eltern eines jungen Pubertierenden erwischen ihn im Bad mit dem Penis in einer Melone. Das gäbe ganz neue Kombinationen elterlicher Ermahnungen: »Das kann ja wohl nicht wahr sein. In der Dritten Welt verhungern die Kinder, und du treibst es hier mit Obst?« Aber warum so kritisch? Hey, wir leben im 21. Jahrhundert, dürfen fast jeden Fetisch ausprobieren, und Melonen sind immerhin hundertprozentig biologisch. Außerdem kann man als Frutarier und Veganer die Liebe zum Kürbisgewächs gut nachvollziehen. Die kann halt auch mal ausarten. Wahrscheinlich habt ihr, spätestens im Wahn einer No-Carb-Gemüsediät, auch schon romantische Gefühle gegenüber Gurken, Karotten oder Zucchini gehegt. Charlotte Roche schrieb sogar über Masturbation mit Avocadokernen. Apropos: Melonen haben übrigens Kerne, und die sind so spitz, dass wir uns daran verletzen könnten. Dann brennt die Fruchtsäure auch noch in der Wunde; zudem ist eine Melone nach dem Akt nicht mehr genießbar. Das kann aufs postkoitale Gewissen des um Nachhaltigkeit bemühten Mannes drücken. An all das sollten wir also denken, wenn wir uns im Supermarkt mit, sagen wir mal, einer Honigmelone angefreundet, sie mit nach Hause genommen und dort vernascht haben. Nichtsdestotrotz: Ja, auf der Suche nach einer warmen, feuchten und weichen Umgebung für unseren Schwanz würden wir ihn fast überall hineinstecken. Was glaubt ihr, warum Männer in der Gemüseabteilung ständig so oft auf Melonen klopfen, an Ananas riechen oder grübelnd vor Salatköpfen stehen? Dachtet ihr etwa, wir wollen das Zeug essen? Nein, wir sind dann einfach triebgesteuert, der Pragmatismus hat übernommen. So etwas passiert bei Männern gelegentlich. Seid also froh, dass unser Land eine Frau regiert.

165 Ab welchem Alkoholpegel findet ihr Frauen nicht mehr sexy?

Wenn sie nicht mehr richtig reden können. Dann können sie auch nicht mehr küssen, verlieren beim Vögeln das Gleichgewicht und fallen aus dem Bett. Wenn nicht, schubsen wir sie von der Bettkante. Denn wir lieben eure Spielchen, eure Blicke, diese total zufälligen Berührungen, die Art, wie ihr die Haare zurückstreicht und den Busen vorstreckt. Wenn ihr so betrunken seid wie David Hasselhoff auf Youtube, werden die kleinen Streichler zu einem gegrölten »High Five!«, statt Haarspielchen macht ihr Headbangen, und den Busen legt ihr noch in der Bar ganz frei. Daher bitte unbedingt merken: Ein Schwips ist total in Ordnung, ein bisschen Enthemmung – kein Problem, im Gegenteil. Aber wenn ihr nicht mehr reden könnt, dann kriegt ihr nicht mehr mit, was wir da Tolles mit euch veranstalten (auch wenn es nur drei Minuten dauert). Und das schadet unserem Ego. Wir Männer haben da zum Glück eine eingebaute Schutzmaßnahme: Wenn wir zu betrunken sind, kriegen wir einfach keinen mehr hoch.

Wie küsst ihr am liebsten? 166

Wenn wir in München wohnen, küssen wir gern zur Begrüßung in Bussibussi-Manier die Luft neben dem Ohr von Freundinnen. Meist verlieren wir aber Mitte 20 die Lust am Knutschen. Dann küssen wir nur noch in Momenten spontaner Lust und Liebe: Die Frau und Freundin, wenn der Sex beginnt, oder die Fremde, mit der wir uns schon den ganzen Abend unterhalten haben, am Ende der Party, kurz bevor das Licht angeht. Allerdings hören wir sofort damit auf, wenn wir merken, dass die Knutscherei nicht so harmoniert. Denn wir suchen nicht nur die perfekte Frau, sondern auch noch die perfekt küssende Frau. Wie ein guter Kuss für uns sein muss? Da gibt's wohl unterschiedliche Vorlieben, aber die meisten von uns gehen zum Zahnarzt und brauchen daher keine professionelle Zahnreinigung. Wir mögen es nicht, wenn ihr uns eure Zunge in den Mund stopft. Die Art, wie ihr küsst, sollte bestenfalls eure ureigene Art der Erotik widerspiegeln. Was ihr auf jeden Fall vermeiden solltet, sind Schmatzer. Dann küssen wir euch nie wieder und widmen uns lieber den Fetischen, die wir noch nicht so ausgelebt haben. Oder anderen Frauen, die nicht immer knutschen wollen.

Schon mal beim Sex überfordert gefühlt? 167

Jedes Mal, wenn wir vor euch zum Höhepunkt kommen. Dann rutscht, presst, drückt, wollt ihr, und wir fühlen uns überfordert wie ein ausgeknockter Boxer am Ringboden, der sich am liebsten mit den dicken Handschuhen die Ohren zuhalten würde, weil der Coach ständig »Komm hoch!« schreit.

Außerdem gibt es noch ein paar andere Situationen, in denen wir uns beim Sex überfordert fühlen: Wenn wir zum Beispiel seit 20 Jahren eine Kuschelbärchenbeziehung mit euch führen, ihr dann im Urlaub *Shades of Grey* gelesen habt und von uns verlangt, euch mal so richtig zu versohlen. Das kriegt ein domestizierter Mann halt nicht hin. Typen mit Bühnenangst und Lampenfieber haben wahrscheinlich Probleme mit Rollenspielen. Und so richtig harte Kerle bekommen Panikattacken, wenn sie stundenlang mit euch schmusen sollen. Wobei das eigentlich alle Männer überfordert.

168 Könnt ihr ohne Hintergedanken kuscheln?

Nein. Wir versuchen es zwar immer wieder aufs Neue, euch zuliebe, aber es geht ständig in die Hose. Im wahrsten Sinne des Wortes: Sobald ihr euch an uns schmiegt, sind wir bereit, über euch herzufallen. In diesem Stadium können wir einfach nicht mehr unauffällig schmusen, deshalb rücken wir entweder ab oder auf. Meist Letzteres. Das hat nichts mit Hintergedanken zu tun, eher mit übersteigerter Paarungsfreude. Auch wenn ihr beim Kuscheln den Kopf in unseren Schoß legt, hegen wir manchmal Hintergedanken. Aber auf der anderen Seite sind wir ja Realisten und wissen, dass aus dieser Kuschelbärchenstimmung nur selten ein Blowjob entsteht. Das wäre wie Sex mit dem Paddington-Bär. Am Anfang empfinden wir Kuscheln ja auch so wie ihr: behaglich, wohlig, wir genießen eure Nähe, teilen Innigkeit und Vertrautheit. Und vor lauter Glückseligkeit kriegen wir dann plötzlich einen Ständer! Dann ist es ähnlich wie bei einem Militärputsch: Sobald der Penis es nach oben geschafft hat, reißt er die Kontrolle über alles an sich. Wenn wir beim Kuscheln mal denken, dann höchstens: Wenn es jetzt schon so schön ist, wie toll könnte es erst sein, wenn wir nackt wären? Schmusen ist ein Zeichen der Liebe, und ihr werft uns doch immer vor, dass wir Sex ohne Liebe haben können. Immerhin können wir keine Liebe ohne Sex haben.

Bei Sexstudien schneiden die Deutschen oft schlecht ab – eure Schuld, oder? 169

Ja, aber auch eure. Die Griechen haben laut einer Statistik, die der *Focus* im Jahr 2007 zitierte, 164 Mal Sex im Jahr, sogar öfter als die »heißblütigen Brasilianer« (145 Mal). Allerdings war das vor der Griechenland-Krise, vor der verlorenen Fußballweltmeisterschaft und vor Tinder. Mit Sexstudien ist es wie mit den Olympischen Spielen: Wir freuen uns immer, wenn ein kleines Land gewinnt, das niemand als Konkurrenz empfindet und das uns weder breitensportlich noch wirtschaftlich den Rang ablaufen könnte. So wie Nigeria, dessen Einwohner im Schnitt 24 Minuten lang Sex haben (wohingegen Deutschland mit 17,6 Minuten mal wieder im unteren Drittel rangiert). In der erwähnten *Focus*-Umfrage sind 78 Prozent der Nigerianer mit ihrem Sexleben vollauf zufrieden – gegenüber 45 Prozent der Deutschen. Es ist immer das gleiche traurige Bild. Die Deutschen sind unzufrieden. Dabei sollen Statistiken zum Thema Sex der Unterhaltung dienen. Denn was nützt es uns zu wissen, dass die meisten anderen Völker mehr Spaß im Bett haben? Sollen wir unseren Stammitaliener beim nächsten Pizza-Essen keck in die Seite piksen und ihm »Giovanni, du alter Schwerenöter« zuraunen? Oder sollen wir dem nächsten Nigerianer, der uns begegnet, gratulieren, weil er so lange vögeln kann? Das käme dann ein bisschen rassistisch rüber. Die Erbsenzähler und wahren Patrioten unter uns würden gern mal bei dieser statistischen Erhebung dabei sein und mit der Stoppuhr in der Hand nachprüfen, ob »der Grieche« und »der Nigerianer« wirklich solche Sexbomben sind. »Die Japaner« sind mit 48 mal Sex im Jahr übrigens Schlusslicht in der zuerst genannten Statistik. Klar, wer viel arbeitet, hat wenig Zeit für die Liebe. Und dass wir Deutschen angeblich total gern arbeiten, ist ja eines der bekanntesten Klischees überhaupt. Deshalb ist es kein Wunder, dass wir in den Statistiken so schlecht abschneiden. Uns das vorzuwerfen ist allerdings nicht sehr freundlich. Denn neuen Untersuchungen zufolge führen solche Bemerkungen in hundert Prozent der Fälle auch nicht dazu, dass man in Sex-Rankings aufsteigt.

170 Wir stehen total auf hohe Schuhe, aber warum steht ihr drauf?

Weil ihr dann größer seid – und natürlich, weil ihr euch damit, völlig zu Recht, attraktiver und etwas mehr sexy fühlt. Wenn Gummistiefel bei euch diesen Effekt auslösen würden, würden wir auch auf Gummistiefel stehen. Darüber hinaus haben Schuhe mit hohen Absätzen den Vorteil, dass ihr sie wahrscheinlich nicht mit Latzhosen oder ähnlichen Kleidungsstücken kombiniert, die unserer Meinung nach nicht so vorteilhaft für euch sind. Leider passen sie aber ganz gut zu diesen Ballon-Sackkleidern. In weiten Teilen Osteuropas werden hohe Schuhe ja vor allem zu sehr kurzen Röcken getragen – eine Sitte, die wir im Rahmen der Völkerverständigung fördern und die uns dazu bringt, euch häufiger hohe Schuhe zu kaufen. Aber ihr zögert manchmal, da hohe Schuhe natürlich »unbequem« sind – ein Attribut, das in der Mode noch nie gegolten hat. Ringe mit großen Steinen sind auch unbequem, trotzdem steht ihr drauf. Wir dagegen mögen es, wenn ihr diese Hürde meistert und lernt, auf diesen Schuhen zu laufen (übrigens der einzige Grund, warum wir mit euch *GNTM* schauen: Wir möchten sicher sein, dass ihr aufpasst).

Leider haben viele Frauen, die älter als Mitte zwanzig sind, heute Angst, mit hohen Schuhen »billig« zu wirken. Allerdings sind das meist Frauen, die nicht wissen, wie viel solche Schuhe kosten. Irgendwann hören Frauen auch auf, hohe Schuhe zu tragen, weil sie vielleicht glauben, ihre beste Zeit liegt hinter ihnen und jetzt mit Haus, Auto, Ehemann und Kindern nicht mehr sexy sein müssen. Das ist allerdings ein großer Irrtum, denn zumindest als Ehemann möchten wir stets eine attraktive Frau an unserer Seite wissen, die das auch zeigt. So etwas geht mit hohen Schuhen sehr schnell – vorausgesetzt, ihr wisst, wie ihr damit laufen müsst. Am besten zu dem Song »Sexy and I know it«.

Was finden homosexuelle Männer eigentlich an anderen Kerlen sexy? 171

Das wisst ihr wahrscheinlich am besten, weil ihr ja auch auf Männer steht. Laut Aussage eines schwulen Freundes ist es in erster Linie nackte Haut. Aber er war da etwas zurückhaltend, denn wahrscheinlich sind es die klassischen Attribute der Männlichkeit: Kantigkeit, guter Körperbau, schöne Augen und ein ordentliches Gemächt. Im Gegensatz zu den Heteros stehen die Homos ja ganz offen zu ihrem Beuteschema. Wenn wir Heteros sagen, wir stehen auf Blondinen, sind wir Sexisten, wenn ein Homosexueller sagt, er steht nur auf blonde Männer, gilt er wahrscheinlich als unentschlossen. Denn bei ihnen gibt es mehr Männer-Schubladen als Schokoladensorten von Ritter Sport. Jahrzehnte bevor Heterosexuelle Tinder entdeckten, führten schwule Dating-Portale zusammen, was zusammenpasst. Zudem gibt es noch immer den »Hanky Code«. »Hanky« steht für »Handkerchief«, ein aus der Gesäßtasche herausschauendes Stofftuch, das zeigt, ob der Träger aktiv (linke Tasche) oder passiv (rechte Tasche) ist. Um den Hals getragen übernimmt er jeden Part. Die jeweilige Farbe spielt auch eine Rolle, aber sie dem Fetisch zuzuordnen, braucht eigentlich schon ein entsprechendes Grundstudium. Und im Dark Room sieht man dann ja auch noch ziemlich schlecht. Und da soll noch mal jemand sagen, Homosexuelle hätten es heute einfacher.

172 Ist das Mädel, das euer Kumpel rumkriegen will, für euch tabu?

Ja, absolut tabu. Allerdings reizen uns Tabus sehr. Und wenn wir dieses »Mädel« nun auch toll finden, warum sollten wir uns zurückhalten? Aus Rücksicht? Auf wen? Vielleicht hat sie ja viel mehr Lust auf uns als auf ihn? Hat mal jemand gefragt, was sie eigentlich will? Allein der Fakt, dass unser Kumpel ein Auge auf sie geworfen hat, macht sie nicht zu seinem Eigentum. Ja, das klingt ziemlich emanzipiert, aber so sind wir eben. Und in diesem emanzipatorischen Geist sind wir durchaus bereit, ihren Willen aktiv zu unterstützen und uns mit ihr einzulassen. Vielleicht spielt hier unterbewusst auch ein gewisser Wettkampfgeist eine Rolle: Sie ist wahrscheinlich die schönste Frau des Abends und wird nur denjenigen erhören, der um sie wirbt. Unser Kumpel ist uns bestimmt nicht mal böse, weil er es genauso gemacht hätte. In der Liebe gibt es keine Regeln, nur Safewords. Okay: Wenn diese Frau seine große Liebe ist, die eine, mit der er eine Dynastie gründen will, dann könnten wir uns zurückzuhalten. Theoretisch. Vorausgesetzt, wir wollen nicht selbst mit ihr eine Dynastie gründen.

Steht ihr eigentlich auf schwarz umrandete Augen? 173

Irgendwie schon ein bisschen. Vielleicht, weil sie uns an unsere Jugend erinnern, in der ihr gerade mit Wimperntusche und Lidschatten experimentiert habt. Und jeder, der Kinder hat, weiß, dass die ersten Malversuche (»Kritzikratzi«) meist in die Hose gehen. Eine unter Männern kursierende These besagt zwar, dass Frauen mit dunkel umschminkten Augen wahrscheinlich »einen Schatten« hätten. Andere meinen, dass umrandete Augen auf wenig Selbstbewusstsein hindeuten. Allerdings klingt das nach Laienpsychologie à la: Männer mit Ohrringen haben eine starke weibliche Seite (was die ganzen Brillistecker-tragenden Zuhälter sicher nicht gern hören). Vielleicht ließe sich argumentieren, dass Frauen mit schwarz umrandeten Augen zeigen, dass sie ihr Innerstes nicht durch dezentes Make-up betonen und offenbaren wollen, sondern sich lieber hinter der mauerartigen Umrandung verstecken. Aber dann reizt es uns doch, ihr wahres Wesen in diesem Versteck zu finden. Ehrlich gesagt ist das am Ende mit der schwarzen Umrandung wie mit den Bildern. Sie dient als guter Rahmen. Wichtiger ist das Motiv.

Stört es euch eigentlich, wenn wir euch »süß« finden? 174

Ja, das stört uns. Denn wir sind nicht süß. Wir sind knallhart. Entscheiden uns in der Eisdiele, ohne zu zögern, zwischen Akazie-Pfirsich und Schlumpf, gehen aufrecht, anstatt zu stolpern, pupsen nicht, sondern furzen, versprechen uns nie, weil wir wissen, was wir wollen, und vergessen nie, nie, nie irgendetwas irgendwo. Außerdem hing uns noch nie ein Popel aus der Nase oder Suppe im Bart. Was soll denn an uns süß sein? Unter unserem Blick knickt Chuck Norris ein, und wenn euch unsere Eltern blöd kommen, kriegen sie Hausverbot. Wenn euch ein Streit mit der besten Freundin belastet, können wir das nicht verstehen, weil wir nicht mal einen Duden besitzen, um »Empathie« nachzuschlagen. Interessiert uns auch nicht. Nachschlagen machen wir nur beim Boxen. Oder beim Essen. Aber dann auch nur Fleisch. Noch Fragen? Nein? Ist auch besser so. Denn »süß« sind unserer Meinung nach Babys, kleine Katzen oder Gummibärchen. Wenn ihr uns damit vergleicht, fühlen wir uns in unserem Selbstbild verletzt. Dass ihr diese Aufzählung jetzt wahrscheinlich auch schon wieder süß findet, ist euer Ding.

175 Habt ihr im Bett lieber starke oder schwache Frauen?

Das kommt darauf an, wie stark oder schwach wir selbst sind. Männer, die im Bett schwache Frauen bevorzugen, sind wahrscheinlich selbst nicht die stärksten. Um dagegen mit einer starken Frau zurechtzukommen, ist es von Vorteil, selbst stark zu sein. Sonst gerät die Beziehung ins Ungleichgewicht. Okay, heute sind Frauen gern mal die stärkeren, und es gibt viele untergebutterte Männer, die sich nach der klassischen Frauenrolle der fünfziger Jahre sehnen. Ehrlich gesagt gibt es bei uns doch kaum noch »schwache« Frauen, oder? Wann soll denn eine Frau heute bitte noch schwach sein – zwischen Karriere, Kindern, Haushalt und einem Typen, der vielleicht kochen kann, aber darüber vergisst, die Kinder von der Schule abzuholen? Wir Männer haben es uns in der neuen Weichheit ganz bequem gemacht und weigern uns gern mal, Konflikte auszutragen, Verantwortung zu übernehmen oder reich zu werden. Im Bett ist das nicht sehr attraktiv, da dort dann plötzlich wieder das klassische Rollenmuster gefragt ist. Bei uns ist das eigentlich genauso: Wir mögen selbstbewusste Frauen, die es sich leisten können, Schwäche zu zeigen. Denn wenn ihr wenigstens im Bett schwach seid (oder so tut), fällt es uns leichter, hier ausnahmsweise mal stark zu sein.

Mögt ihr Sex auf Drogen? 176

Also erstens sind Drogen verboten. Denn zweitens machen sie völlig enthemmt, irrsinnig spitz oder führen dazu, dass man stundenlang vögeln kann – ohne sich groß mit der Frage aufzuhalten, mit wem und warum. Oder mit anderen Fragen, die sonst beim Sex gestellt werden, etwa nach Kondomen, Aids oder Geschlechtskrankheiten. Natürlich kann man auch ohne Drogen Spaß haben. Aber eben auch mit. Hier mal eine schöne Liste:

Kiffen löst bei Männern eine seltsame Mischung aus Geilheit und Schüchternheit aus. Sie haben tierisch Bock zu vögeln, sind aber so in ihrer breiten Welt gefangen, dass sie nie im Leben eine Frau ansprechen würden. Da die Zeit für Kiffer auch nicht gerade rast, dauert auch der Sex mit ihnen oft ein Weilchen länger. Liegt vielleicht auch dran, dass sie sich stundenlang über jede Berührung freuen können und erstaunt sind, wie sensibel ihre Haut ist. Der Nachteil: Sie kommen nicht gut in die Gänge, oft fällt der Sex am Ende sogar flach, weil sie auf dem Sofa eingepennt sind.

Sex auf Kokain ist auf ganz andere Art und Weise interessant: Erst redet man mit einer Vehemenz über Belanglosigkeiten, als würde man den Weltfrieden verhandeln. Dann hat man Sex in einem Tempo, als wolle man den Pornostars zeigen, wie ihr Job ordentlich gemacht wird. Denn auf Koks kann man immer weiter- und weiter- und weiter- und weiter- und weitervögeln. Dabei findet der Kokser die ganze Zeit über auch nicht nur seine Partnerin richtig geil, sondern auch sich selbst.

Sex auf LSD ist nicht so einfach, da sich ständig alles verändert, ein neues Gesicht hier, ein dritter Arm dort, und das Bett fliegt auch noch durch die Gegend. Sex auf Speed ähnelt dem Sex auf Kokain, nur dass man danach nicht einschlafen kann. Sex auf Heroin mag man sich gar nicht vorstellen, da Heroin und seine Konsumenten wirklich nicht sexy sind. Aber kein Problem, denn praktischerweise hat man auf H auch keine Lust zu vögeln.

Die gängigste Sexdroge ist Alkohol. Deshalb haben die Münchener Geburtskliniken auch neun Monate nach dem Oktoberfest Hochkonjunktur. Man macht sich keine Sorgen darüber, mit wem man sich einlässt, nach Hause geht und leider auch nicht, was der mit einem machen könnte.

Wer auf Drogen Sex haben möchte, sollte sich deshalb sicher sein, was er da konsumiert und mit wem. Für uns Männer lässt sich die Frage, ob wir Sex auf Drogen mögen, mit einem »eher Ja« beantworten, weil wir dabei nicht so viel zu befürchten haben, da ihr uns selten gegen unseren Willen zum Sex nötigt und wir zur Not immer noch keinen hochkriegen können. Aber ihr solltet euch nur darauf einlassen, wenn ihr uns schon besser kennt als wir uns selbst.

177 Was findet ihr eigentlich geil daran, verkatert Sex zu haben?

Wer hat euch denn das erzählt? Diese Katersache ist eines der letzten Geheimnisse der Männer. Keines der Geheimnisse, auf die wir stolz sind, sondern eher eines der dreckigen Sorte. Daran merkt man vielleicht man deutlichsten, dass wir noch mehr vom Affen abstammen als ihr. Wir haben eine saubere Seite, die den Alltag geregelt kriegt, arbeiten geht, sich die Brust rasiert, vielleicht sogar in irgendetwas erfolgreich ist. Unsere andere Seite pupst unter der Bettdecke, holt sich jeden

Tag einen runter, boxt, trinkt und macht sich ständig über die saubere Seite lustig. Es gibt Männer, die können ihre Triebe so kontrollieren, dass man nur ihre saubere Seite sieht. Noch mehr Männer zeigen nur ihre dreckige Seite. Die meisten von uns geben beide Seiten preis. Wenn wir verkatert sind, sehnen wir uns theoretisch nach dem Frauenmagazin-Klischee: Wir würden gern im Bademantel herumrennen, nur auf dem Sofa liegen, probiotische Getränke zu uns nehmen und auch mal Obst essen. Denn wir fühlen uns dreckig, schmierig, filzig, tierisch. Diese Attribute beschreiben aber auch unseren Lieblingssex: Voraussetzung dafür ist Leidenschaft – ohne sich um Nebensächlichkeiten wie den aktuellen Hygienestatus, Atemfrische oder Schweißgeruch zu kümmern. Wenn wir verkatert sind, bringen wir (von uns aus gesehen) die besten Voraussetzungen für diesen Sex mit. Dass wir aus eurer Sicht übernächtigt wirken, kacke aussehen und wahrscheinlich auch nicht nach Himbeeren duften, mag schon sein. Aber ihr habt nach unseren Gefühlen gefragt.

Warum habt ihr eigentlich so viel Angst vor unserem »Ich liebe dich«? 178

Seltsam, oder? Einerseits haben wir vor nichts Angst und würden uns jedem Mob entgegenwerfen, der euch lynchen will, aber wenn ihr von Liebe sprecht, bekommen wir weiche Knie. Der moderne Mann ist eben ein Depp. Er steckt voller Neurosen, Selbstzweifel, Unsicherheiten und will sich auf keinen Fall binden oder gar festlegen. Auch nicht emotional. Ein Liebesgeständnis sieht er nicht als Momentaufnahme, sondern als unabänderlichen Weg in die Zukunft. »Ich liebe dich« bedeutet für ihn: Ich bin am liebsten mit dir zusammen. Und da wir zusätzlich zu unseren Neurosen auch noch von dem Drang besessen sind, es euch recht zu machen, wollen wir euch natürlich diesen Wunsch erfüllen. Aber plötzlich spüren wir, dass wir ja auch noch Zeit für uns und die Kumpels brauchen, und kriegen Angst, dass wir zu kurz kommen. Diese Enge plötzlich … Das ist bescheuert, keine Frage, aber wir haben nie behauptet, dass wir nicht bescheuert sind. Zumindest nicht alle. Denn es gibt auch Männer, die ein »Ich liebe dich« nicht nur ertragen, sondern sogar erwidern können. Vor allem nach dem Sex. Oder währenddessen. Das hierzu von Frauenmagazinen in Umlauf gebrachte Gerücht, unser Liebesgeständnis bedeute beim Sex bloß »Ich liebe es, das hier zu tun« ist übrigens totaler Mist. Wenn wir von Liebe sprechen, meinen wir auch Liebe. In diesem Moment. Klar, kann sich das irgendwann oder auch schon sehr bald ändern. Aber das gilt für euch genauso. Dennoch: Wenn ihr es ein wenig hinauszögern könnt, von Liebe zu sprechen, nur zu. Denn Liebe muss man ja nicht immer in Worte fassen. Oft reicht es doch, sie zu spüren. Der einzige Ort, an dem wirklich von Liebe geredet werden muss, ist der Traualtar. Aber das Thema macht uns dann gleich noch mehr Angst.

179 Sollten wir euch neue Spielchen im Bett vorschlagen, oder muss das immer von euch kommen?

Was wollt ihr denn spielen? Mau-Mau? Mensch ärgere dich nicht? Oder etwas Härteres? Völkerball? Immer raus mit der Sprache, Ideen müssen ja nicht immer von uns kommen. Wir sind doch ein Team. Außerdem arbeiten wir ja alle irgendwie kreativ und sind längst an Brainstormings gewöhnt – auch wenn da im Büro nur Bullshit bei rauskommt. Aber solange ihr keine Kartenspiele, sondern Sexspiele meint, hören wir uns alle Ideen gern an. Denn wir Männer haben ehrlich gesagt nicht wirklich viel Ahnung davon, was ihr wollt. Da schwirrt so eine vage Vorstellung vom »echten Kerl« in unseren Köpfen herum. Und wir glauben, dass ihr gern geleckt werdet. Ein paar von uns sind sich sicher, dass ihr es auch gern von hinten mögt. Aber Spielchen sind das nicht. Wenn ihr zum Beispiel gern noch einen zweiten Kerl wollt (oder wenigstens einen Dildo, zusätzlich zu unserem Schwanz), könnte das ein Spielchen werden. Viele SM-Freunde bezeichnen ihr Treiben auch als »Spielchen«. Die Frage zielt ja darauf ab, ob es uns verstört, wenn ihr etwas Neues vorschlagt. Denn irgendwie bedeutet der Vorschlag ja, dass ihr mit dem bestehenden Sexleben unzufrieden seid. Doch keine Sorge: Viele Frauen sehen neue Ideen als Kritik am Status quo – wir nicht. Wenn ihr Lust auf etwas Neues habt, immer raus mit der Sprache. Ihr wisst doch, dass wir nicht besonders zimperlich sind. Wenn ihr mit uns gern Rotkäppchen und der böse Wolfgang spielen möchtet, packen wir euch sogar den Picknickkorb, und wenn ihr Bock auf Strippoker habt, holen wir die gezinkten Karten raus. Die Gleichberechtigung ist zumindest beim Sex schon so weit vorangeschritten, dass wir uns nicht gleich in unserer Männlichkeit Schrägstrich Sexualkompetenz angegriffen fühlen, wenn ihr etwas anderes wollt. Okay, wenn wir euch jetzt wehtun müssen, könnte (und sollte) uns das schon etwas schwerfallen. Wenn ihr uns wehtun wollt, solltet ihr vielleicht vorher mal vorgefühlt haben, was wir davon halten. Aber für Rollenspiele, Fetischspiele und sogar Psychospielchen sind wir gern zu haben. Das Einzige, was wir im Bett wirklich nicht spielen wollen, ist Mau-Mau.

Ist uns zu mau.

180 Wie sehr mögt ihr eigentlich Sex im Freien?

Sex unter offenem Himmel finden wir super, vor allem nachts, wenn wir (je nach Wetterlage und Stellung) dabei die Sterne sehen können. Wir mögen natürlich Kulissen wie Palmenstrände oder Waldlichtungen. Aber auf langen Reisen müssen wir manchmal einfach dringend vögeln, und dann treiben wir es auch in weniger malerischem Ambiente, etwa auf dem Rastplatz. Wichtig sind zwei Punkte: Erstens bedeutet »im Freien«, dass wir Sex in einem freien Land haben können, also nicht mitten im Akt von Fundamentalisten, Sittenwächtern und ähnlichen Lustfeinden verschleppt, gefoltert und enthauptet werden. Zweitens mögen wir (bis auf die Exhibitionisten unter uns) keine Zuschauer. Nicht mal den Affen auf der Palmenstrandpalme oder das Reh auf der Waldlichtung. Deshalb müssen wir zur Not auch mit dem Hochsitz, dem Pavillon oder der Sanddornhecke hinter der Düne vorliebnehmen. Der Rest ist nur Kulisse. Wenn wir Lust aufeinander haben, ist alles andere egal, bis wir einen dornigen Ast ins Auge kriegen. Oder uns ein Hirschhornkäfer in den Po kriecht. Oder im Hochsitz das Reservegewehr vom Förster losgeht. Aber jede Idylle birgt Gefahren. Und »Gefahr« ist unser zweiter Vorname. Der erste ist übrigens »Sex«.

181 Wie ist es für euch, wenn wir noch Jungfrau sind?

Wer ist denn bitte heute noch Jungfrau? Ein seltsamer Begriff in einer total durchsexualisierten Welt. Viel seltsamer ist eigentlich nur die Relevanz, die manche Leute mit diesem Status verbinden. Früher galt Jungfräulichkeit als Zeichen von Reinheit – allerdings nur bei Frauen. Heute bekommt man schon vor dem Teenageralter durch HipHop, Youporn und die Tagesschau so viel über Sex und Gewalt mit, dass es kaum möglich ist, »unbefleckt« zu bleiben. Das Konzept der Jungfräulichkeit ist also überholt. In sexuell rückständigen Religionsgemeinschaften wie dem Salafismus kann man vielleicht noch Menschen mit vierzig Jungfrauen locken – modernere Gesellschaften singen dagegen Loblieder auf Frauen, die nicht völlig unerfahren sind. Wie wichtig uns eure Jungfräulichkeit ist, hängt also von unserem Fundamentalismus, eurem Alter und unserer eigenen Jungfräulichkeit ab. Wenn wir einer Religion angehören, die ein intaktes Hymen mit intakten Moralvorstellungen gleichsetzt, ist es uns wahrscheinlich sehr wichtig (die Scheinheiligkeit, dass Männer durchaus Sex vor der Ehe haben dürfen, Frauen aber nicht, ist ein anderes Thema). Aber Religion beiseite: Wenn ihr älter als achtzehn oder zwanzig seid, euch für »den Richtigen« aufgehoben habt (und nicht aus Frust über sein Ausbleiben mit uns im Bett gelandet seid) und uns das wissen lasst, schreit alles in uns: Oh Gott – Verantwortung! Wir werden immer eine Rolle in eurem Leben spielen. Damit können einige Männer nicht gut umgehen. Anstatt euch das erste Mal so schön wie möglich zu machen, versuchen wir, es euch auszureden, und wenn ihr kurz mal ins Bad verschwindet, verschwinden wir aus der Wohnung.

Wie geht es euch, wenn ihr längere Zeit keinen Sex habt? 182

Nicht gut. Dann werden wir feindselig und wortkarg.

183 Warum ist Sex für euch eigentlich so ein Riesenthema?

Ist es doch gar nicht. Ihr habt doch dieses Buch gekauft. Oder habt ihr es von einem Mann bekommen? Zugegeben, vielleicht liegt es daran, dass Sex immer noch als Gradmesser der Männlichkeit dient. Dabei geht es mal nicht um die Maße unseres Genitals, sondern um die essenziellen Sachen, die uns Menschen ausmachen. Nein, Fortpflanzen können sich auch Tiere. Uns geht es um Spaß, Lust und Empathie. Weil wir uns auf diesen Gebieten mal besser (Sex und Lust), mal schlechter (Empathie) auskennen, machen wir ein Riesenthema daraus – oft kläglich versteckt hinter Schwanzlängenvergleichen. Außerdem ist Sex eine der letzten wirklich ehrlichen Tätigkeiten. Alles andere ist nur schöner Schein: Mag uns der Boss wirklich, oder will er uns nur ausbeuten? Will diese Frau uns oder unser Geld? Meint Trump das alles echt ernst? All diese Fragen lassen sich jetzt auch nicht lösen, indem man Sex hat, aber wenn wir nackt miteinander im Bett liegen und nicht mehr so viel reden, dann lügen wir auch weniger. Natürlich könnt ihr uns einen Orgasmus vorspielen, aber das ist dann eine Notlüge – die lassen wir euch durchgehen. Ansonsten bleibt Sex eine der letzten wirklich ehrlichen Sachen auf der Welt und deshalb unser Lieblingsthema.

184 Was haltet ihr von Spiegeln über dem und um das Bett?

Eine ganze Menge – vor allem, wenn wir in der Reiterstellung vögeln. Denn dann können wir euch gleichzeitig von vorne und hinten sehen. Wachen wir dagegen morgens allein im Bett auf und starren im Spiegel an der Decke in unsere unterlaufenen Augen, drehen wir uns gleich wieder um.

Unabhängig davon überlassen wir Inneneinrichtung doch eh meist euch – zumindest nach all den Jahren erfolglosen Bemühens, den hellen Ikea-Schrank aus Studienzeiten und den tonnenschweren Eichensekretär von Opa Wilhelm durchzusetzen. Als wir frisch zusammengezogen sind, habt ihr signalisiert, dass ihr euch auf kreative Ideen bei der Inneneinrichtung durchaus freut. Und wir waren glücklich über diesen »Wir entscheiden alles zusammen«-Kurs. Bis das Schiff mit jedem neuen Möbelstück immer schwerer wurde und zu kentern drohte. Aber die alten Möbel waren zum Wegschmeißen einfach zu schade. Da haben wir euch das Steuer überlassen – und segeln seitdem in ruhigeren, wenn auch gelegentlich pastellfarbenen Gewässern dahin. Die meisten Beziehungen regeln das Thema Einrichtung irgendwann so: Sie bestimmt, er zahlt und darf dafür auch mal ein sündhaft teures Gemälde für das Wohnzimmer (mit)aussuchen. Es ist nicht so, dass wir Männer immer gleich aufgeben, wir kämpfen ja, zum Beispiel um das Poster von Jean-Claude van Damme. Aber euch scheint das Thema wichtiger zu sein als uns. Deshalb ist Einrichtung eure Sache, und wir halten uns raus – denn für euch gelten wir hier als etwa so kompetent wie die demente Nachbarsoma – oder wie van Damme heutzutage. Vielleicht habt ihr da auch nicht ganz unrecht, denn dürften Männer beim Interieur mitentscheiden, wären heute wohl alle Schlafzimmer voll verspiegelt.

Habt ihr Bock auf Sex in der Sauna? 185

Nein, es sei denn, wir sind Fitnessfanatiker. Aber dann stehen wir auch auf Sex mit Gewichtsgürtel an der Hüfte oder mit Gasmaske, weil man dadurch weniger Sauerstoff bekommt. Oder wir heben euch beim Vögeln dauernd hoch, um unseren

Bizeps zu trainieren. Effektiv wäre es sicher auch, wenn ihr euch so ein wackeliges Pilates-Balance-Pad unter den Po legt und wir gemeinsam versuchen, durchs Ausbalancieren unsere Rumpfmuskulatur zu stärken. Das alles scheint jedenfalls viel aufregender als Sex in der Sauna. Wenn wir nicht gerade Finnen sind, geht da bloss der Kreislauf runter und die Erektion gleich mit, damit ist keinem gedient. Ehrlich gesagt ist das mal wieder ein Beweis dafür, dass die Natur bei der Erfindung des Mannes nicht zu Ende gedacht hat. Ebenso wenig wie die Wellness-Gurus, denn in der Umgebung von Saunen hätten wir schon gern Sex. Da ist es heiß bis feuchtwarm, es gibt jede Menge Liegeflächen, und alle laufen nackt herum. Nur vögeln darf man nicht – außer in diesen exklusiven Saunaclubs. In herkömmlichen Saunen dagegen kann man nur verstohlen schauen. Natürlich macht das offiziell niemand – aber wie abgestumpft muss man sein, wenn man nicht wissen möchte, wie der Schwanz oder die Scham des Banknachbarn aussieht. Man weiß ja vor lauter Waxing, Wildwuchs und Schamhaar-Perücken gar nicht mehr, was gerade angesagt ist. Da will man sich doch informieren!

Die Legende, dass Sex in der Sauna besonders toll ist, stammt aus unserer verklemmten Vergangenheit und basiert auf dieser Nacktheit der Saunagäste. Heute sind wir dran gewöhnt – etwa aus dem Sonnenstudio, von den bayerischen Seen oder vom Wellness-Urlaub. Nacktheit ist nichts Besonderes mehr – und mit ihr haben die Saunas ihren Reiz verloren. Früher war es noch toll, eine Sauna zu haben. Heute, da Fertighäuser mit voll eingerichtetem SM-Keller verkauft werden, ist sie so spießig wie ein Partykeller. Dann schon lieber Sex im Wasch-, Bastel- oder Weinkeller, da herrschen wenigstens angenehme Temperaturen, man kann neue Spielchen ausprobieren (auf der Waschmaschine, mit der Zange) – oder sich einfach betrinken.

Törnt euch Bisexualität an?

186

Kommt drauf an. Da ist zum einen dieser Altherrentraum von den bisexuellen schwedischen Zwillingsschwestern Inga und Lisa – finden alle geil. Zum anderen schmachten nur die wenigsten die bisexuellen schwedischen Zwillingsbrüder Björn und Sören an. Auch wenn »bi« das neue Hetero ist – die logische Konsequenz von Unisex-Klamotten, Verweichlichung und dem ewigen Versuch, uns in euch hineinzufühlen. Wie auch immer: Über 99 Prozent der Heteromänner stehen auf bisexuelle Frauen, die miteinander Sex haben. Da gibt es mehr Lippen, Brüste, mehr Kurven, mehr Muschis und mehr Pos. Mehr, mehr, mehr – da sind wir immer noch wie kleine Jungs, die nicht genug kriegen können. Da möchten wir stundenlang zuschauen. Machen wir auch, und wenn es nur im Internet ist. Aber wehe, der beste Kumpel trennt sich von seiner Freundin und kommt plötzlich mit einem Kerl daher. Dann sind wir noch sprachloser als sonst. Denn über Bisexualität reden wir nicht. Aber die Dunkelziffer ist hoch. Von den eben erwähnten eindeutig Heterosexuellen stöhnen so einige kurz auf, wenn ihnen die Freundin den Finger in den Po steckt. Die anderen betreiben exzessiven Körperkult und hängen danach ewig mit anderen Muskelmännern in der Sauna herum. Auch verdächtig. Doch Bisexualität bleibt nach wie vor unter sogenannten echten Kerlen verboten. Deshalb outen sich auch weder bekannte Schauspieler noch Fußballer. Aber insgeheim haben viele Männer schon ein bisschen Bock auf bi, allein aus Abenteuerlust. Dennoch würden es sich die meisten nie eingestehen, weil sie sich dann mit ihren Gefühlen auseinandersetzen müssten. Und das törnt uns wiederum total ab.

187 Wie kriegen wir euch am schnellsten ins Bett?

Indem ihr fragt. Ganz normal, sachlich und ehrlich. Bitte keine offensiv-erotischen Gesten, keine seltsamen Spielchen oder Zeichen, bei denen wir uns nicht sicher sind, ob ihr uns einen blasen oder nur Fleischfasern aus der Zahnlücke pulen wollt. Eine der wenigen Eigenschaften, die echt fast alle Männer mögen, ist Direktheit. Wir kommen damit klar, wenn ihr uns sagt: »Du bist ein Hornochse«, »Du bist aber fett geworden« oder eben »Ich will mit dir ins Bett«. Wobei hier wirklich eine grundlegende Sachlichkeit zählt: Bitte sagt nicht: Lass uns »schnackseln«, »bumsen« oder »orgeln«. Auch »Liebe machen« wäre gar nicht gut, all diese Begriffe geben versteckte Hinweise darauf, was wir im Bett von euch erwarten können. Genauso verkehrt wäre auch »den Beischlaf vollziehen« oder »penetrieren«. Ja, das klingt jetzt seltsam, weil wir einerseits Direktheit fordern, aber andererseits bei der Wortwahl rumzicken. Aber wir dürfen ja auch mal kompliziert sein. »Ich würde gern mit dir ins Bett« ist auf jeden Fall erfolgversprechend. Am wichtigsten ist dabei aber auch, wie ihr euer Anliegen vorbringt. Wenn ihr es mit einem Lächeln macht, habt ihr schon gewonnen. Und wir eh.

188 Habt ihr auch Torschlusspanik?

Nein – zumindest nicht, wenn es ums Kinderkriegen geht. Da sind ja die meisten Singles unter uns am Anfang eh nicht so richtig wild drauf, weil sie dann glauben, dass sie sich einschränken müssen. Außerdem gibt es immer irgendeinen älteren Mann im Leben jedes jüngeren Mannes, der ihm erzählt, dass er sich Zeit lassen und nichts überstürzen, ja, sich austoben soll. Eigentlich sagt das jeder Mann zu uns – und irgendwann sagen wir es zu anderen jungen Männern. Derart indoktriniert, ist es schwierig, Torschlusspanik zu bekommen. Ähnlich ist es mit dem Alleinsein. Auch wenn diejenigen unter euch, die aktuell unter Torschlusspanik leiden, es vielleicht anders empfinden – es sind sehr viele von uns – immer noch oder schon wieder – Singles. Gerade frisch geschiedene oder getrennte Männer, die es sich schon mal in einer Beziehung kuschelig eingerichtet haben, vermissen plötzlich Dinge wie Nähe, Zweisamkeit und Harmonie. Allerdings bekommen wir trotzdem keine Torschlusspanik und müssen unbedingt eine Freundin finden. Stattdessen werden wir immer schrulliger, bis sich schließlich eine erbarmt. Wahrscheinlich eine Frau mit Torschlusspanik. Denn vielleicht haben wir auch nur deshalb selbst keine Panik, weil wir wissen, dass ihr die ganz sicher kriegt und wir am Ende davon profitieren.

Würdet ihr Viagra schlucken? 189

Schon wieder? Wir haben doch erst gestern Abend eine genommen. Aber wenn ihr darauf besteht, immer her damit – vorausgesetzt, es geht nicht ohne. Denn diese Frage richtet sich primär an Leute mit Erektionsstörungen – egal ob jetzt lang- oder kurzfristig. Ob wir Viagra nehmen würden, lässt sich etwa genauso leicht beantworten, wie die Frage, ob wir Rückentraining machen, weniger Alkohol trinken und etwas gesünder leben wollen. Bis Mitte dreißig verneinen wir da mit einem furchtlosen Lächeln. Etwas später verneinen wir ohne Lächeln. Und irgendwann holen wir uns vom Arzt ein Rezept für das Rückentraining beim Physio – oder eben für Viagra.

190 Wärt ihr gern anders?

Ja, besser gebaut. Ansonsten sind wir eigentlich ganz zufrieden. Nur wenn es um die Penisgröße geht, hätten die meisten Männer lieber ein Baguette zwischen den Beinen. Das ist wie mit eurem Busen: Egal, wie schön er ist, ihr habt immer etwas daran auszusetzen. Außerdem hätten wir gern einen Waschbrettbrauch. Und mehr Haare auf dem Kopf. Schwanz – Bauch – Hinterkopf sind unser Bauch – Beine – Po. Ach, ihr meint, die inneren Werte? Mit denen sind wir zufrieden, gilt sogar für diejenigen, die sich ständig unterbuttern lassen, und diejenigen, die immer andere unterbuttern. In punkto Selbstbewusstsein ist bei uns sozusagen alles in Butter.

191 Früher standen ja alle auf Sex im Auto – und heute?

Heute stehen Autos für Umweltverschmutzung. Oder für eine Schwanzverlängerung. Aber nicht für Sex. Vielleicht gibt es schon Momente im Leben eines Teenagers, in denen Sex im Auto reizvoll erscheint, aber die meisten jungen Leute verachten Autos wegen der schlechten Ökobilanz. Sicher gibt es auch hier ein paar Autofetischisten, die sich nichts Heißeres vorstellen können, als es in ihrem (oder Papas) Wagen zu treiben – aber das hat nichts mehr mit dem früheren Faible für Sex im Auto zu tun. Damals bot das Auto vor allem die Möglichkeit zur Flucht – weg von den Eltern, weg von den Konventionen. Heute kann jeder, der noch bei seinen Eltern wohnt, das Zimmer abschließen. Und selbst wenn er es mal vergisst: Mama und Papa würden nie hereinkommen, ohne zu klopfen. Stattdessen gibt es nur augenzwinkernde Sprüche über die Pille und ständige Mahnungen, Kondome zu benutzen. Aufgeklärte Eltern sind ja gern viel offener als nötig – bis hin zur Diskussion von Mamas Lieblingsstellungen beim Abendessen. In solchen Momenten wünscht man sich als Teenager dann doch die prüden Fünfziger oder ein Auto zurück. Nicht für den Sex, sondern um einfach möglichst schnell von den peinlichen Eltern wegzukommen.

Merkt ihr eigentlich, was ihr beim Sex alles falsch macht? 192

Nein – und das ist echt ein schwieriges Thema. Denn schließlich klären uns zwar eine Menge Internetforen- und -filme über die weibliche Sexualität auf, aber den meisten Männern fehlt schlichtweg die Empaz… Empatt… na, das Einfühlungsvermögen. In anderen Bereichen des Lebens haben wir vielleicht gelernt, uns Fehler einzugestehen, so ist es nicht: Wir kaufen euch keine Handtaschen bei Pimkie, keine Lackstiefel, die bis über die Knie gehen, und wissen, dass ihr beim Grillen nicht Tonnen von herrlichem Fleisch essen möchtet. Dann gibt es aber auch Dinge, die wir eher aus eurer Sicht falsch machen, die aber aus unserer Sicht richtig sind. Deshalb kaufen wir weiter Chips und jeden Sonntag Kuchen. Wenn ihr uns dann eine Szene macht, weil ihr der Versuchung nicht widerstehen könnt und Angst habt zuzunehmen, profitieren wir von unserem dicken Fell und fangen einfach schon mal an zu futtern. Aber wir ändern unser Verhalten nicht. Beim Sex ist das im Prinzip genauso: Wir achten nicht nur auf euch, sondern auch auf uns. Wenn wir euch stimulieren, dann am liebsten auf eine Weise, die uns auch Spaß macht – also nicht nur mit der Hand, sondern vielleicht gleich mit unserem Schwanz (durch Reiben zum Beispiel). Da steigern wir uns dann gelegentlich so rein, bis ihr plötzlich stoppt, innehaltet und uns mit diesem Zaunpfahl-Blick anseht. Dann halten wir inne, und es geht wieder um die Frage, wie ihr Kritik äußert, denn im Bett stehen wir noch weniger auf Vorwürfe als sonst. Deshalb wäre es echt super, wenn ihr uns hier ausnahmsweise zeigt, wie wir die Leidenschaft wieder zum Laufen kriegen. Nehmt gern unsere Hand oder den Körperteil, auf den ihr Bock habt, und zeigt uns, was wir damit machen sollen. Handlungsalternativen anzubieten ist eigentlich eine Regel für Kinder – die aber auch bei erwachsenen Männern gut funktioniert: Stellt uns nicht vor vollendete Tatsachen, die uns das Gefühl geben, wir haben es versaut, sondern lasst uns einen Ausweg. Im Bett funktioniert das. Auf dem Sofa allerdings nicht. Vor dem Fernseher werden wir nicht die Chips gegen Gurkensticks eintauschen – egal, wie kritisch ihr schaut.

193 Innere oder äußere Werte?

Wenn wir wählen müssten, dann doch eher äußere Werte – vorausgesetzt, es soll etwas zwischen uns laufen. Das liegt jetzt nicht nur daran, dass wir ein bisschen oberflächlich sind – nein, es ist schlimmer: Wir können Schönheit einfach nicht widerstehen. Wahrscheinlich sind wir im tiefsten Innern alle Künstler. Innere Werte sind für uns eher bei unseren Kumpels wichtig, die können dann auch aussehen wie *Shrek*, wir haben da keine Hintergedanken. Bei euch dagegen ist das anders. Klar, angeblich gibt es sie irgendwo da draußen, die reine Freundschaft zwischen einem Mann und einer Frau, völlig ohne Libido, und dann sind uns Äußerlichkeiten auch egal – aber solange Anziehungskraft eine Rolle spielt, stehen wir auf Primärreize. Okay, Dummheit kann dann auch wieder viel kaputt machen, aber um überhaupt erst mal unser Interesse zu wecken, ist es einfach praktisch, wenn ihr gut ausseht – als wenn das bei euch anders wäre! Vielleicht muss ein Mann für euch nicht primär attraktiv sein, sondern kann auch klug, erfolgreich, empathisch, reich und total nett sein, weil ihr eben nicht nur von jetzt bis gleich denkt, sondern eventuell schon strategisch. Aber auch diese Qualitäten entdeckt ihr erst auf den zweiten Blick. Wenn ihr dann nicht zufällig von dem durchtrainierten Coca-Cola-Light-Lieferanten abgelenkt seid, der gerade in enger Jeans mit weißem T-Shirt hereinkommt.

Würdet ihr euch hochschlafen? 194

Ja, auf jeden Fall. Viel lieber sogar, als uns hochzuarbeiten. Dabei kommt es natürlich auf unseren Chef an. Entgegen den Gerüchten lieben wir Frauen in Führungspositionen wirklich. Wenn uns also die junge, verheißungsvolle Chefin nicht nur eine Beförderung, sondern auch noch Sex in Aussicht stellt – dann ja, sehr gern. Falls uns allerdings der gichtgeplagte Seniorchef des Sanitätshauses bittet, ihm doch mal unter der Gürtellinie etwas zur Hand zu gehen, lehnen wir ab. Das habt ihr euch gedacht? Na gut, dann hier die traurige Wahrheit: Keine Chefin kann so abstoßend sein, dass wir sie nicht vögeln würden. Da müsste sie schon zwei Köpfe haben. Ansonsten steigen wir mit Freude auf ihre Avancen ein – auch ohne Aussicht auf Beförderung. Denn beim Sex mit der Chefin geht es um Macht. Und wenn wir in ihr stecken, fühlen wir uns endlich stärker als die Frau, die uns den ganzen Tag herumkommandiert.

195 Wie kitzeln wir heimlich Sexwünsche aus euch raus?

Da ihr uns in den vergangenen Jahren von Wölfen in Wuffis verwandelt habt, hüten wir unsere Wünsche wie kleine Jungen ihre Playmobilmännchen. Natürlich gibt es Typen, die euch zum Valentinstag mit breitem Grinsen einen Buttplug schenken, aber die meisten von uns benehmen sich bei der Frage nach den heimlichen Sexwünschen wie, nun ja, Frauen: Wir sagen mit Wartezimmerstimme »Ist alles super« – selbst wenn wir kurz vor dem Infarkt wegen sexueller Langeweile stehen. Vor lauter Beschützerinstinkt, Alltag oder Elternsein glauben wir oft einfach nicht, dass ihr euch noch für unsere geheimen Sexwünsche interessiert. Doch wenn ihr mit außergewöhnlichen Vorschlägen oder Spielzeug kommt, brummen wir vor Freude wie ein neuer Massagestab. Also: Fordert von uns, was ihr wollt (bis auf den Dreier mit zwei Männern). Geht mit uns zum Shopping nicht nur zu Zara oder H&M, sondern auch mal in den Sexshop oder auf die Bondage-Messe. Oder fragt uns einfach direkt, wenn wir nackt neben euch liegen und zu wenig Blut im Gehirn haben, um euch etwas vorzumachen. Ihr könnt euch aber auch die Umwege sparen und einfach den Verlauf unseres Browsers checken.

196 Was haltet ihr eigentlich von Pick-up-Artists?

Nichts, das sind totale Vollidioten, die offenbar als Kind so hässlich waren, dass sie nie geliebt wurden, und das Trauma verarbeiten, indem sie andere Frauen traumatisieren. Dabei versuchen sie, so schnell wie möglich eine Bindung herzustellen, hören zu, sind aufmerksam, höflich, sprechen von Kindern, suggerieren euch Sicherheit. Sie bieten genau das, was ihr sucht. Das wirkt ehrlich, ist aber manipulativ. Ehrliche Gefühle zeigen diese Typen euch nicht, sie sind Frauenfeinde. Sie lesen Bücher, die ihnen erklären sollen, wie Frauen ticken (also das Gegenteil von diesem hier), verstehen dabei aber keinen Spaß, sondern gehen so analytisch vor wie Nerds, die beim Grillen Fleischthermometer benutzen. Denn mehr als Fleisch seid ihr für die nicht. Die Pick-up-Artisten machen aus dem Abschleppen eine Wissenschaft, da ist kein Platz für Gefühle. Sie haben verschiedene Eroberungsstufen und ein Punktesystem, nach dem sie euch bewerten. Wie Jungs, die in der Schule Autoquartett spielen – nur nicht so putzig. Klar kann es auch sein, dass ihr genau wisst, was ihr tut, wenn ihr mit so einem Typen ins Bett geht, aber dann seid bitte böse und raffiniert und brecht ihm zur Abwechslung mal das Herz. Wir anderen Männer halten nichts von Pick-up-Artists, weil sie uns den Ruf versauen. Wer einmal auf so einen Arsch hereingefallen ist, lässt sich nicht so schnell wieder auf einen neuen Mann ein. Außerdem mögen wir ihre Egozentrik nicht. Das klingt jetzt irgendwie total süß, findet ihr? Dann können wir das Gespräch ja gern noch mal vertiefen. Wir sind eh gerade auf der Suche nach etwas Festem.

Was findet ihr an Krankenschwestern sexy? 197

Dass wir ihnen ausgeliefert sind. Außerdem haben sie echt schon fiese Sachen gesehen, Ekel vor nicht perfekten Körpern, Körperflüssigkeiten oder kreativen Sexpraktiken sind ihnen fremd. Außerdem kümmern sich Krankenschwestern gern um unsere Bedürfnisse, und da stehen wir generell drauf. Dass es aber in Fetischläden Krankenschwestern-Kostüme gibt (die vielleicht nicht ganz den Richtlinien des Berufsverbandes entsprechen) und im Sexshop Schwestern-

Pornos stehen, ist eine andere Geschichte. Die dort gezeigten Krankenschwestern könnten im Ernstfall wahrscheinlich gar nicht wirklich helfen – außer bei der Behandlung von Dauererektionen. Wenn wir allerdings mit einem gebrochenen Bein oder entzündeten Blinddarm ins Krankenhaus kommen, treffen wir da eher die resoluteren Oberschwestern, die zur Not auch in der Lage wären, uns aus dem Bett zu heben und zum Klo zu tragen. Die mögen wir auch – wenngleich unsere Gefühle hier eher kindlicher Natur sind, denn sie geben uns mütterlichen Schutz. Attraktiv sind diese Frauen vielleicht nicht im herkömmlichen Sinne – aber im Herzen. Doch im Krankenhaus ist uns wahrscheinlich eh nicht nach Sex zu Mute, außerdem liegt im Zimmer meist mindestens ein Rentner, der fürchterlich stöhnt und schnarcht – und bei Fehlverhalten sicher sofort den Chefarzt rufen würde. Aber dann gibt es auch noch die Schwesternschülerinnen, die ihren Beruf irgendwann aus Überzeugung ergriffen haben und noch nicht von Nachtschichten und schlechter Bezahlung zermürbt sind. Die uns vielleicht begegnen, wenn es uns schon etwas besser geht, die Tattoos tragen, roten Lippenstift und ein aufforderndes Lächeln im Blick. Die nicht nur den Menschen hinter dem Patienten sehen, sondern auch den Mann und einen Blick auf dessen vom OP-Kittel entblößten Knackarsch riskieren. Mit so einer in einem Einzelzimmer – da könnten wir uns durchaus vorstellen, dass wir allein bei dem Gedanken an die Möglichkeiten Herzklopfen kriegen und ein fürchterliches Ziehen in der Lendengegend. SCHWESTER!!!

198 Verliert ihr eigentlich den Respekt vor uns, wenn wir uns im Bett unterwerfen?

Nein, nicht mal während des Aktes. Denn zum Unterwerfen gehört viel mehr Vertrauen als zur Dominanz. Und in den meisten Unterwerfungsspielchen gibt die Unterwürfige doch eben nur vorübergehend die Kontrolle ab, bestimmt aber am Ende durch ihre Entscheidung, wann sie was mit sich machen lässt. Aber auch beim Blümchensex begegnen wir eurer Entscheidung, euch unterzuordnen, mit Respekt. Aber klar, sicher gibt es auch hier wieder schwarze Schafe, die nicht verstanden haben, dass so was zum guten Ton gehört. Aber das sind meist Leute, die aus Überzeugung Wifebeater tragen und allen Ernstes von euch als »Bitches« reden. Bestimmt gibt es auch für solche Männer die passende Frau, die einen Zugang zu ihnen findet und mit dieser Desrespektierlichkeit umgehen kann – oder ihnen einfach irgendwann, wenn sie schlafen, ganz unterwürfig den Schwanz abschneidet.

199 Wann ist eine Frau für euch eine »Hure«?

Nie. Ist aber wieder eine Frage der Ecke, in der man aufgewachsen ist. Manche Männer benutzen das Wort »Hure« als Beleidigung, andere als Berufsbezeichnung und wieder andere gehen ständig in den Puff, fühlen sich da pudelwohl und bezeichnen nur die Freundinnen ihrer Frauen als »Huren«, wenn die ihr zur Scheidung raten. Ganz andere Männer besuchen Prostituierte, ohne darüber nachzudenken, ob die ihren Job aus Lust, Bequemlichkeit oder irgendeiner Notlage heraus machen. Sie respektieren die Frauen und nennen sie einfach bei dem Namen, den sie ihnen sagen. Dann gibt es wieder sogenannte soziale Randgebiete, in denen Leute glauben, »Hure« sei ein Synonym für »Frau« (außer für Mutti). Aber die nennen auch jeden anderen Mann »Bruder« und behaupten gleichzeitig, dass sie ihnen Familie wichtig ist.

200 Wo geht für euch Sex los?

Jetzt wäre es super, etwas zu schreiben wie: »Wenn ihr unseren Blick erwidert.« Denn tatsächlich gibt es einige empathisch veranlagte Männer unter uns, die sehen können, welche Möglichkeiten ein tiefer Blick mit einem angedeuteten Lächeln eröffnet. Die wissen, dass es in einer weniger zivilisierten Welt durchaus okay wäre, das Mittagessen der Kollegen vom Zehnertisch zu fegen und euch dort auch ohne schriftliches Einverständnis, rein auf Basis ihrer Interpretation, zu besteigen. In Verbindung mit dieser Fantasie kann Sex tatsächlich mit einem tiefen Blick beginnen. Die meisten Männer besitzen aber nicht so viel Vorstellungsvermögen. Für sie geht Sex dann doch erst mit dem Überschreiten der Schwelle zur Körperlichkeit los. So wirklich beginnt der Sex wohl mit der zweiten Phase, wenn wir merken, dass wir nicht mehr voneinander lassen können. Das ist jetzt eine etwas schwammige Grenze – aber dafür können wir im Gegensatz zu euch immerhin ganz deutlich sagen, wann der Sex für uns aufhört. Und für euch dann auch.

201 Wie wichtig ist Intimhygiene für euch?

Eure oder unsere? Also eure Intimhygiene ist uns schon wichtig – sogar wichtiger als unsere. Wenn ihr zwischen den Beinen riecht, ist das total desillusionierend. Als hätte jemand in die Schatzkammer gefurzt, die wir gerade entdeckt haben. Es ist jetzt ja auch nicht so, dass wir uns gar nicht pflegen, aber viele Männer lassen die Haare am Körper einfach wachsen und säubern sich untenherum beim Duschen. Die wenigsten von uns waschen sich täglich untenherum. Dafür haben wir einfach ein nicht so inniges Verhältnis zu unserem Pimmel. Viele von uns würden wahrscheinlich eher ihr Auto täglich waschen als ihren Penis. Und sie würden eher den Wagen hinter dem Kotflügel schrubben, als die Stelle hinter dem Hodensack. Eigentlich eine ganz schöne Sauerei, aber vielleicht nehmen wir an, dass unser Intimbereich automatisch sauber wird, wenn wir ständig daran herumspielen?

202 Lest ihr eigentlich heimlich die Sexrubrik in Frauenzeitschriften, um zu lernen?

Natürlich nur beim Friseur, wenn da zufällig eine Frauenzeitschrift herumliegt. Aber dann lassen wir uns doch recht schnell von Überschriften ködern wie »Was er wirklich will«, »Zehn Handgriffe, die Sie zur Sexgöttin machen« oder »Hosen runter – die Wahrheit über Männer«. Denn vielleicht können wir da endlich lernen, wie wir etwas Abwechslung ins Onanieren bringen. Dass von den Tipps immer nur die Hälfte stimmt, ist völlig in Ordnung – denn meist werden Frauenzeitschriften ja von Frauen geschrieben, die sich dann doch eher in der Theorie als in der Praxis mit der männlichen Lust auskennen. Bis auf wenige Ausnahmen. Aber ihr lest doch bestimmt genauso die Sexkolumne von Paula Lambert in der *GQ*, um zu schauen, ob sie die Meinung der Frauen auch tatsächlich so wiedergegeben hat. Ja, ja, natürlich auch nur, wenn ihr beim Friseur seid.

203 Was müsste man euch geben, damit eure Freundin Sex mit einem anderen haben darf?

Keine Ahnung – ein Ferrero Küsschen? Nein, wenn es ums Teilen geht, sind wir wie kleine Jungs, die ihr Spielzeug nicht hergeben wollen. Okay, ein privater Lapdance von Rihanna, eine Stadion-Dauerkarte bei unserem Lieblingsclub oder eine persönliche Assistentin mit Masseurinnen-Ausbildung könnten uns vielleicht umstimmen. Aber später bereuen wir unser Einverständnis dann bestimmt und machen erst uns und dann euch Vorwürfe. So wie im Film *Ein unmoralisches Angebot*, wo Robert Redford dem frisch verheirateten Paar eine Million Dollar für eine Nacht mit der Ehefrau bietet. Das Paar nimmt an und das junge Glück kurz darauf wegen der angekratzten Egos seinen Abschied. Das Ideal der Liebe ist durch erkauften Sex entweiht worden. Liebe für Geld geht in die Hose. Nicht ins Herz. Aber seit wann fragt ihr uns eigentlich um Erlaubnis, wenn ihr Sex mit einem anderen haben wollt? Völlig unrealistisch. Und dann sollen wir noch den Preis dafür bestimmen, als wärt ihr eine Prostituierte? Ne, ne, nicht mit uns, das kann nur schiefgehen. Ausgenommen natürlich bei Sklaven-Versteigerungen im SM. Da wäre ein ganzes Ferrero Küsschen als Preis für die Freundin dann aber fast schon wieder ein bisschen zu teuer.

204 Wie fühlen sich »dicke Eier« an?

Wie der Name schon sagt: geschwollen. Habt ihr zufällig ein Intimpiercing, das immer mal wieder eure Klitoris berührt und euch daran erinnert, dass ihr jetzt auch gut Sex haben könntet? Ungefähr so fühlt sich das an, aber dazu leider auch ein bisschen schmerzhaft – als würde ein Gewicht an dem Piercing hängen. Um das Gefühl nachzuvollziehen, müsst ihr euch zuerst einmal vorstellen, Eier zu haben. Malt euch aus, ihr hättet sehr leichte Gewichte an den Schamlippen, vielleicht so zehn Gramm. Das Gefühl, dicke Eier zu haben, entspricht dann einem Gewicht von vierzig bis fünfzig Gramm pro Seite. Und es zieht bis in die Lenden. Was aber noch schlimmer ist als der Schmerz, der sich irgendwie ertragen ließe, sind die mentalen Konsequenzen: Wir können uns nicht mehr richtig konzentrieren, denken nur noch ans Vögeln, verspüren keinen Hunger, keinen Durst und sind wahrscheinlich nicht mal mehr in der Lage, die ersten drei Plätze der Bundesligatabelle in der richtigen Reihenfolge aufzusagen. Dazu kriegen wir schon eine Erektion, wenn uns die Sonne auf die Hose scheint. Das Wort »schwanzgesteuert« ist also eigentlich total falsch, denn der ist nicht die Steuerzentrale, sondern eher Speerspitze der Bewegung. Der Kopf oder besser gesagt die Köpfe dahinter, die für die ganze Misere verantwortlich sind, das sind unsere Eier. An denen könnt ihr Männer an- und ausschalten – nicht nur, wenn ihr in Notwehr mal reintretet.

Mögt ihr es, wenn wir euch einen runterholen? 205

Öh, ja. Das ist einfach eine sehr nette Geste. Einem Mann einen runterzuholen gibt etwa so viele Karmapunkte, wie einer Oma über die Straße zu helfen – es geht nur viel schneller. Und genau wie es die Oma zwar auch allein über die Straße schafft, sind auch wir in der Lage, uns selbst einen runterzuholen. Aber wenn ihr das macht, fühlt sich das Runterholen plötzlich an wie Sex. Allein die Situation ist etwas Besonderes: Dass wir mehr erregt sind als ihr, kommt ja ständig vor, genau wie die Tatsache, dass wir mehr vom Sex haben als ihr.

Dass ihr euch aber ausschließlich um uns kümmert, schafft eine schöne Mischung aus Nähe und Distanz. Ihr habt uns da tatsächlich in der Hand. Und das gefällt uns ganz gut. Wenn ihr also mal kurz zwischendurch klarstellen wollt, wer hier eigentlich der Chef in der Beziehung ist, holt uns einfach einen runter. Wenn ihr es euch dabei noch selbst mit der Hand macht, ist das zwar eine echte motorische Herausforderung, aber so habt ihr auch ein bisschen mehr Spaß und könnt unser Glück noch ins Unermessliche steigern. Denn es suggeriert uns, dass es euch erregt, uns zu erregen. Deshalb verzeiht uns die übermütige Frage danach: »Und, Schatz, wie war es für dich?«

206 Woran merkt ihr eigentlich, dass wir gut zusammenpassen würden?

Das wittern wir. Wie Kinder, die genau wissen, von welchem Elternteil sie Süßigkeiten bekommen. Oder wie diese Promoter vom Tierschutz, die schon am Gang des Passanten sehen, wem sie eine Fördermitgliedschaft für einen Ponyhof andrehen können. Allerdings gibt es zwei verschiedene Arten des Zusammenpassens. Erstens können wir auf einer ziemlich animalischen Ebene zusammenpassen, bei der wir über den besten Sex unseres Lebens hinaus überhaupt keine Gemeinsamkeiten haben müssen. Da können dann einfach die Wirtschaftsprofessorin und der Gebäudereiniger das höchste Glück erleben. Dann gibt es die andere Seite, bei der Mann und Frau zum Beispiel Kollegen sind, den gleichen Humor haben, sich attraktiv finden, total aufeinander stehen, aber im Bett überhaupt nicht zusammenpassen, weil sie zu laut schreit und er gar nicht. Oder er einfach einen zu kleinen Penis hat. Möglichkeit drei wäre, dass alles passt, so etwas kommt aber selten vor und ist dann wahrscheinlich auch Ergebnis von Möglichkeit vier, der gesellschaftlich etablierten Methode für alle Partner, die gar nicht zusammenpassen. Da gilt die Regel: Was nicht passt, wird passend gemacht. Dann nehmen sich beide ein bisschen zurück, gehen etwas mehr auf den anderen ein, bis sie auf einer Wellenlänge sind, immer das höhere Ziel vor Augen: mit dem anderen in der Kiste zu landen.

Merkt ihr es eigentlich auch, wenn wir nicht zusammenpassen? 207

Ja, aber wir können das ganz gut ignorieren. Indem wir etwa warnende innere Stimmen unter den Tisch trinken und einfach immer weiter versuchen, euch von uns zu überzeugen. Im Eifer bekommen wir gar nicht mit, dass ihr uns immer wieder spöttisch anseht, gar nicht über unsere tollen Witze lacht und öfter auf die Uhr schaut als in unsere Augen. Wenn ihr dann das Handy zückt, um eurer Freundin die »Hol mich hier raus«-Nachricht zu schicken, nutzen wir die erste und letzte Chance, euch nach eurer Nummer zu fragen. Dass wir die gleiche Vorwahl haben, deuten wir sofort als die lang ersehnte Gemeinsamkeit. Und dass eure Handynummer die erste Nummer mit neun Stellen ist, beweist uns endgültig, dass ihr etwas ganz Besonderes seid.

Wie geht ihr damit um, wenn wir Schluss machen? 208

Genauso schlecht wie ihr – wir verhalten uns nur viel männlicher. Oder bockiger. Wenn wir wirklich schwer verliebt sind, akzeptieren wir die Trennung einfach nicht und machen es euch so schwer wie möglich. Wir schicken euch Blumen, duckmäusern um euch herum, stellen euch Playlists zusammen (oder Mixtapes, je nach Alter) und machen uns komplett zum Idioten. Das liegt vielleicht auch daran, dass wir uns so viel betrinken, dass wir gar nicht mehr nüchtern sind und der Verlust so schmerzt, wie uns die Liebe glücklich gemacht hat. Dazu kommt eben, dass wir verlassen wurden – und nicht haben. Der Handelnde ist im Leben immer in der besseren Position, egal, ob im Beruf, in der Freizeit oder in der Liebe. Wenn die Beziehung nach einem tradierten Rollenverständnis abgelaufen ist, in dem der Mann die Entscheidungen getroffen hat und die Frau eher passiv war, wird es ihm umso mehr zu schaffen machen, wenn er verlassen wurde. Wobei dann das Ego mehr Schaden genommen hat als das Herz. Wenn ihr Schluss macht, ist das für uns genauso kacke wie für euch. Wir versuchen, es uns halt nicht anmerken zu lassen, und spielen dabei gern mal den starken Mann, der wir ohne euch längst nicht mehr sind.

209 Wollt ihr echt unbedingt Mitglied im Mile High Club werden?

Ja. Und es ist gut, dass ihr euch schon mal damit beschäftigt habt. Für die Ahnungslosen unter euch: Zum Mile High Club zählen nur Menschen, die Sex im Flugzeug hatten. Einen wirklichen Club mit Mitgliedsbeiträgen, Kassenwart, Mitgliederversammlungen und einer Vielfliegerkarte gibt es da nicht – und auch sonst wenig Vorgaben oder Infos. Laut Wikipedia sollte die Flughöhe beim Luftakt mindestens eine nautische Meile sein. Erstes Mitglied war angeblich der amerikanische Luftfahrtpionier Lawrence Sperry, der nicht nur den Autopiloten zum Patent anmeldete, sondern auch vor etwa hundert Jahren, im November 1916, Sex in seinem Flugzeug hatte. Sieben Jahre später stürzte er über dem Ärmelkanal ab – allerdings ist nicht bekannt, ob es daran lag, dass er da schon wieder vögelte. Laut der amerikanischen Verkehrsbehörde NTSB war Sex im Flugzeug für mindestens einen Unfall mit einem Sportflugzeug mitverantwortlich. Aber nichtsdestotrotz würden wir es gern mal ausprobieren. Nicht leidenschaftlich gern, das steht auf der gleichen Liste wie der Dreier. Vielleicht ließe sich ja auch beides kombinieren – zu einem Dreier im Flugzeug? Wie, dafür wäre die Toilettenkabine zu eng? Kein Problem, für diese Kombi fliegen wir First Class.

Im August schwitzen wir alle noch wie blöde. Wie sorgt ihr da unten eigentlich für guten Geruch? 210

Wir reiben unseren Penis jeden Tag mehrmals mit wohlriechenden Ölen ein. Das sieht für euch auf den ersten Blick vielleicht aus, als würden wir uns einen runterholen – dient aber nur dem guten Geruch. Okay, manchmal nehmen wir Gleitcreme statt Öl, weil wir vielleicht eine empfindliche Haut haben, die auf Duftstoffe reagiert. Ansonsten haben wir eine total abgefahrene Methode, »da unten für guten Geruch« zu sorgen: Wir gehen ins Bad und ziehen uns aus. Dann stellen wir uns in die sogenannte »Dusche« und nehmen eine »Brause«, mit der wir sogenanntes »Wasser« über unseren Körper rieseln lassen. Danach reiben wir uns mit einer gelartigen Substanz ein, nennen wir sie mal »Duschgel«. Das machen wir am ganzen Körper, auch im Intimbereich. Wenn auf der Packung dieses »Duschgels« Wörter wie »fresh«, »active« oder »Menthol« stehen, kann es untenherum sehr schnell sehr »fresh« werden, aber das nehmen wir für guten Geruch in Kauf. Wenn wir diese Prozedur, wie üblich, am Morgen erledigt haben und abends überraschend die Chance auf einem Blowjob bekommen, kürzen wir das Ganze ab, hieven nur schnell unseren Penis über den Waschbeckenrand und säubern ihn einfach mit Seife. Ja, das alles klingt für euch wahrscheinlich ziemlich überraschend – aber wir Männer haben eben auch unsere kleinen Tricks.

211 Habt ihr Angst vor Sex mit einer neuen potenziellen Partnerin?

Total. Wir haben außerdem Angst vor Sex mit unserer langjährigen Partnerin – vor allem, wenn sie über fünfzig ist. Offen gestanden ist das eine etwas seltsame Frage. Denn selbst domestizierte Männer, die offen und ständig über ihre Ängste sprechen, machen das doch nur, um euch ins Bett zu kriegen. Vielleicht haben wir aufgehört, Säbelzahntiger in Frontalangriffen zu erledigen und jeden Tag eine andere Eckkneipe zu zerlegen, aber wenn es eins gibt, vor dem wir echt keine Angst haben, dann ist es Sex mit einer Frau, auf die wir stehen. Ihr Status als potenzielle Partnerin macht die Sache nur noch reizvoller. Oder spielt die Frage auf vermeintliche Bindungsängste an? Das hieße dann wahrscheinlich, dass wir denken könnten, wenn eine Frau als Partnerin infrage käme, würde der Sex mit ihr der entscheidende Schritt in eine Beziehung sein, aus der wir nicht so schnell wieder rauskommen? Ne, so verschwurbelt sind wir nicht, wenn es um Sex geht. Da gibt es nur zwei Kategorien: »Ja« und »nein«. Und wenn das »Ja« gut funktioniert, kann daraus gern mehr werden. Zum Beispiel ein Jahr. Erst mal.

212 Gibt es Literatur, die euch wirklich antörnt?

Ja, die *Grill-Bibel* von Weber zum Beispiel. Da geht es nur um Fleischeslust. Die erotischen Träume in eurem Tagebuch würden wir auch gern lesen – zumindest solange wir darin vorkommen und nicht unser bester Kumpel. Manche Männer erregt es offenbar, Gebrauchsanleitungen zu lesen. Anders lässt es sich kaum erklären, warum sie sich tagelang damit beschäftigen, wie sie das WLAN-Signal verstärken können. Neuere erotische Lektüre wie *Shades of Grey* dagegen macht uns nicht so an, dafür ist sie zu direkt – und wir sind ja eher subtil. Wenn wir dagegen einen Krimi lesen, in dem es eigentlich nicht um Sex geht und der Kommissar im Verhör plötzlich die Täterin vögelt, dann können wir schon versehentlich eine Erektion kriegen. Nicht, weil der Text so schön geschrieben ist, sondern, weil da gerade eine Fantasie verwirklicht wird, die wir neu und reizvoll finden. Leider gibt es solche dramaturgischen Wendungen viel zu selten. Und generell sind wir auch nicht so geduldig, dass wir erotische Spannung genießen können, die sich über Hunderte von Buchseiten aufbaut. Deshalb schauen wir einfach Pornos.

Findet ihr lachen im Bett unsexy? 213

Kommt darauf an, worüber ihr lacht. Wenn ihr über unsere vergeblichen Bemühungen lacht, euch in Stimmung zu bringen, ist das ziemlich abtörnend. Lacht ihr dagegen vor Lust – dieses tiefe, kehlige, erregte Freudenlachen, finden wir das toll. Oder wenn ihr lacht, weil wir euch in der erogenen Zone irgendwo küssen, wo ihr kitzelig seid. Lautes Lachen dagegen verunsichert uns eher. Auslachen auch, da hat sich seit dem Kindergarten nichts geändert. Klar, sollen wir im Bett Spaß haben – aber in erster Linie Sex. Wie ihr lacht, ist uns eigentlich egal – es sei denn, ihr habt so ein übertriebenes Stammtischgrölen drauf – oder dieses gackernde Donald-Duck-Lachen aus den Zeichentrickfilmen. Dann fühlen wir uns wieder verarscht, wir Sensibelchen. Aber ehrlich gesagt können wir selbst das süß an euch finden, wenn wir euch lieben. Denn wir mögen Macken ganz gern – auch wenn wir selbst unfehlbar sind. Am tollsten finden wir übrigens euer Erleichterungslachen nach dem Orgasmus, wenn eure Anspannung nachlässt (auch wenn das in Wahrheit vielleicht an unserem entrückten Gesichtsausdruck liegen mag).

214 Sind euch dicke Frauen dankbar, wenn ihr sie vögelt?

Das kommt ganz darauf an, wie gut wir im Bett sind. Warum sollten dickere Frauen uns dankbar sein? Weil sie weniger Sex haben? Ob eine Frau jetzt ein paar Kilos mehr oder weniger auf den Rippen haben sollte, ist Geschmackssache. Die meisten Männer stehen auf Kurven. Und die meisten kurvigen Frauen wissen das. Dankbar sollte eher der Kerl sein, der das Glück hatte, mit einer Frau Sex zu haben. Und wenn sie vielleicht nicht sehr selbstbewusst ist oder auch längere Zeit keinen Sex hatte, worauf die Frage ja anspielt, dann sollte er umso stolzer sein, dass sie sich für ihn entschieden hat (und die Sache nicht vermasseln). Wenn Frauen, gleich welcher Kleidergröße, überhaupt einem Mann dankbar sein sollten, dann Joseph Mortimer Granville. Weil der den Vibrator erfunden hat.

215 Könnt ihr auch tagsüber daten?

Nein, da sind wir dann ganz andere Menschen und viel zu sehr mit dem »tagsüber« beschäftigt, um uns auf euch einzulassen. Was ist denn das für eine Frage? Natürlich daten wir auch tagsüber. Oder habt ihr gedacht, all die Mittagessen und das viele Kaffeetrinken machen wir, weil wir Hunger oder Durst haben? Nein, wir daten immer. Sogar morgens. Dann haben wir den ganzen Tag miteinander. Und den Abend. Und die Nacht. Ist eigentlich viel besser, als sich immer nur abends zu verabreden. Andererseits kommt man abends auch schneller zur Sache, weil das »Insbettgehen« im Raum steht. Oft daten wir sogar, ohne dass ihr überhaupt wisst, dass es ein Date ist. Meist im Büro. Dann denken wir uns fadenscheinige Projekte und Themen aus, bei denen wir unbedingt auf eure Meinung angewiesen sind. Und wenn ihr uns dann nach dem aktuellen Status fragt, starren wir euch nur verliebt an und murmeln etwas wie »Kommt!«. So gesehen ist unser ganzes Leben ein Date – und zwar endlich mal eines, das wir uns nicht extra in den Kalender eintragen müssen.

Wie viel könnt ihr saufen, bis noch etwas geht? 216

Drei Bier. Oder drei Longdrinks. Oder drei Schnaps. Kombinationen funktionieren auch. Nach dem vierten Getränk aber wird Sex schwierig. Wie, ihr meint, das käme auf die individuelle Konstitution, den Alkoholgehalt und auf die Leberwerte des Einzelnen an? Ja, kann sein, aber irgendwo muss man ja mal anfangen zu pauschalisieren. Als Kernregel gilt hier: »Nach Drink Nummer drei ist die Liebe vorbei.« Der Sex vielleicht nicht und auch nicht der Drang – aber nach dem dritten Drink sind wir einfach zu betrunken, um noch ordentlich auf eure Bedürfnisse einzugehen. Zwar sind wir da auch endlich angeduselt genug, um Schüchternheit und Kinderstube zu vergessen und euch einfach mal zu küssen, aber viel schlimmer ist: Ab Drink Nummer zwei geraten wir in Sauflaune. Wir plaudern uns heiß, die Zunge wird trocken, wir merken: Da könnte mehr gehen mit euch, also trinken wir uns noch mehr Mut an. Nur für alle Fälle. Und ehe wir uns versehen, haben wir die magische Hürde überschritten, halten den vierten Drink in der Hand, können euch nicht mehr richtig folgen, und der Zauber ist dahin. Deshalb schlagt uns am besten nach dem zweiten Drink einen Locationwechsel vor. Dann können wir etwas Alkohol an der frischen Luft verfliegen lassen, den Zähler zurückdrehen, an der Tanke noch eine Flasche Champagner oder Wodka kaufen und die dann bei euch zu Hause trinken. Gern auch im Bett. Denn zwischen dem ersten und zweiten Mal ist der vierte Drink völlig in Ordnung. Da greift dann gern die Regel: »Ein Drink nach dem Sex – am besten auf ex!«

217 Wie findet ihr Intimpiercings wirklich?

Sie bringen uns etwas aus dem Konzept. Nicht, weil wir fürchten, dass wir daran hängen bleiben könnten, sondern weil wir nicht genau wissen, wie wir damit umgehen sollen. Dürfen wir daran ziehen, drehen oder klopfen? Oder schreit ihr dann vor Schmerzen auf, und der Sex ist gelaufen? Darüber hinaus sind Intimpiercings funkelnde Zeichen für sexuelle Offenheit. Deshalb freuen wir uns erst mal außerordentlich, sie zu sehen. Wer ein Piercing hat, besitzt Nehmerqualitäten, denn das Stechen der Dinger ist sauschmerzhaft. Dagegen ist zum Beispiel Analverkehr eine Kuschelpartie. Das Beste am Intimschmuck: Wenn wir euch die Wäsche abstreifen, den ersten Blick zwischen eure Beine werfen und sehen, dass es dort glitzert und funkelt, fühlen wir uns wie Indiana Jones vor der Schatzkammer. Sollten wir aber zu fixiert auf die Piercings reagieren, stellt kurz klar, dass es sich hierbei bloß um Körperschmuck handelt, der nicht überinterpretiert werden sollte. Denn wenn wir jetzt zum Beispiel ein Maori-Eidechsentattoo haben, heißt das ja auch nicht, dass uns bei der ersten Berührung gleich der Schwanz abfällt.

Wann werden wir euch zu mütterlich? 218

Das ist vielmehr eine Frage eurer Haltung uns gegenüber. Ihr könnt eigentlich alles machen, was ihr wollt, solange ihr dabei dieses gewisse Lächeln um die Mundwinkel und dieses gelegentliche Blitzen in den Augen behaltet. Solange wir sehen, dass ihr Lust auf uns habt, könnt ihr uns sogar die Haare kämmen, ohne dass wir uns bemuttert fühlen. Die wirklich mütterlichen Dinge macht ihr doch eh nicht, wenn ihr uns begehrt: Ihr würdet uns keine Pickel ausdrücken, nicht mit dem Spuckefinger den Suppenrest aus dem Bart wischen oder die Nase putzen, nachdem wir hingefallen und von einen Weinkrampf geschüttelt werden. Das sind mütterliche Handlungen, nein, es sind vielmehr mütterliche Reaktionen, die voraussetzen, dass wir uns vorher wie Kinder benommen haben. Solange wir uns wie Männer verhalten (also immer stark sind und so), fangt ihr auch nicht an, uns zu trösten oder zu bemuttern. Es sei denn, ihr seht mehr in uns, als wir euch zeigen, was ein sehr schöner Liebesbeweis ist. Also nicht nur mehr Fähigkeiten, als wir selbst erkennen, sondern auch mehr Schmerzen, als wir euch zeigen möchten. Dann dürft ihr auch kurz mal mütterlich sein – aber bitte kriegt rechtzeitig wieder die Kurve zur starken Frau an unserer Seite, die uns als den starken Kerl sieht.

Was haltet ihr von Verniedlichungen? 219

Gar nichts. Die gefährden unsere Männlichkeit. Denn wie sollen wir uns davon erholen, dass wir zum Beispiel gefeuert wurden, wenn ihr etwas sagt wie »Da muss der kleine Kuschelbär nicht mehr Schniefi-Schniefi machen, weil sein böser

Bossi-Bossi ihn holterdipolter gehopsipopsit hat.« Überhaupt sind zu viele Verniedlichungsformen der Erzfeind des Eros (nein, nicht das »Erzfeindchen« vom »Eröschen«). Haltet euch vielleicht an den Rat, nicht so mit uns zu reden, wie mit euren Kindern, Patenkindern oder sonstigen Kids, die ihr kennt. Am liebsten auch nicht schimpfen. Die einzige Ausnahme vom Verniedlichen bildet vielleicht die Niederlage des eigenen Vereins. Das macht uns dann so betroffen und gleichzeitig hilflos, dass wir uns in Sekundenbruchteilen verjüngen, bis wir wieder etwa fünf Jahre alt sind und losheulen, als hätte gerade ein Panzer unser Bobbycar plattgemacht. Aber leider wirkt sich diese Verjüngung nur auf emotionaler Ebene aus und nicht auf den Körper. Sonst wären wir alle Fans von Eintracht Frankfurt. Jedenfalls dürft ihr die Fußballniederlagen gern verniedlichen oder kleinreden. Machen wir ja auch.

220 Habt ihr eigentlich Angst vor unserem Vater?

Nicht wirklich Angst, aber wir haben doch einen gesunden Respekt vor ihm. Wie man ihn vor einem starken Gegner hat. Euer Vater ist – sofern ihr keine Brüder oder männlichen Freunde habt, die ihr schon seit eurer Geburt kennt – der erste Mann in eurem Leben. Er würde alles für euch tun, wahrscheinlich sogar noch mehr als wir (wenn wir uns noch nicht so lange kennen). Natürlich ist er kein wirklicher Nebenbuhler, aber ihm gehört eben doch ein großer Teil eures Herzens. Und da die meisten von uns nicht gern teilen, begegnen wir eurem Vater mit gemischten Gefühlen. Er uns übrigens auch. Unter Männern herrscht ja generell eine einfache Art der Verständigung: Wir ticken alle irgendwie ähnlich, neigen nicht zu langen Fehden, sondern mögen uns einfach – oder eben nicht. Das steht in Sekundenschnelle fest. Wir können uns an einem Abend prügeln und verbrüdern, weil wir nicht immer darüber nachdenken, was der andere wohl gerade denkt. Bei eurem Vater ist das anders, da sind wir uns nie sicher. Aber natürlich möchten wir ihm auf jeden Fall gefallen, damit er unserer Beziehung keine Steine in den Weg legt. Andererseits können wir uns sehr gut in ihn hineinversetzen, denn im Leben jedes Vaters einer Tochter kommt der Moment, vor dem wir alle Angst haben: Irgendwann steht da so ein pickliger Testosteronbengel vor der Tür und will unsere Tochter vögeln. »Na und?«, entgegnet ihr vielleicht leichtfertig. »Wir wollen es ja auch.« Das stimmt und ist auch total in Ordnung, fällt dem Vater aber eben schwer. Denn beim Sex gebt ihr euch einem anderen hin. Und der Vater war all die Jahre die einzige Liebe in eurem Leben, natürlich im familiären Sinne, nicht im inzestuösen. Er hat euch auf dem Arm getragen, euch getröstet, beschützt, ins Bett gebracht, euch gepflegt, wenn ihr krank wart und uns insgeheim wie ein Schneekönig über jedes »Papa, ich habe dich soooo lieb« gefreut. Für Väter bleiben Töchter immer irgendwie Papas Liebling. Auch wenn sie erwachsen sind. Und dann steht da dieser junge Typ vor der Tür, in dessen Blick sie in unsichtbaren Buchstaben das Wort »Ficken« lesen (das erkennen sie so gut, weil sie selbst mal genauso waren). Ihre erste Reaktion ist da, euch zu beschützen. Und das spüren auch wir Männer, die ihr irgendwann mit nach Hause bringt. Denn wir haben den Satz »Wenn du ihr wehtust, bringe ich dich um« genau so im Blick des Vaters gelesen, wie er jenes eine Wort in unserem gesehen hat. Also: Nein, wir haben keine Angst vor eurem Vater, aber wir verstehen, dass er sich um euch sorgt. Und dann sind wir durchaus bereit, so zu tun, als hätten wir Angst vor ihm. Wird uns nicht schwerfallen.

221 Wann sagen wir euch am besten zum ersten Mal »Ich liebe dich«?

Wenn ihr es fühlt. Das kann nach zehn Sekunden oder zehn Jahren sein. Ach, ihr meint wegen dieses Gerüchts, wir Männer könnten mit den »drei Worten« nicht so gut umgehen? Das ist leider nicht ganz falsch, denn ein Liebesgeständnis von euch kann uns in beide Richtungen treiben: Wenn wir eh schon die ganze Zeit ein bisschen in euch verliebt sind und ihr uns eure Liebe nicht nur zeigt, sondern die laut ausspricht, dann ist die Sache plötzlich offiziell und wir beide einen Schritt weiter, obwohl das »Ich liebe dich« kein Vertrag, kein Gelöbnis oder Eheversprechen ist. Es auszusprechen bedeutet, es öffentlich zu machen. Als wenn ihr ein T-Shirt mit unserem Namen anziehen würdet. Irgendwie dann doch eine kleine Hochzeit. Ihr bekennt euch zu uns – auch wenn es vielleicht aus einem spontanen Gefühl heraus geschieht, aus der Erleichterung nach dem Sex, dem traumhaften Abend – oder nachdem wir für euren gichtkranken Vater zwei Felder umgegraben haben. Ein bisschen weniger verfänglich und deutlich präziser wäre ein »Ich liebe dich gerade« oder »Ich liebe dich jetzt«. Dann fühlen wir uns nicht zu sicher, und das ist, zumindest am Anfang, nicht schlecht. Denn wenn wir nicht auch schon ein bisschen in euch verliebt sind, dann ist unsere Erektion das höchste der Gefühle. Dennoch solltet ihr euch davon nicht abhalten lassen, die drei Worte rauszuhauen, wann immer ihr sie empfindet. In der Liebe sollte man keine Angst vor Konsequenzen haben oder sich verstellen, um es dem anderen recht zu machen. No risk, no fun, no Ehering.

Wie macht ihr das eigentlich, dass wir immer auf euch Arschlöcher unter euch hereinfallen?

222

Das ist doch bei uns genauso. Wir denken am Anfang ja auch: Oh, cool, die ist endlich mal nicht so oberflächlich, obwohl sie gut aussieht, einen perfekten Körper hat und sich elegant kleidet. Die versteht mich, mit der könnte ich auch einen Winter in einer abgeschiedenen kanadischen Blockhütte verbringen. Aber dann brennt sie nach einer Woche mit dem ersten Mounty auf dem Pferd durch. Die beiden beliebtesten Partnersuche-Sprichwörter lauten »Gleich und Gleich gesellt sich gern« und »Gegensätze ziehen sich an«. Dann gibt es auch noch »Mal so, mal so« – aber das hat sich nie durchgesetzt, weil es so unentschieden klingt. Und: »Die dümmsten Bauern haben die dicksten Kartoffeln.« Das kommt dem Arschlochthema vielleicht am nächsten. Wahrscheinlich liegt es am Ende daran, dass es nicht die allerhellsten Kerzen auf der Torte sind, die immer wieder auf Arschlöcher hereinfallen. Ihr seid doch nicht doof: Wenn wir total gelackte Typen sind, die teure Statussymbole tragen oder fahren und nur von sich reden, dann liegt der Verdacht nahe, dass es in unserem Leben zuerst einmal um uns geht. Klischees haben oft eine wahre Ursache. Die meisten Typen, die sich benehmen wie Arschlöcher und aussehen wie Arschlöcher, sind auch welche. Warum ihr das nicht merkt, ist schwer zu beantworten. Vielleicht lasst ihr euch vom Status blenden, von der Rolex, dem Porsche, den Versorgerqualitäten. Oder ihr habt einfach Bock auf den Schläger, weil er so männlich rüberkommt und euch bestimmt gut beschützen kann. Oder ihr steht auf das Weichei, weil es bestimmt ein guter Familienvater ist – wenngleich auch sonst eher langweilig. Da setzt einfach jeder andere Prioritäten. Die beiden Hauptgründe aber, warum ihr immer wieder auf Arschlöcher hereinfallt, sind: Erstens glaubt ihr, uns ändern zu können. Nein, das könnt ihr nicht. Und das solltet ihr auch nicht. Also lasst es bitte. Und zweitens stehen gerade die außergewöhnlich schönen, klugen und starken Frauen unter euch auf Typen, die sich ihnen nicht gleich zu Füßen werfen. Das liegt aber auch daran, dass ihr diesen Typen wohl auch einfach nicht so wichtig seid – und so behandeln sie euch dann auch. Ob sie deshalb Arschlöcher sind, ist eine andere Frage.

223 Ist euch Fußball wirklich wichtiger als wir?

Natürlich nicht! Was glaubt ihr denn? Dass wir lieber Schweißachsel an Schweißachsel mit anderen Männern auf der Couch sitzen und noch mehr Männern zuschauen, wie sie einen Ball über den Rasen treten? Als mit euch ein romantisches, ruhiges Dinner beim Lieblings-Franzosen zu verbringen? Nachdem wir euch kennengelernt haben, würden wir diese ganzen Typen, die wir jahrelang durchs Leben geschleppt haben, diese vermeintlichen »Kumpels« am liebsten in der nächsten Eckkneipe gegen ein alkoholfreies Hefeweizen eintauschen. Aber ihr sagt ja auch immer: »Schatz, mach doch mal wieder was mit deinen Jungs.« Also spielen wir mit, erfüllen das Klischee und quälen uns zu diesen sogenannten Herrenrunden. Und während wir mit tränenfeuchten Augen auf den Bildschirm starren, schweifen wir in Gedanken ab: zu euch. Wir denken an durchknutschte Nächte, springen auf, weil unser Körper zu euch will, rufen »Jaaaaa!«, und wenn wir merken, wo wir uns befinden, schreien wir »Neeeeiiin« oder »Das kann doch nicht wahr sein!.« Dann setzen wir uns wieder hin, um den Frust über die ausweglose Situation mit noch mehr Bier hinunterzuspülen. Denn nur bei euch fühlen wir uns wirklich … Hey! Schiri, du Volldepp! Das war Abseits! So was muss man doch sehen! Idiot!

224

Würdet ihr es uns sagen, wenn ihr noch Jungfrau seid?

Oje, schwieriges Thema. Denn das große Ziel jedes Jungen ist, seine Jungfräulichkeit so schnell wie möglich loszuwerden – es sei denn, er ist hochbegabt oder gehört einer dieser fundamentalistischen »Kein Sex vor der Ehe«-Vereinigungen an. Die meisten Männer verlieren ihre Jungfräulichkeit so zwischen 16 und 18, weil sie dann hormonell bedingt kein anderes Ziel vor Augen haben als Sex.

Männer, die trotz Geschlechtsreife und Volljährigkeit noch keinen Sex hatten, gelten heutzutage als verklemmt, spießig und nerdig. Als die sexuelle Aufklärung das Leben zu einem sexuellen Spielparadies machte und Sex mit Leuten, deren Bild man nur kurz in einer App gesehen hat, alltäglicher wurde als Kaffeetrinken oder Gespräche ohne Smartphones, entdeckten ein paar nicht so erfolgreiche Hedonisten plötzlich den Wert der Jungfräulichkeit wieder: Das erste Mal sollte wieder etwas Besonderes sein, keine Sache, die man sich reinpfiff wie die letzte Staffel von *Game of Thrones*. Heute hat sich das Image der Jungfräulichkeit eingependelt, irgendwo zwischen »noch nicht zum Schuss gekommen«, »Ich möchte mein erstes Mal mit jemand Besonderem genießen«, und »Ich muss so viel für die Schule/Uni machen – wann soll ich da bitte noch Sex haben?«. Nach irgendeiner biblischen Definition entscheidet bei der Frau das Hymen (nein, nicht die Hymne) darüber, ob jemand noch Jungfrau ist, wir Männer dagegen haben kein Jungfernhäutchen. Und unser Poloch bleibt oft unser ganzes Leben lang unberührt. Da wir aber bis Anfang dreißig gern älter wirken und andere von unserer umfassenden Persönlichkeit überzeugen wollen, ähnelt die Frage, ob wir noch Jungfrau sind, der Frage, ob wir schwimmen können, Alkohol trinken oder noch alle Tassen im Schrank haben. Es gibt einfach Dinge, die setzt man bei uns als selbstverständlich voraus. Dazu gehört auch, dass ihr nicht die erste Frau in unserem Leben seid. Wenn wir zugeben, dass wir noch Jungfrau sind, heißt das auch, dass wir zugeben, im Bett überhaupt keine Erfahrung zu haben – ein guter Grund für euch, doch nicht mit uns in die Kiste zu steigen. Schlimmer noch, ihr könntet unsere Jungfräulichkeit »süß« finden und uns mütterlich anschauen. Mütterliche Blicke aber wollen wir unbedingt vermeiden – nicht nur beim ersten Mal. Deshalb würden wir es euch wohl nicht verraten, wenn wir noch Jungfrau sind. Warum auch? Wahrscheinlich würdet ihr es eh nicht merken. Die meisten Männer verhalten sich ihr Leben lang beim Sex so, als ob sie das zum ersten Mal machen.

225 Würdet ihr uns auch für Sex bezahlen?

Warum? Als Rollenspiel in einer Beziehung? Vielleicht. Denn wenn wir so lange zusammen sind, dass unser Sex Routine geworden ist, kann es vielleicht ganz interessant sein, euch dafür zu bezahlen. Nicht, weil es eventuell wertlos gewordenen Sex wieder aufwertet, sondern weil durch die Bezahlung neue Rollen festgelegt werden: Wir sagen, was wir wollen, ihr müsst es machen. Auch für euch kann die Rolle der »Gekauften« interessant sein, da sie euch von eurer selbst gesetzten Verantwortung, eurem Anstand und eurem Alltag entbindet. Sie ermöglicht euch, Fantasien auszuleben, so zu tun, als wärt ihr nicht ihr selbst – und wir nicht der Mann, mit dem ihr schon zusammen seid. Ihr könnt euch in der Rolle der Bezahlten völlig schamlos verhalten, obwohl ihr ansonsten natürlich grundanständig seid. Das Geld, so schmutzig es sein mag, entbindet euch vom Anstand. Allerdings macht ihr trotz Bezahlung die Regeln. Das heißt auch, wenn wir meinen, uns wegen dem Geld plötzlich wie Arschlöcher benehmen zu dürfen und euch despektierlich behandeln zu können, dürft ihr gern einen Kumpel mit Kampfsporterfahrung rufen, der uns unentgeltlich aus der Wohnung prügelt. Wenn wir euch allerdings gerade erst kennengelernt haben, euch gut finden und uns vielleicht sogar ein bisschen verliebt haben, solltet ihr uns auf keinen Fall vorschlagen, euch für Sex zu bezahlen. Dann fühlen wir uns falsch verstanden, verletzt und hauen ab. Wenn wir uns dagegen länger kennen, uns das Rollenspiel tatsächlich gut gefällt und euch der Gedanke kommt, euer Hobby zum Beruf zu machen – vergesst ihn einfach gleich. Denn wenn wir mit euch zusammen sind, ist es ein Spiel. Sex für Geld mit fremden Männern ist dagegen eine ernste Sache – auch wenn das die Männer nicht so empfinden.

Ihr findet Models geil, aber unser Bäuchlein törnt euch auch an? Hä? 226

Wer sagt denn, dass wir auf Models stehen? Die beschäftigen sich doch lieber mit sich selbst als mit uns. Beim Sex achten sie auf ihre Haare und darauf, dass wir ihren flachen Bauch sehen. Sie wollen eben zeigen, wofür sie hart gearbeitet haben. Versteht uns nicht falsch, wir mögen gute Shows, aber für die gehen wir in einen Stripclub oder ins Netz. Im Bett sind wir nackt – mit allen körperlichen Makeln. Wahrscheinlich haben wir ebenfalls ein Bäuchlein, also etwas mit euch gemeinsam. High five! Euer Bauch steht für euren Hang zum Hedonismus: Ihr seid Genuss- und Lustmenschen. Euer Bäuchlein zeigt uns, dass ihr über die Stränge schlagen könnt, euch nicht an Regeln haltet und Disziplin nicht euer zweiter Vorname ist. Das macht euch begehrenswerter, als es ein Hungerbauch jemals könnte. Außerdem ist es schwierig, mit einer Frau durchs Bett zu tollen, bei der wir immer Angst haben müssen, dass sie kaputtgeht. Daher: Sorry, Models, wir haben leider kein Foto für euch.

227 Die jungen Leute reden immer früher von Sex – wann ist es eigentlich heute Zeit für das erste Mal?

Aus Sicht der Erwachsenen haben Teenager immer zu früh Sex und aus Sicht der Teenager zu spät. Daraus ließe sich die Faustregel ableiten: Wenn man sich bereit fühlt, ständig davon träumt und einfach nicht länger warten will. Warum muss man denn eigentlich immer früher Sex haben? Auch auf die Gefahr hin, jetzt fürchterlich spießig zu klingen: Je später man die guten Sachen erlebt, umso mehr kann man sich darauf freuen. Klar, wahrscheinlich ist Mitte zwanzig dann für die Masse tatsächlich zu spät, aber das erste Mal so mit siebzehn, achtzehn zu erleben scheint eine gute Sache. Denn dann ist man mental schon deutlich weiter als mit vierzehn oder fünfzehn. Außerdem spielt es auch immer eine Rolle, wie alt der Partner ist. Und auch wenn das Gesetz vielleicht nicht immer nachvollziehbar ist, hier bietet es einen guten Richtwert. Aber jetzt mal ehrlich, wenn man im Gesetz nachschauen muss, um zu wissen, ob man jetzt Sex haben darf oder nicht, dann ist man wohl offensichtlich noch nicht alt genug.

228 Wie viel darf man über Sex reden?

Bei dem Thema kehrt sich das Klischee von den Frauen, die angeblich mehr reden als Männer, plötzlich um. Denn wir sprechen eigentlich ständig über Sex, er schwingt immer irgendwie mit (zwischen unseren Beinen, höhö). Ein großer Teil unseres Erwachsenendaseins besteht daraus, uns zu benehmen, als wären wir nicht erwachsen: Wir schauen euch auf den Hintern, halten euren Blicken stand, lächeln euch vorwitzig an – und wenn ihr nicht dabei seid, sprechen wir darüber, ob wir auf euch stehen oder nicht, genau wie die Frauen aus *Sex and the City* oder die Jungs aus der fünften Klasse. Ob das für irgendjemanden zu viel Sex ist? Wenn wir mehr über Sex reden, als zu arbeiten, ist es dem Chef sicher zu viel. Es sei denn, er ist auch so ein Bock. Wenn wir euch nur mit schmierigen Fantasien belästigen, anstatt euch zuzuhören, ist euch das auch zu viel. Wenn im Bett nichts mehr läuft, haben wir dagegen offenbar zu wenig über Sex geredet. Sex ist immer noch ein Tabu, etwas sehr Privates – und darüber zu reden bedeutet immer, etwas von sich preiszugeben. In welchem Maße das jeder machen möchte, sollte er selbst entscheiden. So sagen die einen einfach nichts – und die anderen schreiben gleich ein Buch.

Mögt ihr es, wenn wir beim Vorspiel eure Eier anfassen? 229

Kommt darauf an, wie gut wir uns kennen. Habt ihr euch eigentlich mal gefragt woher die Redewendung stammt, jemanden bei den Eiern zu haben? Sie sind nämlich echt eine ganz andere Baustelle als unser Schwanz. Wenn der gut durchblutet steht, könnten wir mit ihm Bäume ausreißen. Kleine Bäume. Bäume in der Wachstumsphase. Bevor sie einen Stamm kriegen. Der Penis ist halt stabil und kommt auch gut mit schnellen Bewegungen klar. Bei unseren Eiern ist das anders. Die sind so sensibel, dass uns allein der Gedanke an schnelle Bewegungen zusammenzucken lässt. Wie könnten wir sie in fremde Hände legen? Es tut uns ja schon weh, wenn wir sehen, wie jemand anderem in die Eier getreten wird. Nicht umsonst lernen Frauen in Selbstverteidigungskuren, dem Gegner erst mal das Knie zwischen die Beine zu rammen. Um unsere Eier zu schützen, tragen wir sogar Suspensorien, im Volksmund »Eierbecher« genannt. Aber nicht mal mit denen fühlen wir uns wirklich sicher. Neben dem wirklich unerträglichen Schmerz, den ein verdrehtes, geklemmtes oder gequetschtes Ei auslöst (an zwei gequetschte Eier kann kein Mann denken, ohne ohnmächtig zu werden), tragen wir in den Testikeln auch unsere komplette Familienplanung und damit unsere Zukunft zwischen den Beinen. Darüber hinaus sind unsere Eier für die Hormone verantwortlich, die uns mit Bartwuchs, breiten Schultern und schnellen Autos ausstatten. Im Namen Testosteron stecken die Wörter testis (lat. Hoden) und Steroid (das Zeug, das die Bodybuilder nehmen). Zu guter Letzt sind unsere Kronjuwelen Symbol für das Leben, das aus einem Ei schlüpft, also irgendwie der zwischen unseren Beinen baumelnde Anbeginn der Menschheit. Alles, was ist und sein wird. Und dann kommt ihr daher und wollt einfach mal ein bisschen damit spielen. Wir knutschen, landen im Bett, und irgendwann wandern wir an euch herab, ihr wandert an uns herab – und in diesem Moment denken wir: »Hoffentlich stellt sie nichts Dummes mit meinen Eiern an.« Denn manchmal, wenn ihr ein bisschen übermütig drauf seid, nehmt ihr zum Beispiel unsere Eier in den Mund. So wie man kleine Windbeutel auf der Zunge platziert, die dazu einladen draufzubeißen, damit man an die Vanillecreme kommt. Es gibt nicht viele Dinge, vor denen wir Angst haben, aber vor Hodenrissen schon. Deshalb behandelt sie so zärtlich wie möglich. Wir sind euch auch nicht böse, wenn ihr sie einfach in Ruhe lasst.

Wie seht ihr uns, wenn wir trotz festem Freund mit euch fremdgehen? 230

Dann halten wir euch für eine Frau, die weiß, was gut für sie ist. Oder wer gut für sie ist. Indem ihr euch mit uns einlasst, beweist ihr euer Gespür für Qualität. Und bevor ihr fragt: Nein, wir würden es nicht gut finden, wenn ihr uns mit jemandem anderen betrügen würdet. Höchstens vielleicht mit eurem offiziellen festen Freund oder Partner. Wir könnten auch nachvollziehen, wenn der sich über euer Fremdgehen mit uns ärgert. Wahrscheinlich würden wir sogar mit ihm ein Bier trinken gehen – oder uns von ihm verprügeln lassen (es sei denn, er ist wirklich sehr stark). Die meisten von uns pflegen eine Doppelmoral, wenn sie sich verliebt haben. Es ist uns gleich, ob ihr mit uns euren Partner betrügt, denn den kennen wir ja (meist) nicht. Und selbst wenn, was sind schon seine verletzten Gefühle gegen unsere Lust auf euch. Klingt mies, ja, aber es gibt da diesen Spruch mit der Liebe und den Regeln. Wir würden eher zögern, wenn wir selbst eine Partnerin haben. Denn wenn der Seitensprung die Regeln unserer eigenen Partnerschaft verletzt, können wir plötzlich ganz moralisch werden. Da sind wir absolut inkonsequent.

Beim Sex lieber Klamotten an oder aus? 231

Also ein bisschen was müssen wir schon ausziehen, ist ja klar – oder zumindest herunter, hoch oder beiseite. Es kann aber auch ganz reizvoll sein, die Klamotten mal anzulassen. Und denkt jetzt bitte nicht, dass wir euren Körper nicht sehen möchten. Solange wir noch Klamotten tragen, haben wir das Gefühl, wir wären von der Leidenschaft übermannt worden. Auf der anderen Seite ist es ja auch mal etwas anderes, einfach ein paar Sachen anzulassen. Wenn ihr das T-Shirt anbehaltet, fangen wir nicht automatisch an, euren Busen zu küssen oder an euren Brustwarzen zu nuckeln (aber damit hören wir eh meist auf, sobald Babys aufkreuzen, die das Gleiche machen). Seltsamerweise stehen wir auch drauf, wenn ihr den String nur etwas zur Seite zieht und uns eindringen lasst. Das Ritual des Ausziehens erinnert immer ein wenig an das abendliche Insbettgehen – man wartet förmlich nur darauf, die Bissschiene reinzuschieben, »Gute Nacht, Fatz« zu lispeln und das Licht auszuknipsen. Na klar, ist es auch komisch, mit Klamotten ins Bett zu gehen, aber ein Anfang wäre, die Nachtklamotten anzulassen und ein wenig mit ihnen zu üben: runterziehen, zur Seite schieben – irgendwie einen Weg hineinfinden. Wenn wir einmal Spaß daran gefunden haben, können wir im zweiten Schritt unsere Fähigkeiten im Alltag vertiefen. Und bevor ihr jetzt fragt: Ja, ihr habt immer kalte Hände und kalte Füße. Aber die Klamottennummer dient der Abwechslung und nicht unserer Sorge um eure Verfrorenheit. Also kommt bitte nicht auf die Idee, im Bett plötzlich Handschuhe anzuziehen. Und auch auf Strümpfe stehen wir nicht so – außer auf Nylons, die über die Knie gehen. Aber die halten wahrscheinlich nicht warm, oder?

232 Findet ihr Sex im Stehen wirklich so geil?

Ja, seltsamerweise schon. Allerdings nicht immer, denn am Ende haben wir es gern gemütlich. Da unterscheidet sich der Sex nicht groß vom Essen, Trinken, Konferieren oder Arbeiten, alles sitzende Tätigkeiten. Aber wenn wir jetzt in einem Stehimbiss sind, an einem Stehtisch oder in der Küche, ist das eine willkommene Abwechslung. Genauso ist es mit dem Sex im Stehen. Der hat zwei Vorteile: Erstens fühlt er sich an wie ungehinderte Leidenschaft, da das große Drumherum weg- und man an Ort und Stelle übereinander herfällt. Oder sich eben an einen Ort schleicht, der Sex im Stehen ermöglicht, was ja auch wieder etwas Verschwörerisches hat. Allerdings kommt hier schon Punkt zwei ins Spiel: der Teamgeist-Faktor. Wie einige Kamasutra-Stellungen ist Sex im Stehen gar nicht so einfach, wenn man nicht gerade Seile oder eine Sprossenwand im Schlafzimmer hat, an der man sich abstützen kann. Wenn wir dann noch etwas größer sind als ihr, braucht ihr vielleicht noch ein Treppchen, so wie Berlusconi oder Tom Cruise bei ihren Auftritten. Dann ist ein fester Stand wichtig, am besten also Rutschmatten in der Dusche auslegen oder Steps (diese einzelnen Stufen aus dem Fitnesscenter) zu Hilfe nehmen. Yoga bietet hier übrigens einen Vorrat an Geräten, Blöcken und Gurten, der sich mit etwas abseitiger Fantasie hervorragend zum Spielen verwenden lässt. Und weil Sex im Stehen anstrengend ist, geht die Nummer auch nicht so schnell, was ja kein Nachteil ist. Der entscheidende Vorteil von Sex im Stehen erklärt übrigens, warum er bei Affären und One-Night-Stands so beliebt ist: Danach können beide stolz sein, dass sie mal nicht im Bett gelandet sind.

Steht ihr wirklich auf die »Tricks, mit denen Sie jeden Mann verrückt machen« aus den Frauenmagazinen? 233

Was steht denn da? Oftmals bekommen diese Handgriffe und Kniffe ja so lustige Namen wie »Zweifingerglück« – was auch genauso auf der Speisekarte eines chinesischen Restaurants stehen könnte. Kurz gesagt: Wenn wir wüssten, dass es funktioniert, würden wir uns ständig selbst »Zweifingerglück« bescheren. Dennoch steckt in diesen Artikeln wie in den meisten Witzen und Legenden immer ein Fünkchen Wahrheit.

Deshalb lohnt es sich, die Tricks zu lernen und beim nächsten Sex auszuprobieren – allerdings nicht unbedingt mit dem aufgeschlagenen Magazin auf der Bettdecke, sondern eher mit Gefühl. Dass diese Artikel immer mit dem sogenannten »Augenzwinkern« verfasst sind (nebenbei: wer kann bitte augenzwinkernd noch gut genug sehen, um zu schreiben?), ist der Sache nicht gerade förderlich. Aber da müsst ihr durch, hier geht es um Basiswissen und ein paar Grundregeln. Sexregeln zu befolgen ist wie Kochen mit Jamie Oliver – man nimmt eine Handvoll von hier und eine Prise von da, und wenn man Bock hat, schüttet man noch ein bisschen von dem da hinzu. Am Ende geht es darum, dass Kochen Spaß macht. Oder Sex. Ob es uns schmeckt, werden wir euch schon sagen.

234 Gebt ihr eurem Penis wirklich Namen?

Nein, wieso sollten wir denn so etwas machen? Dann müssten wir auch unseren Armen und Beinen Namen geben, damit kein Körperteil, hihi, zu kurz kommt. Klar, früher, als alles noch verklemmt war und man statt »Pimmel« oder »Muschi« gern mal »da unten« oder »zwischen den Beinen« sagte, hörte man hin und wieder von Männern, die ihren Penis »Johannes« oder »Prinz Eugen« nannten. Aber heute würden wir – außer vielleicht ein paar Trendsetter vom Prenzlauer Berg – nicht mal mehr unsere Kinder so nennen. Die Namen sind ebenso ausgestorben wie das Bedürfnis, Synonyme für unseren Penis zu finden. Obwohl »Penis« auch echt bescheuert klingt. Aber welche Alternativen hätten wir? Da gibt es zum einen die Kategorie »Kriechtiere«. Darunter fallen Namen wie »Anaconda«, »Python« und »Raupe Nimmersatt«, also alles, was an die längliche Form unseres Genitals erinnert. Aber so ein Kriechtier will man ja auch nicht in der Hose haben. Manchmal benennen wir den Penis auch nach Musikinstrumenten, meist nach einer »Flöte«, woraus der ewige Wunsch spricht, doch mal wieder einen geblasen zu bekommen. Auch Lebensmittel werden gerne als Synonyme herangezogen, zum Beispiel »Baguette«, »Banane«, »Nudel« oder »Salami«. Dann gibt es eine Menge Verniedlichungsformen wie »Stöpsel«, »Stummelschwänzchen«, »Gürkchen« oder »Schniedelwutz«. Aber Verkleinerungsformen machen ihn nur noch kleiner, unseren »kleinen Freund«. Das Gegenteil, also »Bestes Stück«, »Liebeszepter« oder »Presslufthammer« klingen zwar imposanter, aber wenn »King Kong« gerade formtiefbedingt nur zehn Zentimeter groß ist und wie eine erschrockene Schnecke wirkt, bringt auch der schönste Name nichts. Am Ende sind alle Bezeichnungen doch Nonsens. Welche Frau würde einem Mann sagen, er habe da wirklich einen schönen »Ritzenhobel«? Durchgesetzt haben sich nur »Schwanz« und »Pimmel« – und ein bisschen auch Begriffe, die so ähnlich klingen wie »Pimmel« – also »Lümmel«, »Dödel« oder »Schwengel«. Ein guter Rat: Wenn ihr unserem Penis einen Kosenamen gebt, macht das erst, wenn ihr euch mit ihm so richtig gut angefreundet habt. Wenn ihr seine Eigenarten und Vorlieben kennt, wenn er euch vertraut und ihr ihm. Das macht man doch mit guten Freunden so.

Nehmt ihr uns Kopfschmerzen als Sexausrede ab? 235

Nein, nicht seit es Ibuprofen gibt. Aber jetzt mal im Ernst: Ihr könnt uns doch sagen, wenn ihr keine Lust habt. Ob ihr jetzt Kopfschmerzen, Periode oder Infektionen als Grund vorschiebt, ist uns egal, wir durchschauen das sofort. Selbst wenn wir Männer emotional etwas schlichter strukturiert sind, können wir plötzlich total empathisch werden, wenn es um Sex geht. Da nehmen wir es mit jedem amerikanischen Profiler auf. Deshalb sagt uns lieber gleich die Wahrheit. Damit werden wir schon fertig. Dann gehen wir vielleicht joggen und duschen danach fünf Minuten länger. Wenn ihr aber öfter keine Lust auf Sex habt, fangen wir an herumzunölen – bis wir begreifen, dass man Frauen nicht mit Herumnölen ins Bett kriegt. Sollten wir das nicht kapieren, dann fragt doch bei der nächsten Kopfschmerz-Ausrede, ob wir nicht ein Mittel gegen eure Beschwerden wüssten? Eine Nackenmassage vielleicht? Wenn wir euch dann allerdings eine Ibuprofen hinhalten, habt ihr die Kopfschmerz-Ausrede einmal zu oft gebracht.

236 Findet ihr Frauen über vierzig noch attraktiv?

Ja, wenn sie attraktiv sind. Heute sieht doch ab dreißig eh jeder zehn Jahre jünger aus – vorausgesetzt, wir wollen das und tun etwas dafür. Der Zeitgeist tendiert weg vom rauchenden und saufenden Fleischfresser hin zum bewusst ernährenden Trendsportler. Die sehen halt mit vierzig immer noch gut aus. Das Beste ist: Wir werden ja auch vierzig (wenn auch später als ihr). Und zum Glück kommen nicht alle Männer in diesem Alter in die Midlife-Crisis und meinen, sich eine jüngere Geliebte zulegen zu müssen. Ein paar von uns haben einfach alle »Hilfe, ich werde vierzig!«-Sachbücher gelesen, alle romantischen Komödien zu dem Thema gesehen und entschieden, dass diese Krise totaler Blödsinn ist. Das vierzigste Lebensjahr ist nur dann ein Einschnitt im Leben, wenn man vorher alles falsch gemacht hat. Das ist wie die Halbzeitpause beim Fußball. Man analysiert, ändert die Teamaufstellung oder lässt die Jungs weiterspielen, bis die Zeit abgelaufen ist. Was das jetzt mit vierzigjährigen Frauen zu tun hat? Einen Moment bitte, Frau Richterin. Wenn wir bereit sind, uns nicht mehr wie kleine Jungs zu benehmen, dann stehen wir auch nicht mehr auf junge Frauen, sondern auf gleichaltrige. Dann erkennen wir die Schönheit in eurem Blick, eurem Lächeln und eurer Art. Dann ist uns ein bisschen Orangenhaut ebenso schnuppe wie ein paar Fältchen. Dann finden wir euch auch mit über vierzig noch attraktiv. Aber danach wird es echt eng.

Was habt ihr eigentlich gegen Kondome? 237

Nichts, wir vertragen sie einfach aus medizinischen Gründen nicht. Jeder siebte Deutsche kann sich nicht mit Milchzucker arrangieren (oder bildet es sich ein), wir haben halt Probleme mit dem Stoff, aus dem Kondome sind. Kurz: Ihr Frauen habt die Actionfilm-Intoleranz, wir haben Latex-Intoleranz. Laut dem Deutschen Allergie und Asthmabund e.V. leiden etwa zwei Prozent der Gesamtbevölkerung unter dieser Naturlatex-Sensibilisierung. Und zu denen gehören ausgerechnet wir. Sorry. Ach, ihr habt auch latexfreie Kondome? Das ist sehr rücksichtsvoll, aber erstens wollen wir euch voll und ganz spüren. Zweitens dauert die Unterbrechung beim Überziehen oft länger als die ganze Nummer – und weil wir pragmatisch denken, lohnt sich der Aufwand da einfach nicht. Letztendlich geht es uns aber auch um Selbstschutz: Wir wollen unseren Schwanz nicht luftdicht verpacken. Nachher schwillt er noch an.

Aber ehrlich gesagt sind das alles bloß faule Ausreden. Die Wahrheit ist: Wir wollen ein Kind von euch. Denn ihr seid die eine Frau, mit der wir eine Familie gründen, ein Haus mit Garten kaufen und viermal im Jahr in Urlaub fahren wollen. Ihr seid die eine. Aber wenn wir euch das so sagen, kriegt ihr modernen Frauen ja gleich wieder Bindungsangst und haut ab. Also spielen wir lieber den Macho und klopfen diese Sprüche von der Latex-Allergie. Traurig, nicht wahr? Jetzt könnt ihr uns ruhig mal in den Arm nehmen.

238 Erzählt ihr euren Kumpels, worauf wir im Bett stehen?

Neeein, natürlich nicht. Würden wir nieee machen. Vor allem nicht, wenn ihr der wahr gewordene Traum aller heimlichen Fantasien seid. Oder wenn wir merken, dass ihr all die Spielchen mögt, die wir uns kaum selbst eingestehen. Wie würden wir vor unseren Freunden dastehen? Wir Männer sind ja generell keine Angeber, das weiß jeder, der mal einen Angler gefragt hat, wie groß der letzte Fisch war, oder einen Bodybuilder, wie viel er auf der Hantelbank stemmt. Nicht, dass wir euch jetzt mit einer Art Beute oder Fitnessgerät gleichsetzen wollen – neeein –, so etwas würden wir nieee machen. Okay, vielleicht kann es passieren, dass wir mal in eine Runde frustrierter Mittdreißiger geraten, die davon erzählen, dass sie schon monatelang keinen Sex mehr hatten. Kommt häufiger vor, denn es gibt offenbar mehr Männer, die wenig Sex haben, als solche, die zu viel vögeln. Außerdem wisst ihr doch, dass wir gern jammern. Und wenn einer von den sexuell Ausgelasteten jetzt in so eine Runde frustrierter Typen gerät, dann kann es sein, dass er einfach schweigt und zuhört – bis sich nach und nach ein undiplomatisches Grinsen auf seinem Gesicht ausbreitet, das Bände spricht: Bei mir zu Hause geht es richtig rund! Wenn wir allerdings das Glück haben, dass unsere Frau – also ihr – uns gezeigt hat, worauf sie steht, dann würden wir einen Teufel tun und unseren Kumpels Details erzählen. Denn das könnte euch in eine dumme Situation bringen – ob beabsichtigt oder nicht. Stellt euch nur vor, auf einer Feier sitzen alle entspannt beim Grillen, haben vielleicht schon ein bisschen was getrunken, und plötzlich fragt euch ein Kumpel: »Du nimmst zwei Würstchen, oder?« Daraufhin prustet ein anderer in seine Bierflasche, während der erste noch beteuert, er habe »überhaupt keine Hintergedanken« gehabt. Ihr werdet rot – und wir haben die nächsten zweihundert Jahre keinen Sex und können froh sein, wenn wir irgendwann wieder ins Schlafzimmer zurückdürfen. Daher: Nein, wir erzählen nicht, worauf ihr steht, aber nicht nur unter Paaren gibt es nonverbale Kommunikation – auch unter Männern. Ein Augenzwinkern hier, ein Schweigen dort genügt, damit die Kumpels mitkriegen, dass ihr eine Granate im Bett seid. Und mehr müssen sie gar nicht wissen.

Warum geht ihr eigentlich auf Erotikmessen? 239

Also offiziell gehen wir ja gar nicht auf Erotikmessen. Aber wir möchten natürlich immer gern an unserer Beziehung arbeiten. Oder daran, überhaupt eine Beziehung zu führen. Und jeder Mann, der den Schritt vom Laien zum Profi machen will, bekommt die besten Ratschläge, neuesten Technologien und innovativsten Anregungen auf einer Messe – ganz gleich, ob es um Themen aus dem Bastelkeller oder dem Bett geht. Natürlich würden wir uns lieber für einen Abendkurs in der Volkshochschule einschreiben, aber da wird meist kein Sex angeboten. So bleibt uns nichts anderes übrig, als mit Mittvierzigern in einer Schlange vor einem Pornosternchen zu stehen, das anbietet, alle Besucher nacheinander in ihr Fachgebiet einzuarbeiten. Wie sollen wir uns auch sonst fortbilden? Noch mehr Pornos schauen? Uns eine Geliebte zulegen, die Feedback gibt? Frauenzeitschriften lesen? Von den Messen kehren wir immerhin mit Tüten voller Penis-Nudelsuppen, Muschi-Weingummis, Liebeskugeln sowie jeder Menge schlimmer Ideen zurück. Und wenn wir bei der »Fortbildung« mit dem Pornosternchen von einem Kamerateam begleitet wurden, das uns als besonders engagierten Workshopteilnehmer gefilmt hat, dann kommen wir vielleicht sogar ins Fernsehen. Ist das nicht toll?

240 Warum stöhnt ihr »Ich komme!«, bevor ihr kommt?

Ihr wollt doch immer, dass wir über unsere Gefühle reden – und »Ich komme« ist doch immerhin ein Anfang. Beim Sex läuft unser Gehirn halt nicht mehr ordentlich, wir können nicht mehr anständig kommunizieren und kriegen höchstens ein Stöhnen, Schnaufen oder Hecheln heraus. Jeder andere würde mit solchen Symptomen wahrscheinlich sofort ins Krankenhaus eingeliefert werden. Sekunden vor dem Orgasmus wird es sogar noch schlimmer: Da arbeitet unser Gehirn nur noch beschreibend und winkt alle Eindrücke ungefiltert zum Mund durch wie bei einem Kleinkind. Wenn ihr uns einen Ball zeigt, sagen wir tatsächlich »Ball«, zeigt ihr uns einen Mietvertrag, kriegen wir wahrscheinlich nur ein gestammeltes »Papier« heraus. Deshalb wertet einen komplexen Erkenntnisgewinn wie »Ich komme!« im Bett bitte einfach als spontanen Freudenausruf. Es kann natürlich auch sein, dass wir »Ich komme!« rufen, weil ihr es immer von uns erwartet – nämlich dann, wenn das Essen fertig ist und ihr uns zu Tisch ruft. Und wenn wir uns das mal angewöhnt haben, werden wir es nicht mehr wieder los.

241 Wie weit würdet ihr für Sex mit eurer Traumfrau gehen?

Ach, da machen wir nur das Übliche: Wir reißen Bäume raus, trommeln uns damit auf der Brust herum und hüpfen aus dem Stand in den Himmel, um ihr einen oder zwei Privatjets aus den Wolken zu hauen. Aber ehrlich gesagt würden wir das auch schon für ein Lächeln von ihr tun. Denn wenn sie wirklich unsere Traumfrau ist, wollen wir mehr als Sex, dann wollen wir ihre Liebe. Hier könnte man jetzt Goethes *Faust* zitieren, muss man aber nicht. Aber wenn uns jetzt irgendein dahergelaufener Mephistopheles fragen würde, wie weit wir für eine halbe Stunde Traumfrau mit oder ohne Gummi, Blasen und Stellungswechsel (Sonderwünsche extra) gehen würden, dann wären wir immer noch bereit, einem Kind das Eis zu klauen oder der Oma den Rollator. Aber natürlich würde das die Traumfrau nie von uns verlangen, sonst wäre sie ja nicht unsere Traumfrau (es sei denn, es handelt sich um ein besonders dickes Kind oder eine Hexe wie Else Kling aus der *Lindenstraße*). Warum wir überhaupt so viel für dieses eine Mal riskieren? Damit wir beim nächsten Mal nicht mehr so weit gehen müssen. Sondern nur noch bis ins Schlafzimmer.

Wie sieht für euch die perfekte Muschi aus? 242

Natüüürlich finden wir die Muschi unserer Partnerin am schönsten, können uns aber auch auf massentaugliche Schönheitsideale einigen. Sonst hätten es Emilia Clarke und Scarlett Johansson nicht so weit gebracht. Also jetzt nicht, weil sie so schöne Muschis haben (weiß man nicht, müsste man sehen), sondern wahrscheinlich symmetrische Gesichter. Forscher haben entdeckt, dass wir etwas schön finden, wenn eine Hälfte aussieht wie die andere. Das gilt auch für Muschis: Der eine steht auf größere Schamlippen, der andere auf kleinere, und der nächste mag nur den Dschungel darüber. Aber wenn eine Schamlippe ans Rampenlicht drängt, während sich die andere versteckt, oder eine Seite kahl rasiert ist und über die andere Naturlocken wuchern, dann wirkt die Muschi unausgeglichen. Das ist jetzt kein Grund, zum Vaginalchirurgen zu rennen: Selbst die oberflächlichsten Typen von uns sind glücklich, wenn sie überhaupt mal eine Muschi aus der Nähe zu sehen kriegen. Und ihr wollt sie doch wahrscheinlich eh nicht größerem Publikum präsentieren, oder? Auch wenn ihr euch ansonsten immer Gedanken macht, wie ihr obenherum ausseht – wenn es um eure Muschi geht, zählen für uns endlich mal die inneren Werte.

243 Holt ihr euch lieber mit links oder mit rechts einen runter? Oder mit was anderem?

Na, die Rechtshänder mit rechts und die Linkshänder mit … da kommt ihr nie drauf. Die Legende, dass es sich fremder anfühlt, wenn ein Rechtshänder sich mit links einen runterholt, mag stimmen, allerdings ist Onanieren koordinatorisch recht anspruchsvoll, und wie sollen wir mit der ungeübten Hand all die entscheidenden Punkte wie Rhythmus, Tempo oder Druck berücksichtigen? Von der Durchhaltekraft ganz zu schweigen. Klar würden wir uns gern »mit etwas anderem« einen runterholen. Aber wie? Ihr könnt euch alle Dinge einführen, die euch passen: Gemüse, Obst, Vibratoren, da setzt die weibliche Anatomie (in unserer Fantasie) kaum Grenzen. Wie, wir können unseren Pimmel doch auch überall reinstecken? Ja, worein denn? In ein Mauseloch? Den Briefkasten? Die Besucherritze zwischen den Matratzen? Nee, das fühlt sich erstens nicht gut an, birgt zweitens erhebliche Verletzungsgefahr, und wenn es – drittens – doch funktioniert, richten wir eine Riesensauerei an und bespritzen das Laken, die Post oder eine Maus mit Sperma. Da nehmen wir die Sache am Ende lieber wieder selbst in die Hand. Dann klappt es mit links. Oder rechts.

Findet ihr Gummistiefel an uns sexy? 244

Nein! Wie kommt ihr denn auf so eine Idee? Nur weil der Sommer ins Wasser gefallen ist und ihr keine High Heels anziehen konntet? Ihr kennt doch die Regel: Outdoorkleidung ist praktisch – und was praktisch ist, ist nicht sexy. Bis auf Toys. Die Einzigen, die auf Gummistiefel stehen, sind orgienerfahrene Natursekt-Liebhaber, Gummifetischisten und angetrunkene Nikoläuse. Vielleicht auch ein paar Nacktwanderer, die sich viel in Moorgebieten herumtreiben – wobei die wahrscheinlich eher einen Mückenspray-Fetisch haben. Es gibt zwar immer wieder Versuche, Gummistiefel salonfähig zu machen, aber die gehen alle irgendwie in die Hose (und das nicht im erotischen Sinne). Aber bevor das jetzt in eine Hasstirade ausartet: Gummistiefel zeigen ja, dass ihr vernünftig sein könnt. Aber leider ist Vernunft ebenfalls unsexy. Deshalb tragt bitte bei jedem Wetter Overknees, kurze Röcke und knappe Oberteile. Und wenn ihr dann bei uns ankommt, pitschnass, aber sexy, habt ihr einen guten Grund, euch sofort auszuziehen. Das ist dann zum ersten Mal in der Geschichte der Modewelt sowohl praktisch als auch sexy.

Was würdet ihr uns im Bett nie verzeihen? 245

Im Bett verzeihen wir schneller als Priester im Beichtstuhl. Ihr könnt uns so ruppig einen runterholen, als würdet ihr einen Cocktail mixen oder beim Blasen mit den Zähnen knirschen – wir sagen nichts. Auch wenn ihr uns so wild reitet, dass das härteste Jahrmarkt-Pony zusammenklappen würde, erdulden wir jeden Hopser mit einem Lächeln, auch wenn ihr unser bestes Stück umknickt wie eine Pusteblume auf dem Rugbyfeld. Wahrscheinlich würden wir nicht mal meckern, wenn ihr unter der Decke pupst (es sei denn, ihr wart mexikanisch essen). Aber: Konzentriert euch bitte immer nur auf uns. Sagt niemals den Namen eures Exfreundes, unseres Vaters – ach, sagt am besten gar keine anderen Männernamen. Und chattet nicht stundenlang mit eurer besten Freundin. Macht nichts, was uns auch außerhalb des Bettes verunsichern oder emotional verletzen könnte (gilt nicht für SM), also auch keine Selbstgespräche mit verschiedenen Stimmen und keine nationalistischen Parolen (gilt nicht für die AfD). Ach ja, und wir mögen es auch nicht, wenn ihr im Bett schnarcht – vor allem nicht, wenn wir gerade Sex haben.

246 Wie sehr interessiert euch Sex mit einem Mann?

Also uns Heteros interessiert Sex mit anderen Männern offiziell gar nicht. Aber wo fängt Sex denn eigentlich an? Einige von uns haben halt manchmal Lust, sich mit verschwitzten Kerlen durch Mixed-Martial-Arts-Käfige zu wälzen – aus reinem Sportsgeist. Andere beginnen im Suff plötzlich, sich an den Knien ihrer Kumpels zu reiben. Wieder andere schauen heimlich Bi-Pornos, wo aber immer – ganz wichtig – eine Frau mitspielt. Und beim Bund holt sich angeblich gern das ganze Achterzimmer beim Pornoschauen einen runter – jeder für sich natürlich. Keiner fasst da die Flinte vom anderen an, wir sind doch nicht schwul. Und deshalb interessiert uns Sex mit anderen Männern auch nicht – es sei denn, wir gehören zu dieser neuen Generation, in der jetzt schon mehr Leute einen Dreier hatten als keinen Dreier, egal mit wie vielen Männern oder Frauen. Diese Generation sieht Sex offenbar ein bisschen lockerer so wie David Bowie und Iggy Pop in den Siebzigern oder ein paar Muskelmänner ganz früher im alten

Griechenland. Aber das ist lange her. Heute interessieren uns die altgriechischen Schwulitäten nicht mehr. Da ziehen wir uns lieber total heterosexuelle Actionfilme wie *300* rein, wo die ganze Zeit halb nackte bärtige Krieger übereinander herfallen. Natürlich nur wegen der geilen Kampfszenen.

Was wünscht ihr euch von uns zu Weihnachten (im Bett)? 247

Dass ihr uns einfach mal in Ruhe schlafen lasst. Ach, ihr wollt wieder Action? Weihnachtlichen Motto-Sex? Mit Kerzenwachs und raschelndem Stroh? Vielleicht gleich mit den Heiligen Drei Königen? Oder sollen wir euch einfach nur auspacken und den ganzen Abend mit euch spielen? Nee, jetzt mal ernsthaft: Im Bett ist für uns immer Weihnachten. Und wenn wir uns nicht ganz blöd anstellen, brauchen wir nicht mal Wunschzettel zu schreiben. Ihr fühlt doch, was wir wollen. Nicht? Okay, es gibt die drei Klassiker, über die sich jeder Mann freut: Einen Dreier (FFM!), einfach mal unverbindlich einen geblasen kriegen und Analverkehr (bei euch). Damit macht ihr nichts falsch. Wenn ihr uns verführt, kommt das auch gut an. Dafür müsst ihr gar nicht im Negligé mit winddurchwehtem Haar auf dem Bett liegen und Rilke zitieren. Es genügt vollkommen, wenn ihr euch nackt ans Bett kettet und uns den Po entgegenreckt. Zu riskant? Bei sexuellen Weihnachtsgeschenken ist es halt wie bei nichtsexuellen Geschenken: Ihr müsst etwas wagen. Und wenn das Ganze ein Reinfall wird, keine Sorge: Wir können euch ja nicht umtauschen.

248 Woran denkt ihr, wenn ihr uns leckt?

Meist denken wir über die Wiedervereinigung nach. Also nicht über die deutsche oder die von Nord- und Südkorea, sondern über die gleich anstehende Wiedervereinigung mit euch. Es heißt ja immer, Frauen gehen beim Sex so banale Dinge durch den Kopf wie die Frage, ob ihr alle Teile aus der Zalando-Lieferung behalten oder sie doch eine Nummer größer bestellen solltet. Derart komplexe Überlegungen würden uns beim Oralverkehr heillos überfordern. Wenn sich bei uns das letzte bisschen Blut im Kopf sammelt, um einen Gedanken zu formen, kommt etwas heraus wie: Oh Mann, die ist so dermaßen heiß, ich darf auf keinen Fall in die Kissen kommen. Wenn wir uns zusammenreißen, vielleicht auch: Oh, das könnte also dieser Kitzler sein, von dem immer alle reden. Den meisten Männern geht beim Lecken aber nur eines durch den Kopf: Noch nicht vögeln. Bleib stark, bleib unten, sei nicht so egoistisch. Durchhalten, du schaffst es. So etwas halt. Ein paar Jammerlappen machen sich vielleicht einen Kopf über wunde oder angerissene Zungenbändchen. An die Zalando-Bestellung denken wir aber nur im äußersten Notfall – wenn wir merken, dass wir doch wieder vor euch kommen und den Orgasmus hinauszögern müssen.

249 Habt ihr Sexvorsätze fürs neue Jahr?

Nein, denn gute Vorsätze bedeuten, dass man vernünftig sein will, und so was ist beim Sex total fehl am Platz – es sei denn, es geht um Kondome. Aber wenn wir uns etwas für das neue Jahr vornehmen, dann nur vernünftige Sachen: zum Beispiel nicht mehr zu rauchen, öfter die Eltern anzurufen oder ein

Waisenhaus zu gründen. Sex dagegen ist eher eine irrationale Herz-, Muschi- und Schwanz- als eine Kopfsache. Da nehmen wir uns Ende 2016 nicht vor, es 2017 einmal etwas härter zu treiben, sondern erledigen das noch in der Silvesternacht. Okay, okay, es gibt Menschen, die schüchtern sind, aber denen hilft ein Neujahrsvorsatz auch nicht. Genauso wenig, wie es den Blümchensexfreunden hilft, sich fürs neue Jahr mal wieder Gruppensex, Fetischspiele oder SM auf die Agenda zu schreiben. Denn zum Sex gehören mehr als einer. Wir könnten uns höchstens vornehmen, stärker auf die Wünsche unserer Partnerin einzugehen. Oder sie von unseren Ideen zu überzeugen. Der einzige Vorsatz, den wir allein durchziehen können, ist, uns nächstes Jahr mal mit der anderen Hand einen runterzuholen. Aber daraus wird eh wieder nichts.

Machen euch manche Lebensmittel/Getränke wirklich geil? 250

Es wäre toll, endlich mal bei diesen »Welche Lebensmittel steigern die Libido«-Studien zusehen zu dürfen, wie Probanden kiloweise Sellerie und Spargel mit Ingwertee hinunterspülen, bis sie in größter Gemüsegeilheit übereinander herfallen. Laut einer neuen Studie macht angeblich sogar Kaffee geil. Das Koffein steigert die Durchblutung des Schwanzes, heißt es. Das würde immerhin erklären, warum wir Männer den ganzen Tag so triebgesteuert sind und so ein Brimborium um diese teuren Espressomaschinen veranstalten. Oder warum George Clooney Nescafé-Werbung macht. Totaler Blödsinn? Wahrscheinlich. Lebensmittel machen uns höchstens geil, wenn ihr irgendwas Unanständiges damit anstellt. Oder wenn euch im Sommer das geschmolzene Vanilleeis aus dem Mundwinkel läuft. Dabei ist es aber nie das Eis, das uns erregt, sondern ihr. Und auch die viel erforschte Penisdurchblutung lässt sich wie bei allen schlecht durchbluteten Gliedmaßen am besten durch kräftiges Reiben steigern. Übrigens, liebe Forscher: Die einzigen Lebensmittel, die uns wirklich geil machen, sind Wodka Red Bull, Gin Tonic und Bier.

251 Wie muss eine Frau sein, damit ihr treu sein könnt?

Also wenn das Leben ein Wunschkonzert wäre? Dann sollte sie freundlich sein. Denn Fremdgehgrund Nummer eins ist ja Nörgelei. Ständige Nörgelei. Wir mögen es einfach nicht, wenn ihr uns dauernd kritisiert. Je cooler ihr mit unseren Fehlern umgeht, desto angenehmer ist das Leben mit euch – und umso treuer sind wir. Ist doch bei euch genauso. Weitere Ratschläge gefällig? Da gibt es dieses englische Sprichwort: »A lady in the streets and a freak in the sheets.« Das ist schon mal ein guter Ansatz. Aber interpretiert »Freak« bitte nicht als »Verrückte«. Ihr sollt beim Sex nicht plötzlich irre kichern oder euch danach unter dem Bett verstecken und knurren. Das wäre zu viel Freak. Aber auf Deutsch übersetzt klingt diese Pauschalregel halt ein wenig unhöflich: »Eine Dame auf der Straße und eine Schlampe im Bett.« Außerdem ist das Problem mit pauschalen Regeln ja, dass sie oft pauschal falsch sind. Wenn alle Frauen gleich wären, hätte die Natur sie ja auch unkompliziert machen können. Hat sie aber nicht. Warum? Weil wir gar nicht alle auf das gleiche Schema stehen. Nicht alle wollen die »Lady in the streets«, ausgenommen die Snobs unter uns. Außerdem stammt dieses Sprichwort aus Zeiten, in denen sich Ladys noch halbwegs anständig benommen haben. Heute gehören Sex, Drugs und Rock'n'Roll zu Adelshäusern wie das Tafelsilber. Und eine echte Lady kennt sich in Sachen Liebesdingen längst besser aus als die meisten Freaks. Sonst wäre es doch auch langweilig. Wie lange noch mal ist Queen Elizabeth mit Prinz Philip verheiratet? Genau, fast sechzig Jahre.

252

Was ist es, das einen Mann immer wieder zu ein und derselben Frau hinzieht, während er in wechselnden Beziehungen ist? Liegt es nur am Sex oder ist da vielleicht doch mehr?

Was soll denn da mehr sein? Ihr wollt uns doch nicht etwa Gefühle unterstellen? So etwas haben wir nicht. Vielleicht sind wir einfach obdachlos, und ihr besitzt ein breites Bett, oder wir kiffen gern, und ihr habt immer was zu rauchen da. Manche von uns suchen ja auch ältere Frauen als Muttterersatz oder schätzen Menschen mit einer professionellen Espressomaschine. Vielleicht kommen wir auch immer wieder, weil ihr direkt neben unserer Lieblingsbar wohnt. Meist aber kehren wir aus zwei Gründen zurück. Erstens: weil ihr leicht zu haben seid. Denn wir sind nicht nur gefühlskalte Machos, sondern auch noch bequem. Zweitens: Wir haben uns in euch verliebt. Das merkt ihr daran, dass wir nicht nur wiederkommen, sondern gar nicht mehr wegwollen. Geht man jetzt mal von dem dummen Klischee aus, dass Frauen immer eine Beziehung wollen und Männer nicht, ist das der Punkt, an dem es ernst werden kann. Aber wie bewegt ihr Polygamisten dazu, sich für euch zu entscheiden? Indem ihr nicht von einer Beziehung sprecht. Das Wort ist tabu. Denn wir modernen Männer sind tragischerweise Beziehungstypen, die den Begriff »Beziehung« fürchten. Doch wenn wir eine Frau gefunden haben, die zu uns passt, kommen wir immer wieder zu ihr zurück. Also lasst die Sache einfach laufen und vermeidet das B-Wort. Bis nach den Flitterwochen.

253 Denkt ihr beim Sex mit uns wirklich immer an uns – oder doch an die Hübsche vorhin aus der U-Bahn?

Also an die Hübsche aus der Bahn denken wir nicht. Zum einen, weil wir uns nicht mehr an sie erinnern (es sei denn, es war Liebe auf den ersten Blick, dann ist es für euch dumm gelaufen) – und zum anderen, weil wir beim Sex überhaupt nicht denken. Deshalb schauen wir da auch immer so entleert. Okay, es gibt ein paar Ausnahmen, in denen sich plötzlich der Kopf einschaltet, der sich dann aber eher mit Dingen beschäftigen muss, die der Situation geschuldet sind. Zum Beispiel mit Wadenkrämpfen. Da denken wir dann: »Oh Mist, jetzt das Bein strecken, in ihr drinbleiben und bloß nicht aus dem Rhythmus kommen.« Oder wenn das Bett knarrt, schießt uns durch den Kopf, dass wir mal auf die andere Seite wechseln sollten. Manchmal denken wir auch kurz darüber nach, ob es zu viel wäre, einen Vibrator in euch zu stecken und gleichzeitig eure Klitoris mit einem Massager zu stimulieren. Oder – in diesem Zusammenhang: »Wie zur Hölle kann ich bei dem Teil (also dem Vibrator) die Geschwindigkeit erhöhen, ohne dass sich der Rhythmus ändert und es plötzlich so klingt, als würde ich in ihrer Muschi Morsezeichen machen?« Und manchmal, wenn wir euch schon länger kennen, wenn sich vielleicht Gewohnheit eingeschlichen hat, wenn wir schon mal daran gedacht haben, dass etwas Abwechslung physisch ganz schön, aber psychisch natürlich untragbar wäre – dann denken wir beim Sex mit euch auch mal an eine andere. Aber das ist dann eher Scarlett Johannsson oder Penelope Cruz. Also Frauen, die wir nie wirklich haben können. Wenn ihr es positiv sehen möchtet, macht euch unser mentaler Seitensprung also zum Body-Double von Weltstars. Ist ja irgendwie auch ein Kompliment, oder?

254

Stehen alle Männer auf Analsex, und warum redet ihr so ungerne darüber?

Weil wir seltsamerweise glauben, dass ihr viel prüder seid als wir. Und Analsex sehen wir immer noch nicht als Standardprogramm an. Da reicht es einfach nicht, dass er in allen Frauenzeitschriften rauf und runter thematisiert wird. Es genügt auch nicht, dass ihn heute fast jeder im Netz sieht und im Bett hat. Historisch und hygienisch betrachtet ist er eher eine schmutzige Sache. Wir wollen ja erst mal einen sauberen Eindruck machen. Aber wenn wir euch dann im Bett haben, landet unser Finger schneller in eurem Po, als ihr »experimentierfreudig« sagen könnt. Klar, Verbotenes reizt uns im Schlafzimmer, aber außerhalb, wo wir gern den Moralischen geben, um euch ins Bett zu kriegen, würden wir den Smalltalk weder mit Analsex noch mit Banalsex beginnen. Sonst ist euer aufkeimendes Interesse doch sofort, nun ja, im Arsch. Dabei gäbe es so vieles, was wir bei diesem Thema noch lernen könnten. Für manche von uns funktioniert Sex ja leider nach dem simplen Prinzip: Reinstecken und wieder rausziehen. Über Gleitcreme, Plugs, Tempo und Penisgröße machen wir uns gar keine Gedanken. Schon deshalb sind Gespräche über Analsex gut und wichtig. Allerdings ist es auch nicht einfach, eine Frau zu finden, die gern über Analsex spricht. Deshalb, wenn euch das Thema interessiert, solltet ihr hier einfach mal die Initiative ergreifen und den Smalltalk mit einem dezenten Hinweis eröffnen. Zum Beispiel mit: »Hallo, ich bin Anna, du weißt schon, wie in diesem Freundeskreis-Klassiker, von hinten wie von vorne.« Und wenn wir nicht reagieren, macht ihr halt weiter: »A-N-N-A, ups, jetzt hätte ich fast noch ein ›L‹ drangehängt, hihi.« Klingt blöd? Nein, nein. Auf uns macht ihr mit so was einen super Eindruck.

255 Warum stöhnt ihr beim Sex nicht so wie wir?

Wir sind halt nicht solche Angeber. Außerdem stöhnen wir doch schon sonst ständig: Wenn wir den Müll rausbringen, das Bett beziehen oder mit zu Ikea fahren müssen. Im Bett lassen wir euch den Vortritt. Euer Stöhnen gibt uns die Bestätigung, die wir brauchen. Wie, Bestätigung braucht ihr auch? Ja, aber ihr wisst doch: Männer können ihre Gefühle nicht ausdrücken. Nicht mal durch Stöhnen. Leider. Übrigens: Es gibt ja verschiedene Arten des Stöhnens, die gebende, die nehmende und die verhuschte Art zum Beispiel. Wir bevorzugen bei euch die nehmende und pflegen selbst die verhuschte Art. Oder wir machen es wie die harten Kerle in den Actionfilmen und schweigen, bis wir im entscheidenden Moment den coolen Spruch oder eben den coolen Stöhner heraushauen. Der klingt dann realistisch bewertet eher ziemlich uncool, meist wie ein Gorilla, der aus dem Sekundenschlaf erwacht. Und das ist uns unangenehm. Deshalb lassen wir es lieber. Euer Stöhnen dagegen hat Melodie und Dramaturgie. Es steigert sich, wogt, eskaliert und verklingt schließlich wunderschön. Manche von euch sind da ja echte Rampensäue und brüllen das ganze Hochhaus zusammen, sodass uns, selbst wenn wir im Erdgeschoss wohnen, die Nachbarn aus dem sechsten am nächsten Tag anerkennend auf die Schulter klopfen und gratulieren. Während euch das wieder schrecklich peinlich wäre, können wir damit gut umgehen und nehmen solche Lobesbezeugungen gern entgegen. Stillschweigend – versteht sich.

256 Warum seid ihr Männer eigentlich so von eurer Penisgröße besessen?

Weil wir immer die Größten sein wollen. Vor allem untenrum. Aber jetzt mal ehrlich: Ihr seid doch auch von unserer Penisgröße besessen. Die Rede ist jetzt nicht von diesen Riesendingern, diesen Baguettes, aber so einen kleinen Puller – wollt ihr den wirklich? Es muss doch einen Grund geben, warum Dildos eher großen Gurken ähneln als Cornichons. Und verhält es sich mit euren Brüsten nicht ähnlich? Möchtet ihr nicht auch vorzeigbare Geschlechtsorgane präsentieren, unübersehbare Primärreize sekundärer Art, auf die wir Männer bestenfalls nicht nur dumm glotzen, aber die uns doch auf eine derart animalische Art faszinieren, dass wir nicht wegschauen können? Uns geht es genauso, die Penisgröße ist eben die Messlatte der Männlichkeit. Klar zeichnen den modernen Mann auch ganz andere Qualitäten aus (wie er beispielsweise Job, Beziehung, Sport, Familie, Karriere, Empathie und Selbstverwirklichung unter einen Hut bringt, ohne dabei einen Burnout zu kriegen). Ihr schätzt die aufmerksamen, fürsorglichen und feinfühligen Männer ja auch sehr und verliebt euch selbst in sie, wenn sie keinen großen Penis haben. Aber reden wir mal nicht von Liebe. Angenommen, ihr habt einfach totalen Bock auf Sex und die Wahl zwischen zwei guten Typen, von denen der eine einen großen und der andere einen kleinen Penis hat. Welchen würdet ihr nehmen? Genau.

257 Glaubt ihr wirklich, dass eine Frau keinen Spaß hat, nur weil sie beim Sex nicht gleich das ganze Haus zusammenschreit?

Also wenn eine Frau das ganze Haus zusammenschreit, hat meist niemand Spaß – wir am allerwenigsten. Außerdem haben wir modernen Männer es nicht so mit Leuten, die schreien – egal, ob im Büro, im Kino oder beim Sex (Ausnahme: Fußballstadion). Leute schreien doch nur, wenn sie aufgeregt sind oder sicher sein wollen, dass ihre Info auch ankommt. Und da diese Schreihälse immer ein bisschen außer Rand und Band wirken, können wir sie nicht so richtig ernst nehmen. Das ist beim Sex genauso. Wenn ihr rumschreit, denken wir erst: »Meine Güte, die mag mich aber gern.« Dann: »Habe ich jetzt diesen G-Punkt erwischt?« Und schließlich: »Tue ich ihr weh?« Oder: »Die will mich doch verarschen.« Zu guter Letzt: »Wo hab ich nur die Oropax hingelegt? Komm ich da jetzt unauffällig ran?« Und das ist nicht gut. Deshalb: Nein, wir glauben nicht, dass eine Frau keinen Spaß hat, wenn sie nicht das ganze Haus zusammenschreit. Grundsätzlich gehen wir erstmal davon aus, dass eine Frau beim Sex mit uns überhaupt keinen Spaß hat (ist so ein blödes Selbstzweifelding). Wenn es uns doch gelingt, ihr Spaß zu bereiten, wissen wir es zu schätzen, wenn sie ihre Lautstärke entsprechend einpegelt. Dann liegt auch die Chance, dass wir uns nach dem Sex noch mit ihr unterhalten, deutlich höher, weil wir nicht befürchten, dass sie uns anschreit. Außerdem gibt es überhaupt keinen Grund für dieses Overacting, es sei denn, die Dame ist Theaterschauspielerin oder Lehrerin in einem Problembezirk und agiert berufsbedingt etwas lauter. Aber natürlich würden wir eine Schreierin jetzt auch nicht einfach vor die Tür setzen. Da halten wir es wie mit zu lauter Musik auf Partys im Stockwerk über uns: Wir erdulden sie und warten, bis die Polizei kommt und die Lärmquelle beschlagnahmt.

Interessiert es Männer, wie viele Partner ihre Freundin vorher hatte? Wenn ja, welchen Einfluss nimmt das auf die Beziehung?

258

Nein, das möchten wir nicht wissen – es sei denn, sie ist ein Promi, und wir möchten ihre Biografie schreiben. Oder wir sind religiöse Fundamentalisten und versuchen, unsere Chancen auf ein intaktes Jungfernhäutchen zu rekonstruieren. Wozu wäre eine solche Info sonst gut? Allerhöchstens doch, um zu schauen, wie erfahren unsere Partnerin ist – und dann wäre es ja am besten, wenn sie es hat ordentlich krachen lassen, bevor wir ihr über den Weg liefen. Vielleicht gibt es einige Männer, die es als Problem ansehen, wenn eine Frau selbstbewusst genug ist, viele Liebhaber gehabt zu haben – für die Mehrzahl von uns Männern ist das aber eher ein Plus, weil wir eh zu schüchtern sind, um selbst die Initiative zu ergreifen. Okay, okay, ganz so locker sind wir nicht, und wenn unsere Freundin bei jedem zweiten Typen sagt, das sei übrigens ihr Ex, kommen wir uns nicht besonders auserwählt vor. Wenn diese Exfreunde dann auch noch davon schwärmen, wie sie damals mit »unserer Frau« in Amsterdam das Hotelzimmer kaputtgebumst haben, können wir schon sauer werden – allerdings nur, weil sie der Typ in so eine blöde Lage bringt. Der Rest ist am Ende bloß ein Egoproblem, damit werden wir schon fertig. Vielleicht für euch als Regel: Die guten Typen leben viel zu sehr im Jetzt, um sich mit euren Exfreunden zu beschäftigen. Denn es geht ja nicht darum, wie viele Partner ihr vorher hattet, sondern mit wem ihr aktuell zusammen seid.

259 Frauen haben oft einen besten schwulen Freund. Warum habt ihr nie eine beste lesbische Freundin?

Weil da immer die Fantasie mit uns durchgeht. Und wir hätten wirklich gern eine lesbische Freundin. Stellt euch mal vor: Wir sitzen zu zweit in der Küche, und ihr sagt: »Ich würde echt gern mal einen Dreier mit zwei Frauen ausprobieren, aber dazu müssten wir eine Frau finden, in die du dich garantiert nicht verliebst, also am besten eine gute Freundin, die du schon lange kennst – und dazu müsste sie ja auch noch auf Frauen stehen.« Und dann grinsen wir breit und freuen uns, dass wir eine beste lesbische Freundin haben. Sagt jetzt nicht, lesbische Frauen hätten gar keinen Bock auf Typen. Davon haben wir zwar schon gehört, aber in unserer männlichen Borniertheit glauben wir, dass wir dieser eine Kerl sind, der sie bekehren kann. Das ist genauso, als würdet ihr einem kleinen Jungen eine Katze zeigen und ihm sagen: »Sorry, die hat echt keinen Bock, von dir gestreichelt zu werden.« Da hält der sich auch nicht dran. Okay, Katzen und Frauen, ein blöder Vergleich. Das Problem liegt ja vielleicht auch gar nicht in der sexuellen Orientierung, sondern vielmehr darin, dass Männer und Frauen halt sehr selten »nur Freunde« sein können. Irgendwann will immer einer von beiden mehr. Richtig, einer – nicht eine. Abgesehen davon liegt es leider nicht nur an uns, dass wir keine beste lesbische Freundin haben. Lesbische Frauen interessieren sich halt nicht so für heterosexuelle Männer. Wobei »nicht« noch maßlos untertrieben ist. Und zu einer Freundschaft gehören ja immer zwei. Ja, das sollte man wirklich ändern. Wir heterosexuellen Typen sind bereit. Wir wagen gern den ersten Schritt. Und zur Vorbereitung schauen wir uns übrigens schon seit Jahrzehnten Videos mit lesbische Frauen an.

Warum lügen Männer bei der Anzahl ihrer Sexpartner? 260

Weil es doch viel besser klingt, wenn wir sagen, wir hätten gerade einen Dreier oder einen Vierer gehabt als einen Zweier. Ist wie beim Würfeln. Ach so, ihr meint, warum manche von uns behaupten, sie hätten mit über hundert Frauen geschlafen – obwohl sie bestenfalls mit einer Frau über hundertmal Sex hatten? So etwas machen doch nur Angeber, die beweisen wollen, dass sie määäääächtig viel Erfahrung gesammelt haben und jetzt genau wissen, welche Hebel sie im Bett in Bewegung setzen (nein, das wäre bei Homo-Sex), also, welche Knöpfe sie drücken müssen. Die Strategie geht aber nicht auf, denn blöderweise steigt die vermeintliche Gefahr, sich mit Geschlechtskrankheiten anzustecken mit jedem vermeintlichen Sexpartner. Eine potenzielle Partnerin befürchtet doch eher, sich bei einem Typen, der Sex mit hundert Frauen hatte, einen Tripper zu holen, als bei einem, der erst Sex mit einer einzigen Frau hatte. Und der Glaube, dass Masse (also viele Partner, nicht dicke Partner) beim Sex automatisch Klasse zur Folge haben muss, ergibt auch keinen Sinn. Denn wahrscheinlich hat der Prahlhans bei den zig Partnerinnen, mit denen er Sex hatte, keinen großen Eindruck hinterlassen. Sonst wäre ja mal eine bei ihm geblieben.

Ist ein schlechter Blowjob besser als gar keiner? 261

Ja, denn er ist Zeichen eures guten Willens. Na klar, ist er wahrscheinlich schmerzhaft, aber Leidenschaft und Professionalität sind halt zwei Paar Schuhe. Der Blowjob bedeutet sinngemäß, dass ihr uns zum Fressen gernhabt. Ihr wollt uns in euch. Das ist erst mal gut. Klar, wenn ihr dann anfangt, in die Penisöffnung hineinzupusten, auf der Eichel herumzukauen oder euch mit unserem Penis zu ersticken, ist das nicht so toll. Aber es zeigt auch, dass ihr uns etwas Gutes tun möchtet. Dass ist wie an Weihnachten: Da beschweren wir uns ja auch nicht, wenn wir ein Hantelset geschenkt bekommen. Hier wie dort gilt das alte Cowboy-Sprichwort: »Einem geschenkten Gaul schaut man nicht ins Maul.« Wir können euch ja sagen, wie wir unseren Blowjob mögen und wie nicht. Wenn ihr euch dann allerdings nicht an unsere Wünsche haltet und einfach weiterkaut, dann kann es sein, dass wir zukünftig auf die Blowjobs verzichten. Allerdings ist so ein Fall in der Geschichte der Männlichkeit bisher weder bekannt noch dokumentiert.

262 Warum Nutten? Ekelt euch nicht das Wissen, dass da vorher schon unzählige andere drin waren? Und dann noch dafür bezahlen?

Also wir erwarten jetzt keine Jungfrauen, wenn wir ins Bordell gehen. Der Bäcker, bei dem wir morgens Brötchen holen, hat schon mehr als tausend Brötchen gebacken, und der Taxifahrer, der uns in den Puff bringt, hat mehr als tausend Leute gefahren. Wir lieben es, mit Profis zu arbeiten – auch beim Sex. Ob der mit einer Prostituierten eklig ist, liegt an unseren Moralvorstellungen, an der Prostituierten selbst und der Preisklasse des Etablissements. Und die Bezahlung? Na ja, darauf würden wir natürlich gern verzichten, aber das wäre der Frau gegenüber ja auch unfair. Die Frage ist doch: Warum überhaupt käuflicher Sex? Dafür gibt es viele Gründe: Weil die Liebe nicht perfekt ist. Weil der Sex einfach, unverbindlich und wir gerade zu besoffen sind, um eine Frau ohne Bezahlung ins Bett zu kriegen. Weil wir uns nicht immer um euch bemühen wollen, nur um mal ein bisschen zu vögeln. Weil es sexuell vielleicht nicht mehr zwischen uns läuft. Oder weil wir Abwechslung wollen, ohne unseren echten Namen zu verraten. Und weil manche von uns ziemlich perverse Fantasien haben und eher eine Prostituierte dafür bezahlen würden, sie mit ihnen auszuleben, als die heile Welt mit Schatzimausi zu gefährden. Bei solchen Prämissen ist die Frage, wie oft und mit wem die Frau vorher geschlafen hat, sekundär. Aber immerhin können wir uns sicher sein, dass sie als Profi Kondome benutzt hat. Das klingt jetzt wieder so hart, aber keine Sorge: Es gehen nicht alle Männer zu Prostituierten. Nicht mal die Hälfte. Außer, wenn Messe ist. Aber selbst dann ekeln wir uns eher vor den anderen Typen im Puff als vor den schönen Prostituierten.

Was kann Frau am ehesten falsch machen?

263

Im Bett? Sie kann mittendrin den Sex abbrechen, nachdem wir uns intensiv um sie bemüht haben, und etwas sagen wie: »Sorry, das wird jetzt nichts mehr.« oder: »Hast du auch Lust auf ein Käsebrötchen?« Generell könnt ihr mit Worten mehr Schaden anrichten als mit Taten. Denn bei so etwas Animalischem wie Sex gibt es kein Falsch oder Richtig. Die eine vögelt so, die andere eben anders. Das ist ja das Gute. Okay, es gibt ein paar Dinge, die kein Mann mag: Wenn ihr uns mit zu viel Kraft und Tempo einen runterholt, als wolltet ihr euch bei uns als Barkeeperin bewerben. Aber auch zu wenig Griff und zu langsame Handbewegungen sind nicht gut. Generell stehen wir beim Sex nicht auf unabsichtlich verursachten Schmerz – wahrscheinlich genauso wenig wie ihr. Wir mögen es nicht, wenn ihr uns die Eier verdreht, und für viele Männer ist der Anus die *Danger Zone.* Ach ja, und wir mögen es nicht, wenn das Licht aus ist, weil wir euch einfach gerne anschauen. Am schlimmsten ist aber, wenn ihr uns emotional verletzt, also sagt, dass ihr uns nicht begehrt, wir es nicht draufhaben oder ihr jetzt zu eurem Exfreund fahrt, damit der euch daran erinnert, wie gut Sex sein kann. Wie, wir sind kleine Sensibelchen und sollen uns nicht so anstellen? Also jetzt brauchen wir erst mal Zeit für uns.

264 Ist es eine Masche, dass Männer immer so rüde und abgeklärt wirken?

Nein, nein – natürlich nicht. Aber jetzt mal ehrlich: Wo gibt es denn noch Männer, die rüde und abgeklärt wirken? In irgendeiner Spielhalle im Bahnhofsviertel? Auf dem Bau? In der Vorstandsebene eines DAX-Konzerns? Die meisten Männer sind doch heute eher höflich, sensibel und glauben daran, dass sie die Welt verbessern können. Sonst würden ja nicht so viele Typen Bücher schreiben und Start-ups gründen. Oder meint ihr, dass selbst wir modernen Männer manchmal rüde und abgeklärt wirken, wenn ihr euch für uns interessiert? Dass wir euch absichtlich ignorieren, nicht anschauen und so tun, als würdet ihr uns überhaupt nicht interessieren? Da habt ihr absolut recht. Ist so eine Art postmodernes Balzritual. Warum wir das machen? Weil es funktioniert. Wenn ihr wunderschön und sexy seid, dann seid ihr es gewohnt, dass wir euch wunderschön und sexy finden, anglotzen und angraben, sofern wir uns trauen. Wenn dann mal einer von uns überhaupt kein Interesse an euch zeigt, wurmt euch das tierisch, bis ihr die Initiative ergreift. Für uns ist das wahnsinnig praktisch. Wenn es mal funktioniert.

Warum könnt ihr euch beim Pinkeln nicht auf die Toilettenschüssel setzen? 265

Das ist zwar keine konkrete Sexfrage, aber sie passt perfekt zum Buchtitel *Hosen runter*. Denn die Hosen lassen wir nur runter, wenn es sein muss. Wenn wir zum Beispiel bei einer Frau eingeladen sind, die wir herumkriegen wollen, wenn wir aufs eigene Klo gehen (das wir selbst wieder sauber machen müssten) oder zu Gast bei Omi sind (die sich ja nicht mehr so gut bücken kann). Ansonsten pinkeln wir frei drauflos, im blinden Vertrauen auf unsere Zielkunst. Natürlich wissen wir, dass ihr euch darüber aufregt. Aber im Stehen zu pinkeln ist eben eine der letzten Bastionen der Männlichkeit: Sonst könnt ihr Frauen doch alles, was wir auch können: Ihr verdient Geld, prügelt euch, macht, was ihr wollt, und deckt nebenbei auch noch die volle Produktpalette der klassisch weiblichen Fähigkeiten ab – im Gegensatz zu uns. Nun haben wir halt etwas gefunden, in dem wir euch wirklich überlegen sind. Ihr (oder zumindest Susan Stahnke, die einst dafür warb) habt ja sogar versucht, ein Pissoir für Frauen durchzudrücken, und seid damit gescheitert. Das tut uns übrigens uuuuuunheimlich leid. Aber beim Pinkeln im Stehen sind wir euch eine Nasenlänge voraus. Und das wollen wir halt nicht so schnell aufgeben. Auch nicht, wenn ihr uns zwingt, anschließend das Klo sauber zu machen.

Muss ich mir Sorgen machen, wenn der Mann mir Blumen mitbringt? 266

Kommt auf die Blumen an. Marihuana ist ja verboten, Schlafmohn auch. Der Rest ist okay, warum solltet ihr euch da Sorgen machen? Weil die Männer in irgendwelchen Hollywoodfilmen ihr schlechtes Gewissen mit Blumengeschenken übertünchen? Nein, das Leben ist kein Film, und ihr seid nicht Audrey Hepburn. Wenn wir euch Blumen mitbringen, haben wir, und das klingt jetzt vielleicht komisch, einfach an euch gedacht, als wir am Blumenladen vorbeigingen. Wir haben daran gedacht, wann wir euch das letzte Mal Blumen geschenkt haben – und daran, wie schön ihr seid, wenn ihr euch freut. Daran, dass ihr die Blumen als Wiedergutmachung für nicht erzähltes Unrecht sehen könntet, denken wir nicht, denn sonst würden wir ja keine Blumen schenken. Und darüber nachzudenken, was der andere denkt, ist auch nicht so gut, weil man da nur auf dumme Gedanken kommt. Und die bringen uns dann wieder dazu, irgendetwas anzustellen, was euch gar nicht recht ist. Schließlich stehen wir dann wieder mit Blumen vor der Tür – und Hundeblick. Und ihr hattet am Ende doch wieder recht.

Danke

Vor Erscheinen des Buches hat der Verlag Bloggerinnen aufgerufen, Fragen zum Thema einzuschicken. Die besten und interessantesten haben es ins Buch geschafft – nämlich die von Elischeba Wilde, Franziska Kurz, Simone Pauke, Yvonne Schwenke, Natascha Mehmke, Frauke Gerdes und Kathrin Nievelstein. Vielen Dank fürs Mitmachen.

Stichwortverzeichnis

Alkoholgrenze 187
Analverkehr 90/221
Angst vor Sex 184
Aphrodisiaka 217
Aufreißen 84

Beziehung, offene 99
Beziehung, platonische 80
Bisexualität 165
Blowjob 23/227
Blümchensex 109
Busengaffer 22

Cumshot 88
Cyber-Sex 111

Das erste Mal 198
Dating-Apps 108
Dauererektion 34
Die Zigarette danach 123
Dirty Talk 114
Doktorspiele 133
Dominanz 143
Dreier 11

Eier/Hoden 199
erogene Zone: Nacken 100
erogene Zone: Penis 85
Erotikmesse 209

Fleischeslust 184
Fremdgehen 29
Frisuren (oben und unten) 40
Fuck-Buddy 15

Geruch 183
Gleitgel 117
Gruppensex 98

Handschellen 113
Hymen 195

innere Werte 170
Intimpiercings 188

Koitus interruptus 142
Kondom 207

Lachen 185
Leopardenlook 107

Männlichkeit 10
Midlife-Crisis 13/96
Mile High Club 182
MILF 17
MMF/MMM/FFM 12
Morgenlatte 82

Nacktbilder 55
Natursekt 50

Oralverkehr 216
Orangenhaut 42
Orgasmus, männlicher 64
Orgasmus, vorgespielter 9

Penisbilder 26
Penisgröße 223
Penisnamen 204
Pornos 8/12/104
postkoitaler Zustand 123
Potenzprobleme 87
POV (Point of View) 127
Prostituierte 228

Quickie 67

Rollenspiele 51
Rothaarige 39

Samenraub 14/95
Schamhaarfrisur 16
Scheidenfurz 18
schlechter Atem 61
Sex im Freien 160
Sex im Stehen 202
Sex mit der Ex 101
Sex nach dem ersten Kind 35
Sex, bezahlter 196
Sex, guter 7
Sexausreden 205
Sexdate 69
Sex-Fantasien 110
Sexspielzeug 58
Sexstress 32
Sex-Vorsätze 216
Silikonbusen 72
Stehpinkler 231
Stöhnen 222

Torschlusspanik 166
Travelpussy 73

Uniformen 49

Vergewaltigungsfantasie 128
Verniedlichungen 189
Versorgerqualitäten 193
Vorspiel 22

Weihnachtssex 215
Wintergefühle 38